W0029911

Knaus
K

Jo Baker

Ein Ire in Paris

Roman

Aus dem Englischen von Sabine Schwenk

Knaus

Die Originalausgabe erschien 2016 unter dem Titel »A Country Road, A Tree« bei Doubleday, an imprint of Transworld Publishers, London

Verlagsgruppe Random House FSC® N001967

1. Auflage

Umschlag: Sabine Kwauka
Umschlagmotiv: ullstein bild/Roger-Viollet/Roger Berson
Satz: Vornehm Mediengestaltung GmbH, München
Druck und Bindung: GGP Media GmbH, Pößneck
Printed in Germany
ISBN 978-3-8135-0754-6

www.knaus-verlag.de

»Die Blüte der einen Sorte begann, wenn die der anderen aufhörte.«

Molloy, Samuel Beckett

Cooldrinagh

Frühling 1919

Ein Rauschen ging durch die Nadeln des Baums. *Schhhh.* Der Junge legte ein Bein über den Ast, zog sich hoch und ließ die Füße baumeln. Der Duft der Lärche machte ihm den Kopf frei, alles war jetzt scharf umrissen und so klar wie Glas. Schwach hörte er noch die Klänge des Klaviers, doch von hier oben konnte er meilenweit über die Felder blicken, der Himmel so weit wie ein gähnendes Katzenmaul.

Er hörte die Seitentür des Hauses knarren, dann den Singsang ihrer Stimme, die nach ihm rief: »Es ist Za-heit!«

Er kaute an seiner Lippe und rührte sich nicht. Durch die aufschwingende Tür war das Plätschern der Musik deutlicher zu hören, dann ein Stocken, und dieselbe Tonfolge setzte ein zweites Mal ein. Frank gab sich alle Mühe, es richtig zu machen. Doch diesen Gefallen würde *er* ihr nicht tun. Unter ihrem Blick konnte er sich der Musik nicht hingeben, und wenn er sich nicht hingeben konnte, warum sollte er dann überhaupt spielen?

»Ich war-te!«

Er bewegte sich nicht. Sie seufzte, klappernd schlug die Tür hinter ihr zu, und sie kam die Treppe herunter in den Garten, um nach ihm zu suchen.

Er knibbelte mit seinem Daumennagel an einer Rindenschuppe.

»Wo bist du denn schon wieder, du kleiner Ausreißer?« Sie redete mit sich selbst, während sie durch den Garten ging und

Ausschau hielt. Er rutschte näher an den Stamm und schlang den Arm darum.

Unter seinen baumelnden Tennisschuhen sah er sie – die weiße Linie ihres Scheitels, den Rock, der ihre ausholenden Schritte umflatterte. Ihre Füße schnellten vor wie Pfeile, die die Richtung wiesen. Es war die falsche, doch sie würde daran festhalten. Wäre sie stehen geblieben, hätte sie beide Füße fest auf den Boden gestellt und den Kopf in den Nacken gelegt, dann wäre es aus gewesen. Doch auf diesen Gedanken kam sie nicht: Wo er nicht sein durfte, da konnte er nicht sein, so einfach war das. Er war aus ihrer Vorstellung hinausgeklettert.

Die Musik hörte auf. Frank war fertig mit seinem Stück. Er wartete darauf, gehen zu dürfen.

Inzwischen überquerte sie den Rasen, und er war wieder allein mit den Lärchenzweigen, die sich wie eine Wendeltreppe der braunen Erde entgegenschraubten, dem Teppich aus abgefallenen Nadeln und dem Klang ihrer Stimme, die weiter nach ihm rief und bald hinter dem Gebäude verhallte.

Er wartete, bis er ihre Schritte wieder hörte, dann das Klappern, als sie die Seitentür öffnete und hinter sich zuschnappen ließ. Gleich darauf fing auch die Musik wieder an. Armer alter Frank, jetzt bekam er noch mehr aufgehalst, musste für das Verschwinden seines kleinen Bruders büßen.

Er wusste, dass auch er später, wenn sie ihn gefunden hätte, dafür büßen würde, und zwar gehörig; seine Mutter hatte eine kräftige Hand. Doch für den Augenblick war er verschwunden, in Luft aufgelöst, ein Wunder.

Er rutschte den Ast entlang und zog die Hosenbeine seiner Shorts zum Schutz gegen die raue Rinde über die empfindlichen Kniekehlen. Schon spürte er den Sog der Schwerkraft, als würde sein Bauch Achterbahn fahren. Er hörte Vogelgesang: Irgendwo schmetterte eine Amsel ihr Lied in die österliche Luft.

Er nahm einen tiefen Atemzug, der nach Pflanzensaft schmeckte, nach Frühling und nach dem Gummi seiner Tennisschuhe. Er ließ den Ast los, ließ den Stamm los, hob die Arme und breitete sie aus. Dann der kurze Moment des Innehaltens am Rande des Abgrunds, und er stürzte sich ins Leere.

Die Schwerkraft erfasste ihn. Luft strömte ihm in den Mund, blähte Hemd und Hose auf, Äste trommelten auf ihn ein, Zweige peitschten gegen seine Wangen, seine Beine, seine Arme und den Bauch und rissen an seinem Hemd.

Auf einen Schlag, der Boden. Er raubte ihm die Luft, raubte ihm das Licht. Machte ihn reglos.

Mit der Wange auf der harten Erde lag er da. Kein Atem: leer, rot, pochend, und kein Atem. Aufgerissener Mund, aber kein Atem. Dann sah er die abgefallenen Nadeln und den aufgewirbelten Staub: Mühsam sog er einen Klumpen Luft ein und presste ihn wieder aus sich heraus. Es tat weh.

In seiner Hand spürte er ein heißes Klopfen, und sein Oberschenkel brannte. Das alles registrierte er wie auch die Empfindlichkeit seiner geprellten Rippen und den Druck des Bodens.

Als sich sein Atem wieder normalisiert hatte, kam er ächzend auf alle viere. Dann ließ er sich auf die Fersen sinken und wischte die Nadeln von seinen Handflächen. Nach einer Weile rutschte er von den Fersen auf den Boden und streckte die Beine vor sich aus. Er untersuchte die Schramme an seinem Daumenballen, die alles in allem nicht so schlimm war, dann den Kratzer am Oberschenkel, der nur ein bisschen blutete, und den rosa Fleck am Knie, wo sich eine alte Kruste gelöst hatte. Als er an seiner Hand leckte, schmeckte er nicht nur Blut, sondern auch die salzige Süße von ungewaschener Haut und den herben Geschmack von Lärchennadeln. Er rieb über seine Schienbeine und band den Schnürsenkel zu, der sich gelöst hatte. Dann richtete er sich vorsichtig auf, Gelenk für Gelenk, wie man einen Liegestuhl aufklappt. Er zog an seinen Shorts, bis der Kratzer am Bein mehr oder weniger verdeckt war, sie würde ihn nicht bemerken.

Ihm war ein bisschen schwindelig. Aber es ging ihm gut.

Er sah zum Haus hinüber, dessen Fenster ihn anstarrten. Die

Musik quälte sich weiter. Keine Tür flog auf, niemand kam herausgestürmt, um ihn am Genick zu packen, ins Haus zu schleifen und ihm den Hintern zu versohlen, weil er etwas zugegebenermaßen Halsbrecherisches getan, sich einer Gefahr ausgesetzt, Leib und Leben riskiert hatte, nachdem man ihm doch so eingeschärft hatte, nie wieder etwas derart Idiotisches zu tun. Bestimmt stand sie aufrecht neben dem Flügel, und ihr strenger Blick ging zwischen Franks Händen und den Noten hin und her, damit wenigstens sein Bruder etwas zustande brachte.

Und weil er das Stück kannte, wusste er, dass es noch ein Weilchen dauern würde, bis Frank fertig war.

Er blickte durch die Spirale aus Ästen zum Himmel hoch, wo sich Wolken zusammenballten und vom Meer her auf die Berge zurasten. Am niedrigsten Ast war die Rinde in der Nähe des Stamms durch seine eigenen Hände glattpoliert. Er hob die Arme, griff mit brennden Handflächen nach dem Ast und zog sich hoch, bis er den Bauch ans Holz pressen konnte. Dann hob er das rechte Knie, stützte es auf die schuppige Rinde, und es begann wieder zu bluten. Er streckte eine Hand nach dem nächsten Ast aus, der direkt über seinem Kopf hing. Wieder begann er zu klettern.

Und dieses Mal, ja, *dieses* Mal würde er bis in die Wolken steigen. Dieses Mal würde er fliegen.

TEIL 1

Das Ende

1

Greystones, County Wicklow

September 1939
In seinem Magen rumort es. Seine Hand zittert, und zwischen den Augen spürt er ein leichtes, unangenehmes Stechen. Die Sonne fällt schräg durchs Fenster und bricht sich in geschliffenem Glas und Tafelsilber. Geblendet verzieht er das Gesicht. Alle anderen haben schon gefrühstückt, und die Reste sind mehr oder weniger kalt.

»Soll ich nach mehr Bacon klingeln?«

Er schüttelt den Kopf, was wehtut.

Der Alkohol scheint immer notwendig, scheint immer die Lösung zu sein. Allerdings schwindet diese Gewissheit beim Trinken; er trinkt bis zum Ekel, und jetzt, einige schlaflose Stunden und einen höllischen Brand später, schwitzt er den Whiskey aus und schluckt bitteren Speichel, während er Butter auf kalten Toast streicht und *sie* dabei jede Bewegung verfolgt, jedes Zucken registriert. Sie scheint den Whiskey und das Elend zu wittern. Deshalb löchert sie ihn, stochert nach Lösungen.

»Und Eier? Möchtest du Eier essen?« Sie steht schon. »Ich sage Lily, dass sie dir welche machen soll.«

Er antwortet zu schnell, was an der aufsteigenden Übelkeit liegt: »Nein. Danke.«

Sie setzt sich wieder. »Aber du musst doch etwas essen.«

Er beißt in eine Ecke seines Toasts und legt ihn wieder aus der Hand. Er kaut und schluckt. Er isst doch.

»Ich meine etwas Gehaltvolles. Nahrhaftes. Nicht nur Toast.«

»Ich mag Toast.«

»Du isst wie ein Spatz. Bist du krank? Du bist nicht krank.«

Wie ein Spatz … warum nicht wie ein Reiher oder ein Papageientaucher oder ein Basstölpel: ein einziges Schnappen und Stechen, Schütteln und Schlingen; essen wie ein Adler oder ein Falke, der seine Beute zu Boden schleudert und zerrupft. Eulen schlucken ihr Nachtmahl als Ganzes herunter und würgen anschließend einen Brei aus Knochen und Fell hoch. Er zerkleinert seine Toastscheibe und isst noch ein Bröckchen: Vielleicht isst er ja wie ein Pinguin?

Oben schlägt etwas hart auf den Boden: eine Bürste oder ein Schuh. Er zuckt zusammen, doch er schaut nicht auf, während sie, für einen Moment abgelenkt, zu den Rissen in der Decke hochblickt. Ihr Ausdruck wird weicher. Man hört Stimmen und laute Schritte. Eine Tür schlägt zu.

»Die schaffen es noch, dass das ganze Haus über uns zusammenbricht.«

Stabil ist es wirklich nicht, dieses kleine, gemietete Haus am Hafen mit seinen klappernden Fenstern und rauchenden Kaminen. Damit die Wände nicht einknicken und ihr das Dach nicht auf den Kopf fällt, stopft sie die Zimmer mit Gästen voll, seinen Kusinen Sheila und Mollie und Sheilas Mädchen, Jill und Diana – all den Töchtern, die seine Mutter nicht bekommen hat. Von Abreise will sie nichts hören, sosehr der Sommer auch dahinschwindet. Es fegt kein kalter Wind. Der Sommer wird nicht enden. Es gibt keine Wolken.

»Diese Mädchen.« Sie lächelt kopfschüttelnd.

Er schluckt den nächsten Toastbissen hinunter; sie gießt sich eine Tasse Milchkaffee ein. Ein kleiner, glänzender Tropfen sammelt sich am Rand der Tülle, und beide schauen zu, wie er herunterläuft. Als er gerade seinen Stuhl zurückschieben will, blickt sie auf: »Ach, übrigens, neulich habe ich in der Stadt einen Freund von dir getroffen. Reizender Junge. Mediziner. Kann mich jetzt beim besten Willen nicht an seinen Namen erinnern. An der Portora Royal müsste er ein paar Jahrgänge unter dir gewesen sein.«

Er weiß, wen sie meint. »Das war bestimmt Alan Thompson.«

»Ach, ja, Doktor Thompson, genau. Er schlägt sich sehr gut.«

»Bestimmt.«

Und war damals in Enniskillen ein farbloser Frosch in den trüben Wassern der Erne; in der Bibliothek immer mittendrin, wenn flüsternd Köpfe zusammengesteckt wurden, weiße Cricketkleidung, reumütig-freches Lächeln; auch später im Medizin-Studium am Trinity immer mitten im Getümmel, wenn eine Meute den Hof überquerte, mit Weinflaschen bewaffnet und von Zigarrenrauch umweht. Schien immer im Zentrum des Geschehens zu sein, wie jemand, der einfach weiß, wie es geht. Ist ihm seitdem hin und wieder begegnet, haben zusammen getrunken, immer hilfsbereit, wenn Hilfe gebraucht wird. Ein guter Mann.

Er fischt die fettige Haut von seinem Kaffee und legt sie auf seine Untertasse. Und dann sagt er, obwohl er ihr das eigentlich nicht antun sollte: »Es sei denn, es war sein Bruder Geoffrey.«

Sie presst die Lippen zusammen. Geoffrey ist Psychiater. »Ich bin mir nicht sicher, ob ich so etwas als Medizin bezeichnen würde.«

Aber es bringt Linderung, möchte er sagen. Immerhin kann ich jetzt manchmal schlafen. Und ich kann wieder atmen: Luft strömt in mich hinein und aus mir heraus. Das kann man durchaus als einen Gewinn betrachten. Als sinnvoll verwendetes Geld. Ist es insofern nicht doch Medizin?

»Nun ja«, sagt er. »Jedenfalls schön für die alte Mutter, bestimmt ist sie sehr stolz.«

Er nimmt den kleinen Silberdeckel von der Marmelade und hebt den Löffel aus dem Glas.

»Hast du in Paris irgendetwas … geschrieben?«, fragt sie.

Er beobachtet die herabtropfende Marmelade. Sie ist flüssig

und gleitet wie Spucke vom Löffel. Er spürt ihr Unbehagen und ihren Wunsch. Könnte er nicht ausnahmsweise einmal etwas Seriöses schreiben, etwas, das sie ihren Gästen zum Bewundern hinlegen könnte? Er stellt den Löffel ins Glas zurück, legt den kleinen Silberdeckel wieder darauf.

»Nein«, sagt er. »Nicht viel.«

»Nun, dann könntest du eigentlich auch hierbleiben.«

Er schaut auf und blickt in ihr kräftiges Gesicht mit den feinen Falten. »Meinst du das ernst?«

»Du bekommst hier viel mehr geschafft, wenn wir uns um dich kümmern. Du kannst diese Artikel für die Zeitung schreiben. Ich weiß, Paris ist billig, aber das hilft dir nicht, weil es dich nur dazu ermuntert, verschwenderisch zu sein. Wenn deine Zuwendungen …«

Er sagt keinen Ton. Genau das beherrscht sie inzwischen perfekt. Der Schnitt präzise gesetzt, die Pause genau platziert.

»… wenn du in Paris von deinen Zuwendungen nicht vernünftig leben kannst und du zu sehr vom Schreiben abgelenkt wirst, bleibt dir nichts anders übrig, als hierzubleiben. Zu deinem eigenen Besten.«

Um dann hier das Gefühl zu haben, dass man ihm alles missgönnt. Als wäre ihm nicht jetzt schon hinreichend bewusst, dass alles, was er isst, die Luft, die er atmet, jedes Glas Whiskey und sogar das Wasser, das er trinkt, dass einfach der ganze Raum, den er in der Welt einnimmt, an ihn verschwendet ist.

»Immerhin könntest du deinem Bruder in der Firma helfen.«

»Der würde sich bedanken.«

»Er könnte Hilfe gebrauchen.«

»Beim letzten Mal habe ich ein einziges Durcheinander angerichtet. Auf solchen Ärger kann Frank verzichten.«

Sie verzieht das Gesicht, als hätte sie etwas Saures geschluckt.

»Ich weiß, wenn du dir Mühe geben würdest, wenn du dich anstrengen würdest, dann könntest du …« Sie verstummt. »Auf dem College warst du so gut. Das haben alle gesagt.«

An diesem Punkt angelangt, müsste sie fast fertig sein.

»Es tut mir leid, Mutter.« Sein langer, schmaler Körper richtet sich auf, er schiebt den Stuhl zurück.

»Wohin gehst du?«, fragt sie.

»Frische Luft.«

»Du hast doch noch gar nicht zu Ende gefrühstückt.«

»Das reicht mir, danke.«

Ihr hörbar langes Ausatmen verfolgt ihn durchs Zimmer in den Flur; seine Schultern stemmen sich dagegen.

Allein vor den verstreuten Resten des Frühstücks, von oben der Klang junger Stimmen, presst sie die Finger gegen ihre geschlossenen Lider. Der Lebensstil ihres Sohns, alles so vage, so dürftig; immer von der Hand in den Mund, von einem Tag auf den anderen. Und dann diese Clique in Paris: Was weiß sie schon darüber, so gut wie nichts, und sie will es im Grunde auch gar nicht wissen. Aber ihn so zu sehen, in diesem Krankenhausbett, seine bandagierte Brust, die Französisch plappernden Schwestern: Ihre Augen werden feucht, und sie blinzelt. Wenn sie daran denkt, was aus ihm hätte werden können. Ihr schöner, talentierter Junge. Wirft alles weg, wirft einfach alles weg. Irgendwann wird er ihr damit noch das Herz zerreißen.

Denn es macht ihn doch nicht einmal glücklich, oder? Wenn er doch nur glücklich sein könnte.

Die Mädchen poltern die Treppe hinunter und begrüßen im Flur ihren Onkel; seine Antwort klingt munter, herzlich. Ein Blick auf ihn aus der Ferne. Warum muss er immer gehen.

An diesem Vormittag wollen Jill und Diana in ihren glänzenden Spangenschuhen und adretten Strickjäckchen ausgehen. Er kommt sich schäbig und mürrisch vor, fühlt sich schuldig; die beiden sind so hell und so hübsch und so strahlend. Voller Energie wie zwei ausgelassene Ponys.

»He, wartet mal eine Sekunde«, sagt er.

Er kramt eine Handvoll Münzen hervor, legt sie in die geöffneten Hände. »Kauft euch ein paar Toffees.«

»Danke!«

Als sie die Eingangsstufen zur Straße hinuntertraben, folgt er ihnen. Sie schwatzen fröhlich, und es klingt so englisch; gleich werden sie mit zusammengesteckten Köpfen am Meer die Gehwege entlangschlendern, an den Zeitungsständern vorbei, den Vertrauenskassen vor den Kisten mit Äpfeln, Pflaumen und Tomaten. Auf den Regalen der Süßwarenläden stehen fröhlich die Gläser in Reih und Glied, mit pastellfarbenen Zuckerarmbändern und kreideweißem Pfefferminz gefüllt, mit glänzenden Toffees und Bonbons wie aus buntem Kirchenfensterglas. Knabbernd und lutschend werden die beiden am Kai die im Wind lehnenden Schiffe und das Gerangel der Wellen beobachten und auf das Schlagen der Takelagen lauschen. Er hat das Gefühl, diese Momente sammeln zu müssen: aufgereiht wie Perlen an einer Schnur, damit man sie in späteren Zeiten durchzählen kann.

Er überlässt die Mädchen sich selbst und läuft in entgegengesetzter Richtung den Strand entlang, die Steine rutschen weg unter seinen schmal geschnittenen italienischen Stiefeln, die für größere Herausforderungen als städtisches Kopfsteinpflaster ungeeignet sind. Wie ein Watvogel stelzt er unbeholfen einen Streifen aus moderigem Seetang entlang, auf dem er einigermaßen vorankommt. Dann geht er mit ausholenden Schritten weiter durch Meerkohl und ausgeblichene Strand-Grasnelken, an deren kleinen Köpfen der Wind reißt. Durch das Salzgras folgt er einer kahlen, ausgetretenen Spur, die ihn hochführt zur Straße und den letzten Häusern der Stadt. Die Sonne steht niedrig. Die Schatten sind lang. Von den Bergen herunter bläst der Wind.

Vor ihm liegt der kleine Friedhof. Das Tor lockt ihn, und er bleibt davor stehen. Vom Fenster seiner Mutter aus kann man es sehen. Jetzt, in diesem Moment beobachtet sie ihn vielleicht, insektenhaft klein vor der Bergflanke, wie eine Gestalt in einer Landschaft von Seghers.

Sie haben das Grab mit Torf und Moos ausgepolstert. Er und

seine Mutter, gemeinsam. Als legten sie einen Garten an. Als brächten sie eine Saat aus.

Der Vater hat ihn früher immer begleitet, von Cooldrinagh, ihrem alten Haus, sind sie losmarschiert, durch Vorstadtstraßen gewandert, über Feldwege und dann kraxelnd weiter die Heidelandschaft hoch, bis sie einen bestimmten Punkt erreichten, bis hierher und nicht weiter, wie das Ende eines aufgerollten Fadens. Dort saßen sie dann, zerpflückten Wollgräser, schoben mit den Fußspitzen Steine herum und starrten vor sich hin.

Irgendwann sagte sein Vater: »Sie wird sich fragen, wo wir bleiben.«

Also rafften sie sich auf und nahmen den langen, beschwerlichen Marsch in Angriff, der sie wieder hinunterführen würde, den ganzen verschlungenen Weg zurück zu dem grauen Kasten namens Zuhause. Kein Ariadnefaden, nichts so Fragiles, nicht bei ihr. Ein Seilzug eher, zäh und robust.

Und jetzt ist er allein, der Vater eingepflanzt in ein Beet voller Moos, und nichts ist gewachsen, nur der Schmerz des Verlusts. Er wendet sich vom Friedhofstor ab und geht weiter. Im Schatten hoher Hecken, die mit roten Fuchsien besprenkelt sind wie mit Blut, steigt der Weg zwischen Feldern an; durch die Sohlen seiner Stiefel spürt er jedes Steinchen, und die Schafe blöken, und über ihm torkeln die Möwen in der Luft.

Er schwingt sich über ein Gatter ins freie Gelände: An den Ginsterbüschen rasseln Samenschoten im Wind, und in seiner Brust rasselt der Atem. Von der Anstrengung beginnt seine Narbe zu ziehen. Doch er steigt weiter, über grauen, schorfigen Kalkstein, und als er den Kamm erreicht, fällt vor ihm der Boden steil ab und offenbart ihm den geschwungenen Küstenstrich, wo die Vororte zur rostgrauen Stadt hinwuchern wie Pilzkolonien. Links erheben sich die Berge, von denen der Wind herabpeitscht, an seiner Jacke zerrt und ihm Tränen in die Augen treibt. Er dreht ihm den Rücken zu und schaut blinzelnd über das schiefergraue, zerfurchte Meer zur alten Welt hin, die dahinterliegt.

... Du hörst das tosende Prasseln
der Kiesel, vom Sog der Wellen mitgerissen ...

Aber du hörst es doch gar nicht, oder? Nicht hier oben: Hier oben hört er außer dem Wind nur das Rauschen seines Bluts und das Raspeln seines Atems. Tief unter ihm bewegt das Meer lautlos seine Lippen, nagt an den Rändern der Stadt, dem Friedhof und dem Fuß dieses dunklen Hügels. Dort hinten aber, hinter dem Horizont, in den Weiten Europas jenseits dieses Inselkeils türmt sich eine Flutwelle auf, und der Moment, in dem alles kippt, kann nun jederzeit kommen, der Rausch und Zusammenbruch, der Wettlauf bis zur Vernichtung.

Er dreht sich um und sucht das Dach mit der unverkennbaren Rauchsäule, wo seine Mutter wartend am Feuer sitzt, sich Saatgutverzeichnisse ansieht und es nicht erträgt, wenn das Radio läuft.

Er weiß, dass er nicht bleiben kann. Er kann Frank nicht helfen. Er kann nicht auf Bestellung Artikel für die *Irish Times* schreiben. Er würde keinen Schlaf mehr finden; er würde trinken, damit seine Hände nicht zittern und sein Herz nicht so laut pocht. Bald müsste er sich anstrengen, um überhaupt noch zu atmen. Bevor er nach Paris ging, hatte es Nächte und sogar Tage gegeben, an denen er eine frische Rasierklinge genommen, sich säuberlich die Pulsadern aufgeschnitten und dem Ganzen ein Ende bereitet hätte, wenn das angerichtete Chaos nur nicht so groß gewesen wäre. Die Blutflecken auf dem Boden. Ihre empörte Trauer.

Er wird ihr sagen müssen, dass er geht, auch wenn er ihr das nicht sagen kann. Er zieht an seinen Manschetten, schiebt die Brille auf dem Nasenrücken hoch und beginnt den unvermeidlichen Abstieg zurück in die gefährdete kleine Stadt, hin zu all dem, was nicht gesagt werden kann.

»Setzt du dich zu uns, May?«, fragt Sheila.

Die Antwort seiner Mutter aus dem Esszimmer ist eine Spur sanfter, als wenn er diese Frage gestellt hätte.

»Ich sitze gut hier, danke.«

Gebückt über den Geruch nach Staub und heißen Kabeln dreht er am Suchknopf, bis er durch das Rauschen und Kreischen ein Signal der BBC empfängt und den Sender einstellen kann. Er richtet sich auf und lehnt sich mit verschränkten Armen ans Buffet.

Sheila lässt sich in einen Sessel sinken, Mollie hockt sich auf die Armlehne.

»Wo sind die Mädchen?«, fragt er.

»Noch draußen«, sagt Sheila.

Vor dem Radio versammelt, wissen die drei, was sie erwartet, jedenfalls mehr oder weniger; sie wissen, wie die Dinge stehen. Die Übertragung beginnt, und der britische Premierminister spricht mit seiner präzisen, bebenden Stimme aus London zu ihnen. Alle starren konzentriert auf den Teppich.

Heute Morgen hat der britische Botschafter in Berlin der deutschen Regierung eine letzte Erklärung übergeben …

Vor der geöffneten Zimmertür bewegt sich etwas. Seine Mutter steht dort im Profil. Hinter ihr hält Lily das Geschirr, wie versteinert durch den Ernst einer Situation, auf die sich seit Jahren unweigerlich alles zubewegt.

… bis elf Uhr keine Nachricht erhalten, dass sie bereit sind, unverzüglich ihre Truppen aus Polen abzuziehen, der Kriegszustand zwischen uns herrscht.

Seine Mutter hält sich die Hand vor den Mund.

Ich muss Ihnen nun mitteilen, dass keine Zusicherung dieser Art eingetroffen ist und sich unser Land somit im Krieg mit Deutschland befindet.

Bei diesen Worten lehnt sich Sheila im Sessel zurück; Mollie reibt sich die Arme. Seine Mutter greift nach dem Türrahmen. Chamberlains Stimme windet sich weiter aus dem Radioapparat und verfängt sich im Teppich.

»Bitte, da haben wir's«, sagt Mollie.

Sheila greift nach dem Arm ihrer Schwester, und ihre Hände

umklammern sich. Seine Mutter steht regungslos in der Tür, die Hand noch immer am Rahmen. Ihr Gesicht ist grau geworden. Er löst sich vom Buffet, geht durchs Zimmer, nimmt ihre Hand und legt sie auf seinen Arm.

»Hier«, sagt er. Er führt sie zu ihrem Sessel. Sie zittert.

Er schaltet das Radio aus. Durchs Fenster fällt die Morgensonne in das kleine Wohnzimmer, draußen braust der Seewind, und man könnte sich einreden, dass sich nichts verändert hat, doch diese Worte haben die Welt verändert.

Aber die Mädchen, denkt er, die Mädchen mit ihrem windzerzausten Haar in ihren aufgeblähten Wolljacken. Bestimmt kauern sie auf einer Bank, wo sie ihre Zitronenbonbons und Lakritze auflutschen; die Mädchen sind noch frei von allem. Der Wind, die Haare, die Süßigkeiten – ein zauberhaftes Bild fernab jeder Realität.

»Kann ich dir etwas holen?«, fragt er.

Seine Mutter schüttelt den Kopf.

Er sieht kurz zu Sheila hinüber – rosa Wangen, rosa Nase, über dem Kinngrübchen ein gezwungenes Lächeln –, und unter seinem Blick schwindet selbst dieses Lächeln, mit zusammengepressten, zitternden Lippen sackt sie an ihre Schwester gelehnt in sich zusammen.

»Kopf hoch, Schätzchen«, sagt Mollie und streicht ihr über den Arm. »Denk an dein Gesicht.«

Nach einer Weile nickt Sheila schniefend und löst sich wieder von ihr. Mit dem Daumenballen tupft sie ihre Augen ab. Die Mädchen sollen nicht sehen, wie aufgelöst sie ist.

»Ich muss mich um eine frühere Überfahrt kümmern«, sagt sie.

Seine Mutter hebt den Kopf. »Warum denn das?«

»Wir müssen zurück, May.«

»Nein, das müsst ihr ganz und gar nicht. Du hast doch gehört, was er gesagt hat: Es wird wieder Krieg geben. Hier seid ihr sicherer.«

Sheila richtet sich auf und ordnet ihr Haar. »Das ist sehr lieb von dir, May, aber weißt du, die Kinder wollen bestimmt zu ihrem Vater. Donald muss wieder zum Regiment, und da möchten wir ihn vorher noch sehen.«

»Aber du, Mollie«, sagt May. »Du bleibst.«

Mollie verzieht entschuldigend den Mund. »Noch ein bisschen, May, aber dann muss ich leider auch zurück.«

»Wozu?«

»Arbeit. Die warten auf mich.«

Schweigend wendet May ihr Gesicht ab, was bleibt ihr anderes übrig. Diesen Brocken muss sie jetzt schlucken, diese widerwärtige Wahrheit, an der sie alle schon seit Monaten zu kauen haben. Auch den anderen schmeckt sie nicht, nur haben sie sich schon an den Geschmack gewöhnt.

Er legt ihr eine Hand auf die Schulter, spürt die Knochen. Sie richtet ihre stechenden blauen Augen auf ihn.

»Es tut mir leid«, sagt er.

»Dafür kannst *du* ja wohl nichts.«

Aus der Starre erwacht, beginnt das ganze Haus zu rotieren. Wie Perlen einer gerissenen Kette hüpfen und schwirren die Stimmen durch alle Räume. Schritte hämmern die Treppe hoch und wieder hinunter. Telefonate werden getätigt, Fahrpläne studiert, grob umrissene Pläne konkretisiert.

Lily räumt die gefalteten Strümpfe, Unterhemden und Blusen der Mädchen aus dem Wäscheschrank. Sheila und Mollie diskutieren in wechselnden Lautstärken und Entfernungen darüber, was sie brauchen, nicht brauchen oder suchen. Wo sind die guten Schuhe der Mädchen? (An ihren staubigen Füßen, wie sich später herausstellt, als die beiden klebrig und zerzaust zurückkommen.) Was ist mit den Büchern hier? Hast du die Haarbürste gesehen? Wessen Haarbürste? Meine, die aus Schildpatt. Meinst du die hier? Laute Schritte gehen im Flur hin und her, die Stufen hoch und runter, und während die Dinge langsam beginnen, Form anzunehmen, werden auch die Stimmen trauter und leiser.

Er achtet darauf, niemandem im Weg zu sein; er kann hier nicht helfen. Sein Kopf schmerzt noch; er ist reizbar, nimmt sich vor Fragen in Acht, will seine Pläne für sich behalten. Er versteckt sich hinter seinen Büchern.

Als sie fertig sind und das Taxi bestellt haben, trägt er das Gepäck nach unten und reiht es im Flur auf, die artigen kleinen Koffer der Mädchen und den großen Koffer ihrer Mutter. Alle warten, denn sonst ist nun nichts mehr zu tun. Durch den Ernst der Lage gereift, sitzen die Mädchen Seite an Seite auf den steifen Flurstühlen. Das eine Paar Spangenschuhe mit den weißen Söckchen schwingt sachte vor und zurück, das andere steht manierlich auf dem Parkett.

Die Zeit dehnt sich, verlangsamt sich; die Uhr tickt. Mollie äußert Besorgnis wegen des Taxis. May beunruhigt das Wetter; das wird eine raue Überfahrt, wagt sie zu sagen. Es gibt nichts, was wirklich wert wäre, gesagt zu werden, doch das hindert sie nicht am Reden, und die leisen Worte sammeln sich wie Sand, der durch ein Stundenglas rieselt. Bis zu den Knien versinken sie darin und können trotzdem nicht aufhören.

Dann hören sie ein Auto die Hafenstraße entlangrumpeln, und das Gespräch bricht ab, zerfasert.

»Ist das …«

»Ah, das wird wohl …«

»Habt ihr …«

Vor dem Haus brummt der Motor im Leerlauf. Schon steht Sheila vor der Tür; der Fahrer steigt aus, um mit dem Gepäck zu helfen.

Die Mädchen riechen nach Wolle, Seife und warmer Milch, als man sich küsst; ihre Wangen sind heiß, und bestimmt registrieren sie seinen schuldbewussten Erwachsenengeruch nach Zigaretten, Schweiß und dem Whiskey der letzten Nacht.

Sheila umarmt ihn abrupt und fest. Ihm fehlen die Worte.

»Gott segne dich, Junge.«

»Dich auch«, bringt er heraus.

Und dann schiebt sich Sheila neben die zusammenrückenden Mädchen ins Taxi, die Tür schlägt zu, der Fahrer nimmt wieder vorne Platz, der Wagen dreht knirschend vor dem schieferblauen Hafenwasser und rollt davon.

Er geht ins Haus, zündet sich eine Zigarette an. *Junge* hat sie gesagt, das ist das treffende Wort. Er ist ein Kind. Ein Bärenjunges, dessen Muttertier es nicht für nötig hielt, es zu lecken und lebenstauglich zu machen.

Im Haus ist es dämmrig und kalt. Auf der Konsole im Flur ist ein Kiesel aus Kalkstein liegen geblieben. Grau und glatt, hat er in etwa die Größe eines Pfefferminzbonbons. Einmal ist er ihm in der schmutzigen, zerknitterten Handfläche des Mädchens kurz gezeigt worden wie ein Geheimnis, von dem sie wusste, dass er es wahren würde, ehe sie den Stein mit leisem Zahnlückenlächeln wieder verschwinden ließ. Da liegt er nun, verlassen, vergessen, seiner Bedeutung entledigt. Er nimmt den Stein. Kühl fühlt er sich an. Einen Moment lang hält er ihn fest umschlossen, dann schiebt er die Hand in seine Tasche und lässt den Stein los.

Wie ein erschöpfter Jagdhund trabt er neben Mollie her. Sie hat sich bei ihm untergehakt, als würde sie ihn an die Leine nehmen, damit er ihr nicht davonläuft. Ihr Körper ist weich und kompakt in ihrem irischen Tweed. Es ist ein herrlicher Nachmittag, windig und blau, wie zum Hohn. Die tiefstehende Sonne blendet.

»Sagst du's mir jetzt?«, fragt sie ihn.

Prüfend blickt er auf sie herab. »Was?«

»Ach, komm schon. Sheila und ich haben es doch sofort gemerkt.«

»Was denn?«

»Wer ist das Mädchen?«

Immer noch untergehakt, gehen sie langsam weiter. Er sagt nichts. Möwen kreisen in der Luft, darunter das Klatschen und Tosen der Wellen.

»Los, spuck's aus.« Sie zieht an seinem Arm.

»Wie kommst du darauf, dass es etwas auszuspucken gibt?«

»Du weißt doch selbst, wie du bist. Auf dich allein gestellt, fällst du dir selbst zur Last. Du wirst krank, du nimmst ab, mein Gott, du wirst sogar *niedergestochen*! Du kannst einfach nicht auf dich aufpassen. Und jetzt schau dich an.« Sie bleibt stehen und dreht ihn zu sich hin. »Schau dich einfach nur an.« Mit windgeröteten Wangen betrachtet sie ihn. »Auf dich passt ganz eindeutig jemand auf.« Ihr Blick ist prüfend, die Stirn gerunzelt. Mit dem Handrücken schlägt sie gegen seine Brust. »*Irgendjemand* hat an diesem Hemd ein Loch gestopft.«

Er blickt an sich herab. Seine Lippen zucken. Er hält Mollie wieder den Arm hin; sie nimmt ihn, und sie gehen weiter.

»Es gibt ein Mädchen«, sagt er.

»Ich weiß.«

Mehr sagt er nicht und hält ein Lächeln zurück.

»Und …?«

Er zuckt mit den Schultern.

»Ach, jetzt komm schon!«

Er lächelt. »Vor Jahren, als ich an der École Normale war, haben wir zusammen Tennis gespielt, gemischtes Doppel. Aber seitdem hatte ich sie nicht mehr gesehen, erst letztes Jahr wieder, nach dem Überfall. Sie hat in der Zeitung davon gelesen und sich an mich erinnert. Sie ist ins Krankenhaus gekommen und, na ja.«

»Da hast du dich verliebt.«

Was anzunehmen ist. Er bestätigt es weder, noch widerspricht er ihr oder korrigiert sie. »Sie hat Vorhänge für meine Wohnung genäht.«

Mollie lacht.

»Die sind sogar ziemlich schön.«

»Entschuldige, ich bin mir sicher, dass sie wunderschön sind …« Sie wedelt mit der Hand. »Ich wollte nicht … aber ich habe dich noch nie so gesehen, ich meine, wenn man dich kennt … ich hätte nie gedacht, dass dir so etwas wichtig ist.«

»Wichtig habe ich nicht gesagt. Aber wenn es dunkel wird, braucht man Vorhänge.«

Das hatte jedenfalls Suzanne gesagt, als sie nackt auf den verhedderten Laken lag und durch das Dachfenster oben in der Schlafmansarde blickte, das dunkle Haar offen und wirr, Mondlicht auf ihrer Haut. Er hatte ihr zugestimmt, jedoch beschlossen, dass er unter keinen Umständen jemals welche haben würde; hinter Vorhängen müssten sie in tiefster Dunkelheit zusammenliegen – eine schändliche Verschwendung von Suzannes Nacktheit.

Als sie ihm dann die Vorhänge überreichte, da hatte er sich bedankt und sich sogar am Aufhängen beteiligt.

»Ich weiß nicht, was die ganze Aufregung soll.«

»Ich freue mich einfach für dich, ja, ich bin begeistert. Dass du ein nettes Mädchen hast, das dir die Hemden flickt und Vorhänge für dich näht.«

»Sie ist noch viel mehr. Sie ist Musikerin. Sie hat am Conservatoire studiert. Sie ist auch Schriftstellerin. Sie schreibt.«

»Dann helf euch Gott, euch beiden.«

An diesem Abend sind die Vorhänge in dem kleinen Haus bereits zugezogen, als es noch gar nicht dunkel ist. Das Radio knistert und kreischt, als er wieder die BBC sucht. Nachdem er sie gefunden hat, stellt er sich neben seine Mutter und legt eine Hand auf die Rückenlehne ihres Sessels. Diesmal hat sie sich fürs Zuhören gewappnet.

An ihrem Hinterkopf ragen graue, krause Härchen unter den Haarnadeln hervor. Ihre alten Hände umklammern die Armstützen. Mollie kauert auf dem Platz ihr gegenüber, mit angezogenen Beinen an einem Fingernagel kauend. Lily steht mit gesenktem Blick am Buffet, zugehörig und doch außen vor.

Heute um fünf Uhr hat Frankreich Deutschland den Krieg erklärt.

Tastend hebt seine Mutter eine Hand. Er nimmt sie. Sie ist kalt. Sie hören weiter zu, doch nur ein geringer Teil der Erklärung kommt wirklich in ihren Köpfen an. Mit dem Daumen streicht er über ihren Handrücken. Da nun alle Figuren im Spiel sind, lotet man sämtliche Möglichkeiten aus und endet … ja, wo? Bei Stacheldraht und Schützengräben – wird es das wieder sein? Er könnte sich als Freiwilliger beim Sanitätskorps melden … Ob er, zurück in Frankreich, auch von dort aus einrücken könnte? Es ist so bitter. Ihm schwirrt der Kopf, als hätte jemand den Deckel von einem Glas voller Fliegen genommen. Seine Mutter dreht sich in ihrem Sessel um und schaut zu ihm hoch. Der Griff ihrer Hand wird fester, und sie zieht ihn näher zu sich.

»Das war's dann wohl«, sagt sie.

Er nickt. Ja, genau, das war's dann wohl.

»Du kannst jetzt nicht zurück.«

Er blickt auf ihr Gesicht herab, die scharfen Kanten, die Falten. Aber er kann nicht bleiben. »Ich habe allen gesagt, dass ich zurückkomme.«

»Allen?«

»All meinen Freunden.«

»Deinen Freunden.«

Er nickt.

Mit verdrehtem Kopf schaut sie lange zu ihm hoch. Diese zwielichtigen, verruchten Menschen mit ihrem unvorstellbaren Lebenswandel ziehen ihn von ihr weg. Weg von Sicherheit, Behaglichkeit und einem respektablen Leben.

»Und von welchem Nutzen wärst du dort«, fragt sie, »deiner Meinung nach?«

2

Paris

Herbst 1939
Es ist verrückt, jetzt glücklich zu sein, denkt Suzanne. Unmöglich. Doch sie kann nicht anders.

Sie hakt sich bei ihm unter. Er verkürzt seine Schritte für sie, und der Gleichschritt bringt sie zum Lächeln. Sie atmet den warmen Geruch nach Tabak, Wein und Rasierseife ein. Ihre Schritte hallen über die Place Saint-Michel. Die beiden sind losgegangen in der Hoffnung, dass das billige kleine Café in der Rue de la Huchette nicht die Nerven verloren und weiter geöffnet hat; so viele der schickeren Bistros haben inzwischen Fenster und Türen verbarrikadiert und dichtgemacht.

Er musste nicht zurückkommen. Aber da ist er. Schultern, Hals, Kiefer, Wangenknochen und blaue Augen, die einem vorbeifahrenden Auto folgen. Sie lehnt sich an ihn, und alles ist gut.

Am Morgen schlüpft sie aus seinem Bett gleich in ihre Kleider, gleich raus auf die Straße, zwischen Müllmännern, Lieferjungen und Markthändlern zurück in ihre eigene Wohnung, um ihm aus den Füßen zu sein. Ein Nebelschleier liegt in der Luft, und die Stadt, der sie jahrelang kaum Beachtung schenkte, ist wieder neu und schön.

Er hat seine Arbeit, und sie ist wichtig: Sie darf ihm nicht ins Gehege kommen. Im Übrigen hat auch sie eine Arbeit, der sie nachgehen muss, all die fruchtlosen Stunden in den bourgeoisen *quartiers* mit pummeligen Kindern, die auf Klavieren herumstümpern, die viel zu gut dafür sind und unweigerlich Suzannes Neid erwecken. Auch pflegt sie die ruhigen Stunden allein in ihrer Wohnung – in Erwartung des kälteren Wetters näht sie sich gerade eine neue Jacke mit kleinen Elfenbeinknöpfen, die schon fast fertig ist. Sie geht auf den Markt, in die Bücherei, und sie trifft sich mit Freunden. Sie beschäftigt sich selbst. Ihre Besuche bleiben wohldosiert, ein Tröpfchen hier, ein Tröpfchen dort. Sie wird sich nicht zum Plagegeist machen.

Jedes Mal, wenn sie zu ihm geht, bringt sie kleine Annehmlichkeiten mit. Ein Gebäck, das sie sich teilen, eine Tafel Schokolade, eine kleine Handarbeit, um die scharfen Kanten seiner Enthaltsamkeit abzupolstern. In der kleinen Küche gibt es meist nur Kaffee und Staub. Sie will es ihm angenehm machen. Angenehmer, als er es sich selbst machen kann.

Dieser blasse, verletzte Ire, mit einbandagierter Brust unter Krankenhauslaken fixiert. Seit diesem Tag versucht sie, es ihm angenehm zu machen.

Nichts geschieht.

Ende September werden die Tage milder, dann kühl, und Paris ist immer noch schön. Auf der Straße laufen die Kinder in Zweierreihen; tagsüber eingesperrt, hängen ihre Stimmen wie Dunstglocken über den Schulgebäuden: Die Passanten laufen durch Wolken von Gesang und Schwaden von Reimen und Einmaleins.

In der Nachbarwohnung gibt es ein Radio; am Wochenende sickern Jazzklänge, Unterhaltungsmusik und Wellen von Gelächter durch die Wand. Das Baby der Nachbarn schreit.

Jemand kommt, um die Straßenlaternen in blaues Papier zu wickeln; nachts fahren die Autos dank Verdunkelungsstreifen halb blind. Aus der Rue de Vaugirard wird ein tiefblauer Strom, der an den toten Wassern der Rue des Favorites vorbeifließt. Er schließt die Fensterläden, zieht die Blenden herunter, macht eine

Lampe an und schenkt sich einen Schluck Jameson ein, nur einen, er muss ja noch vorhalten. Er vertieft sich in ein Buch oder in seine Arbeit, die französische Übersetzung von *Murphy*.

Suzanne kommt und geht. Sie dreht ihr melassefarbenes Haar ein, steckt es fest und wirft ihm ein strahlendes Lächeln zu. Immer wieder verblüfft ihn dieses Lächeln, das ihm aus heiterem Himmel entgegenfliegt wie ein Ball, direkt in seine geöffnete Hand. Die Kunst besteht natürlich darin, den Ball im Spiel zu halten, doch häufig reagiert er einen Hauch zu spät. Sie räumt schon die Zeitungen weg, geht Richtung Küche, schüttelt ein Kissen auf, ist schon fast durch die Tür. Aber er weiß, dass sie etwas will. Als würde ihm eine Katze um die Beine streichen, seidig und anschmiegsam und doch so, als müsste er jederzeit damit rechnen, etwas falsch zu machen und ungewollt Schaden anzurichten.

Er bemüht sich um sie. Macht auf dem Gasherd Kaffee warm, bestreicht Brot mit Rillettes, angelt Cornichons aus dem Glas.

Sie essen im Bett, mit ineinander verschränkten Füßen. Mit der Hand fegt sie Krustenkrümel vom Laken. Arme und Beine sind vom Sommer gebräunt, die Brüste und der Bauch unter dem Badeanzug jedoch weiß geblieben; so einen sepiabraunen, teilbelichteten Körper hatte er, bevor er nach Frankreich kam, noch nie gesehen. Während seine Hand über ihren Rücken gleitet, von hellbraun zu weiß wieder zu hellbraun, empfindet er Dankbarkeit. Sie hebt die Tasse und trinkt schlückchenweise ihren Kaffee. Er wendet sich ab, um sein Gesicht zu verbergen. Unsinnig, das hier mit Worten aufzuspießen. Es lieber vorbeischweben lassen.

Sie geht mit ihm zur irischen Gesandtschaft, um ein für alle Mal seinen Status zu klären. *Wenn du willst, dass etwas erledigt wird*, sagt sie, *frag eine tatkräftige Frau.* Durch verwehte Platanenblätter wandert sie mit ihm zur Place Vendôme und nimmt seinen Arm. Sie passieren die Oper. Dunkel liegt sie da. Das Gebäude ist verriegelt, die Fensterläden geschlossen, die Pforten mit Ketten barrikadiert.

»Oh«, sagt er.

»Wir kommen zurück, wenn sie wieder aufmacht«, sagt sie und zieht ihn an sich.

»Du glaubst, dass sie wieder aufmacht?«

»Natürlich«, sagt sie. »Irgendwann.«

Im Gebäude der Gesandtschaft überall glänzendes Holz, Marmor und Staubpartikel, die in den Strahlen der Herbstsonne tanzen. Sie erreichen das Ende einer unbewegten Warteschlange. Irische Stimmen und Gespräche verwirbeln die Luft und rauben ihm den Atem. Er schweigt und senkt den Blick, um Kontakt zu vermeiden, der bei einem so kleinen Heimatland an solchen Orten zwangsläufig ist – Freunde von Freunden und Cousins von Cousins.

»Es tut mir leid, ich … Sie möchten bleiben?«

Der Sachbearbeiter ist ein blasser Bursche, mit dem er bisher noch nie zu tun hatte.

»Ja.«

»Sie beide, Mr und Mrs …?«

»Nein.«

»Aber … Gut.«

Er sieht den Ausdruck im Gesicht des jungen Mannes, die stummen Fragen. *Warum bleiben? Was soll es bringen, wenn Sie bleiben?*

»Wir sind im Moment dabei, Ausreiseanträge zu bearbeiten …« Der Mann sieht ihn länger an, blickt dann stirnrunzelnd auf den Pass, blättert darin; er presst die Lippen zusammen, schaut wieder auf. »Lassen Sie mich eben, ähm …« Er erhebt sich ungelenk von seinem Tisch, schiebt ein paar Schriftstücke zusammen, klemmt den Pass dazwischen. »Einen Augenblick …«

Allein vor dem Pult, bleiben sie im Licht der hohen Fenster und dem Geruch von Bienenwachs und Tabakrauch zurück; an seinem Fuß hängt ein vertrocknetes, eingerolltes Platanenblatt, das er hereingeschleppt hat. Ungeduldig verzieht sie den Mund.

Nach einer Weile kommt der Sachbearbeiter zurück und

händigt ihm den Pass wieder aus. »Er sagt, Sie brauchen einen Nachweis über Ihre Berufstätigkeit. Zusammen mit Ihrem Pass sollte das genügen, um die Aufenthaltserlaubnis für Paris zu erhalten. Nach dem gegenwärtigen Vergabeverfahren.«

»Wie kommt er an so einen Nachweis?«, fragt Suzanne in ihrem ungelenken Englisch.

»Durch einen Antrag hier bei uns.«

Sie öffnet den Mund. Der Mann kommt ihr zuvor: »Wir brauchen ein formelles Bewerbungsschreiben. Mit Referenzen.«

»Wie lange dauert die Bearbeitung, wenn Sie das haben?«

»Das kann ich nicht sagen. Wir haben hier im Moment ziemlich viel am Hals.«

Er nickt, steckt den Pass ein. »Ja«, sagt er. Und dann: »Danke.«

Sie wenden sich ab, und Suzanne schüttelt missbilligend den Kopf.

Draußen fegt plötzlich ein kühler Wind über die Place Vendôme. Er hält Suzanne seinen Arm hin. Gegen die Kälte aneinandergeschmiegt, gehen sie los.

»Wenn wir zu Hause sind, musst du deinem Verlag schreiben. Dann schicken sie Referenzen und sagen, wer du bist.«

»Das werde ich«, antwortet er, ohne die Zuversicht zu empfinden, die seine Worte suggerieren.

»Und dann bist du endlich vollberechtigt hier.«

Er nickt. »Ich hoffe.«

Auf Französisch klingt es nicht ganz so unwahrscheinlich, nicht ganz so beklommen. *J'espère.*

Im Jardin des Tuileries türmt sich Laub auf dem Kies. Der Staub auf dem Weg färbt ihre Schuhe weiß.

Er schreibt seinen Bewerbungsbrief. Und er schreibt mit einem gewissen Unbehagen nach London an Mr Read bei Routledge mit der Bitte um eine kurze Empfehlung. Er frankiert den Brief, schickt ihn ab. Er kommt sich schrecklich aufdringlich vor. Als würde er den Mann bitten, sich ihm zuliebe an einem Betrug zu beteiligen.

Doch nichts passiert.

Oder besser gesagt, es passieren weiterhin Dinge, aber nicht ihm. Ihm passiert nichts.

Als er morgens das Haus verlässt, um Brot zu holen, steht in der Rue des Favorites ein grüner Lieferwagen am Bordstein. Die Art von Wagen, die Einheimische als *panier à salade* bezeichnen; dort wird man hineingepackt, durchgerüttelt und herumgeschleudert. Ein Polizeiwagen.

Seine Schultern versteifen sich. Er hat noch keine Papiere.

Aber es ist das Nachbarhaus. Er sieht, wie von innen die Toreinfahrt aufgezogen wird und ein *flic* über die Schwelle auf den Gehweg tritt; ein junger Mann stolpert hinter ihm her, das dunkle Haar zerwühlt, das Hemd falsch geknöpft, eben noch im Bett. Ein zweiter Polizist folgt ihnen. Menschen bleiben stehen oder treten zurück, um nicht in irgendetwas hineingezogen zu werden. Er findet sich unter den Zuschauern wieder, obwohl er gar nicht vorhatte zuzuschauen.

Der junge Mann steigt hinten in den Wagen, er sieht verwirrt und aufgebracht aus. Die Tür schließt sich hinter ihm; dann steigen auch die Polizisten ein, einer hinten, einer vorn, und der Wagen rumpelt über das Kopfsteinpflaster davon.

»Wer war das?«, fragt eine Frau in seiner Nähe.

»Ausländer.«

»Was hat er gemacht?«

»Weiß nicht.«

»Wo bringen sie ihn hin?«

Eine andere Frau beugt sich an ihm vorbei nach vorn, um zu antworten. Er riecht ihren Atem. »Vielleicht zur Préfecture oder in die Santé.«

»Ist doch eine Schande, oder?«

»Wenn man die sich selbst überlässt, kommt so was dabei raus, hab ich nicht recht?«

Er hält den Mund und macht nichts. Das alles scheint nichts mit ihm zu tun zu haben: Jemand wurde abrupt aus dem Alltag entfernt. Doch mit einem Mal sind Menschen wie dieser allgegenwärtig und unübersehbar, all die Vertriebenen und Gejagten in ihren heruntergekommenen Anzügen. Im Vorbeigehen aufgeschnappt, unterscheiden sich ihre Akzente, doch es gibt einen bestimmten Typus: gebildet, nachdenklich, still und voller Angst. Sie sind das Treibgut eines halben Dutzend unterschiedlicher Nationen, schwach und erschöpft, von den Hochwassern ihrer Heimat angeschwemmt.

Manchmal sieht er, dass sie sich gegenseitig zur Kenntnis nehmen wie Busfahrer, die sich im Vorbeifahren mit einem kurzen Wink grüßen. Beklommen verfangen sich ihre Blicke: Da ist ein Drang nach Gemeinschaft, aber auch der Sog der Angst. Wer möchte schon *damit* in Verbindung gebracht werden, dazugehören zu dieser Gemeinschaft von Ausgeschlossenen?

Zu Beginn ist es ein milder Herbst, und die Dinge nehmen ihren mehr oder weniger normalen Lauf. Er versucht zu arbeiten und der Tatsache, dass er hier ist, Bedeutung zu verleihen. Mit Alfred Péron spielt er ein bisschen Tennis; sie treffen sich in Cafés oder in der Wohnung der Pérons, um an seiner Übersetzung zu arbeiten. Mania begegnet ihm herzlich und scheint nichts dagegen zu haben, dass Alfy für seinen irischen Freund so viel Zeit vergeudet. In seinem müßigen Unterfangen ist ihm Alfy ein zuverlässiger Gefährte geworden. Wie Raupen fressen sich sich in Rauch gehüllt und an Kaffee oder Wein nippend durch den Text von *Murphy*, tief eingetaucht in das Problem, sein eigenes, besonderes Englisch in sein eigenes, besonderes Französisch zu übertragen. Was in etwa so sinnvoll ist wie das Lösen eines Kreuzworträtsels: hin und wieder der angenehme Aha-Effekt eines gelösten Problems, aber mehr auch nicht. Wenn sie fertig sind, wird es, so vermutet er, ein Buch geben, das auf Englisch keine Leser fand und nun auf Französisch keine finden wird.

Die Heizung funktioniert noch; wenn er sich rasieren will, kommt noch heißes Wasser aus dem Hahn; tagsüber ruckelt noch der Aufzug durchs Haus; und durch die Wand zur Nachbarwohnung dringen noch die Klänge des Radios, auf dem *Le Poste Parisien* läuft. Hin und wieder schreit das Baby. Gern würde er Joyce treffen, mit ihm trinken gehen, sich im Saufen und Reden verlieren, doch die Joyces sind nicht in der Stadt, und dann sind sie wieder da und dann doch wieder weg, und obwohl er eine Nachricht geschickt hat, ist nichts zurückgekommen. Wie soll man da nicht den Überblick verlieren.

»Die Laken müssen gewaschen werden«, sagt Suzanne.

»Ich weiß.«

»Sie fangen an zu riechen.«

»Ich weiß.«

»Ich finde, sie fühlen sich dreckig an.«

»Ja.«

»Glaubst du, die *ligne* hält?«

Ihr Schenkel auf seinem Schenkel, ihre Hand an seiner Brust, unter ihrem Daumen die hellviolette, zerklüftete Narbe; dieser lädierte Mann ist auch der Junge, den sie in weißen Tennissachen vor sich sieht, die langen Glieder wie ein wunderbares Tier nach dem Ball gestreckt. Die Zeitspanne zwischen diesen Momenten und jetzt erscheint ihr manchmal so kurz, als hätte eine Uhr zweimal getickt. Manchmal ist sie aber auch gewaltig.

»Was?«, fragt er, obwohl er sie gehört hat.

»Glaubst du, die *ligne* hält?«, wiederholt sie.

Er rollt sich auf die Seite und tastet nach einer Zigarette. *Ligne*, hat sie gesagt, Leine. Er hat an die Betttücher gedacht und eine Leine mit wehenden, knatternden Laken vor sich gesehen. Doch sie meint natürlich die Maginot-Linie, die *Ligne Maginot*. »Ich habe keine Ahnung.«

»Sie verlassen sich zu sehr darauf«, sagt sie. »Meiner Meinung nach.«

»Womöglich.«

»Die Generäle tun so, als wäre sie die Antwort auf alles. Für die geht jetzt einfach der letzte Krieg wieder von vorn los. Aber es ist ein anderer Krieg. Und deshalb ist diese verdammte Linie auch nicht die Antwort.«

Er zündet die Zigarette an, zieht daran, gibt sie ihr. »Vielleicht ist es ja doch derselbe Krieg. Mehr oder weniger.«

»Die Zeiten haben sich geändert«, sagt Suzanne. »Die Dinge haben sich weiterentwickelt. Die Welt ist schneller geworden. Und der Krieg auch.«

Er sieht zu, wie sie an der Zigarette zieht; mit ihren spitzen Lippen, wie eine Möwe im Flug.

Durch eine Wolke aus Rauch sagt sie: »Sie werden drumrumfahren. Quetschen sich in ihre Volkswagen und brettern einfach durch.« Sie hält inne. »Vielleicht hättest du in Irland bleiben sollen.«

Blinzelnd schaut er sie an, wendet sich ab und blickt zur Decke hoch, wo ein Spinnennetz in der Zugluft schwebt. »Meinst du?«

»Es wird nicht ewig so bleiben, dass nichts passiert. Dieser Krieg wird nicht mehr lange so weitergehen. *Drôle de guerre*. Bald wird er nicht mehr lustig sein.«

»Ist er jetzt auch nicht gerade.«

»Wenn du gehen wolltest, würden sie dir auf der Gesandtschaft helfen.«

Mr und Mrs hat der junge Mann gesagt.

»In Irland kann ich nicht atmen. Und schon gar nicht schreiben.«

»Tja, dann.« Die Augenbrauen hochgezogen, die Lippen geschürzt. »Dann musst du bleiben, egal was passiert.«

Er nimmt die Zigarette zurück und raucht weiter.

Sie setzt sich auf, schwingt die Beine aus dem Bett. »Wenn ich die Bettlaken abziehe«, sagt sie, »würdest du sie dann runter zum *pressing* bringen?«

Zwei Straßen von der Wohnung entfernt, an der Place Falguière, fragt ihn ein Clochard höflich nach der Uhrzeit. Er bleibt stehen, blickt auf seine Uhr und hält dem Mann das Handgelenk hin, worauf der andere nickt. Auch eine Zigarette bietet er ihm an, der Mann greift dankend zu und neigt sich zu dem Streichholz hin, das er angezündet hat.

»Sie sind nicht von hier, oder?« Die Frage prallt an der verschlissenen Rundung einer ursprünglich schwarzen Melone ab. Misstrauisch blickt der alte Mann unter der Krempe zu ihm hoch. »Wie kommen Sie darauf?«

»Ihr Akzent.«

»Sie haben auch einen.«

»Um mich mache ich mir keine Sorgen.«

Der alte Mann grinst und entblößt das schlechteste Gebiss, das er je gesehen hat. »Das sollten Sie aber vielleicht, mein Freund.« Er gibt ein kehliges Geräusch voller Schleim von sich, vielleicht ein leises Lachen. »Wir sind doch alle gefährlich, alle verseucht. Aus deren Sicht sind wir alle *sales métèques*. Und wenn Sie jetzt von denen eingelocht werden und dann irgendwann diese Nazi-Brüder hier sind, dann sind Sie geliefert. *Kaputt.*«

Er sträubt sich gegen die harten Worte, die der Mann so selbstverständlich in den Mund genommen hat: dreckige Ausländer. »Ich habe bald meine Papiere«, erwidert er. Seine Stimme klingt zuversichtlich.

Der alte Mann atmet Rauch aus und zupft wehmütig einen Tabakfaden von seiner bleichen Zunge. »Früher hatte ich auch mal Papiere.«

»Jetzt nicht mehr?«

Er schüttelt den Kopf. »Weg, alles weg.«

»Können Sie neue bekommen?«

»Es gibt niemanden mehr, der mir welche ausstellen würde. Ich habe kein Heimatland mehr, keine Rechte. Keiner will mich anhören.«

»Mein Gott.«

Der alte Mann nickt, zieht wieder an der Zigarette, und die Spitze zerbröselt zu Asche. Mit dem Rauch stößt er ein genüssliches Schnauben aus.

Der Drang zu helfen ist ein Instinkt … *Der Älteste trug am schwersten* … aber was kann er tun? Dies hier ist so extrem und so abstrakt, wo soll man da ansetzen? Er späht in die Zigarettenpackung, schüttelt sie, klopft dagegen: noch drei Zigaretten. »Hier.« Er gibt ihm die Packung. Winkt ab, als der andere sich bedankt.

Hastig steckt der alte Mann die Zigaretten ein, nicht dass doch noch ein Rückzieher kommt. »Gott segne Sie, Sir.«

»Gott segne Sie.«

Er wendet sich ab und biegt, an der Innenseite seiner Wange kauend, um die Ecke in die Rue d'Alleray. Das Wetter schlägt um; es wird kalt. Alles kann nur schlimmer werden. Seine Hand findet den runden Kalkkiesel vom Strand in Greystones; kühl und glatt wie ein Pfefferminzbonbon liegt er zwischen seinen Fingern. Er nimmt den Stein, schiebt ihn sich in den Mund. Den Blick auf seine abgeschabten, ausgetretenen Stiefel gerichtet, lutscht er daran, während in seinem Kopf die traurigen, schönen Klänge der *Winterreise* anschwellen.

Wunderlicher Alter!
Soll ich mit dir geh'n?

Wenigstens hat er jetzt eine Antwort auf die Frage seiner Mutter: *keinerlei Nutzen.*

3

Paris

Winter 1939–1940
In der Uniform sieht Alfy fremd aus, sie verleiht seinem Körper mehr Festigkeit, verklärt ihn; zwischen den halbleeren Gläsern und dem halbvollen Aschenbecher liegt sein Käppi auf dem Cafétisch. Er spielt mit einem Untersetzer, zwischen den Fingern eingeklemmt, eine langsam vor sich hin rauchende Zigarette. Er spricht mit leiser Stimme und abgewandtem Blick, als schämte er sich ein bisschen für seinen neuen Rang, für den dicken grünen Wintermantel an seinem stämmigen Leib. Er tut, was er tun kann. Er hat sich verpflichtet. Der Professor wird für die Kavallerie die Ställe ausmisten.

Kavallerie. Als er das Wort hört, schließt er die Augen und schüttelt langsam den Kopf über diesen Gedanken, allein schon das Wort, so ein antiquiertes, irrsinniges Wort für einen modernen Krieg. Mein Gott: *Kavallerie*. Warum nicht *Kalvarie* wie *Kalvarienberg*, genauso überschattet von Opfern und Gemetzeln.

»Ich wollte dich fragen«, sagt Alfy, »ob du während meiner Abwesenheit ein Auge auf die Familie haben kannst, auf Mania und die Jungs.«

»Natürlich.«

»Ich weiß«, sagt Alfy, »dass du das ohnehin tun würdest. Aber es war mir ein Bedürfnis, es auszusprechen. Und wenn ich nicht wiederkomme …«

»Herrgott, Alfy, bitte.«

»Es sieht nicht gut aus, wenn wir ehrlich sind, deshalb.«

Alfy senkt den Kopf, schnippt Asche in den Aschenbecher. »Also, wenn ich nicht zurückkomme …«

»Nicht, Alfy …«

»Betrachte sie als deine Familie, ja? Mania und die Jungs. Das wollte ich dir sagen. Würdest du das für mich tun, falls ich nicht zurückkomme?«

»Natürlich. Verlass dich drauf. Aber tu du mir auch einen Gefallen.«

»Alles, was du willst, mein Freund.«

»Komm zurück.«

Alfy lässt sein breites Lächeln aufleuchten; mit einem Händedruck und einem Wangenkuss gehen sie auseinander. An der Straßenecke wirft er einen Blick zurück auf die gedrungene, uniformierte Gestalt, ein schmerzhaftes Ziehen im Hals.

Alfred, sein alter Freund und neuer Bruder, fährt zu seinem Regiment; er hingegen kehrt zu seinen Notizbüchern zurück, seinem Schreibtisch, seiner sinnlosen Arbeit, die sich immer nur im Kreis dreht. Vielleicht sollte er auch versuchen, sich zu verpflichten. Mist schaufeln wie jeder andere. Es wäre lohnenswerter als das hier.

Seine Freunde treiben davon.

Sie, die ohnehin schon entwurzelt sind, werden von Winden verweht und durcheinandergewirbelt. Sie kommen und gehen; nie weiß man, wer wo ist.

Die Joyces sind zurück. In einem lärmenden Durcheinander treffen James und Nora mit Taschen und Koffern beladen am Bahnhof ein. Er und Paul Léon, die gekommen sind, um sie zu begrüßen und ihnen zu helfen, stoßen auf blank liegende Nerven und Unbeherrschtheit, auf Starrsinn und Gebrechlichkeit. Mr Joyce mit seiner glimmenden Cheroot-Zigarre, seinem Stock und seiner Sonnenbrille erkundigt sich bei Léon, was mit Giorgio ist, und fragt nach Büchern: Der Mann hat sich komplett von den Zwängen der Realität gelöst. Noras Gejammer ist so beständig wie das Schnaufen der Dampflokomotive. Sie waren in der Bretagne, um Vorkehrungen für ihre Tochter zu treffen und sie vor weiterem Unheil zu schützen. Fraglich ist nur, ob dies bei Lucia je gelingen kann, die doch selbst so viel Unheil mit sich herumträgt.

Léon macht sich auf die Suche nach einem Träger, und sie gehen Richtung Taxis. Während er dem zankenden Paar folgt, lässt ihn die Erinnerung an die gebrochene, zurückgewiesene Lucia erröten. Die Erinnerung an sein grobes Versagen in der Liebe.

Er und Paul helfen den beiden ins Taxi und gehen durch den Bahnhof zurück Richtung Métro.

»Sie werden die Wohnung auflösen, wusstest du das?«, sagt Paul. »Nora besteht darauf, ins Hotel zu ziehen.«

Paul ist so freundlich, so sanft, doch das hier hat etwas schulbubenhaft Triumphierendes: *Ich weiß etwas, das du nicht weißt.*

»Und dann wohl in die Schweiz«, fügt er in der Erwartung, den anderen zu ärgern, hinzu.

»Das leuchtet ja auch ein, oder? Da könnten beide, Vater und Tochter, eine anständige medizinische Behandlung bekommen. Insofern hat die Situation für sie vielleicht auch ihr Gutes, sie erzwingt eine Entscheidung.«

Sie erreichen den Métro-Eingang; er wendet sich Pauls milchig glattem Gesicht zu, erkennt die sanfte Intelligenz darin. Dass seine Bewunderung für James Joyce so weit geht … dass ein möglicher Nutzen für die Familie Joyce sogar der Gewitterwolke Krieg etwas Silberglanz verleihen kann. Mit klappernden Stiefeln steigen sie die ausgetretenen Holzstufen hinab. Er sieht, dass Pauls Stiefel vom gleichen Stil sind wie seine, aber noch glänzend und steif; und dass er ein bisschen humpelt, als wollte er nicht zu fest auftreten.

»Neue Schuhe?«, fragt er. »Drücken?«

»Bin noch dabei, sie einzulaufen.«

»Bis ich meine eingelaufen habe, sind sie längst abgelaufen.«

Ihre Stiefel erreichen gleichzeitig die unterste Treppenstufe und dann den Fliesenboden. Allein die Tatsache, dass Joyce darauf schwört, hat diesen Stiefeltyp populär gemacht.

»Oh Gott, meine Füße«, sagt Paul offenherzig.

Nicht jeder ist auf dem Sprung. Mary Reynolds harrt in ihrem Haus in der Rue Hallé aus; sie und Marcel Duchamp halten dort nach wie vor ihre Zusammenkünfte ab. Sie haben ihre Karten und ihre Konversation. Es gibt weiterhin Partys. In einem Zimmer ist eine Wand dunkelblau gestrichen und mit einem Filigranmuster aus Fäden und Reißzwecken bespickt; glatt steht Marys Globus im Halbdunkel. Es gibt Landkarten und Bücher, Gemälde und flackerndes Kaminfeuer, dazu die Gespräche, das Glas *fine* und die Tellerchen mit Oliven – man könnte meinen, dass es immer so weitergeht, dass die Achse der Welt nicht längst gekippt ist und alles auf die Katastrophe zuschlittert.

Doch sogar in der Rue Hallé ist von Abreise die Rede. Marcel redet davon. Mary spricht das Thema nicht an, doch sie widerspricht auch nicht. In den Süden, sagt Marcel, wohin sie im Sommer ohnehin gereist wären; nun aber früher, um fort zu sein, ehe die Dämme reißen. Weil Paris das meiste abbekommen und die Vormarschwelle brechen wird. Also werden sie in den Südwesten gehen, an die Küste, in das Haus in Arcachon. Die Entfernung wird sie schützen.

»Und ihr müsst uns dort besuchen«, sagt Mary. »Wenn ihr nicht kommt, wird der Sommer lang.«

Es hört sich schön und seltsam an, den Sommer in Arcachon zu verbringen, während anderswo der Krieg weitergeht. Unmöglich, ihn sich als etwas Reales vorzustellen.

Er lebt einfach weiter auf Sparflamme. Versucht zu arbeiten, doch nun, da Alfy fort ist, scheint die Übersetzung, diese einstige Raupe, sich in den eigenen Schwanz zu beißen. Nicht einmal er kann ihr noch Bedeutung beimessen, jetzt nicht mehr.

Das Wetter schlägt um, es wird bitterkalt; der Wind ist schwach, die Temperaturen gehen zurück. Er verkriecht sich in sich selbst. Immerzu ist ihm kalt.

Auf der Straße haben Fremde die verblüffende Gabe, wie alte Freunde auszusehen, wie Menschen, die längst fort sind. Sein Sehvermögen ist alles andere als gut: Wie oft hat er schon die Hand gehoben und dann, seinen Irrtum erkennend, wohl oder übel weitergemacht, den Hut abgenommen und wieder aufgesetzt, die Brille zurechtgerückt und so getan, als hätte es nichts zu bedeuten.

Suzannes Freunde zerstreuen sich nicht in alle Winde. Die jüngeren Männer sind zwar eingerückt, und die Kommunisten mit Parteibuch wurden wegen ihres Parteibuchs interniert. Doch diejenigen, die noch in Freiheit sind, treibt es nicht auseinander. Sie gehören hierher, sind hier verwurzelt. Wie gebannt starren sie auf das, was kommt. Die Zusammenkünfte finden jetzt in ihren Wohnungen statt und sind verschwiegen; einzeln oder paarweise trifft man ein und bricht in ähnlich zeitversetzten Konstellationen wieder auf. Die Zügigkeit, mit der die Regierung interniert, ist verblüffend. Man braucht nichts zu tun, man muss nur existieren.

Mit hochgeschlagenem Kragen und einem Kopftuch gegen die Kälte bricht sie zu diesen Treffen auf. Er verfolgt ihr Gehen mit einem nadelfeinen Interesse, das er nicht unbedingt als Eifersucht beschreiben würde. Manchmal, wenn sie ihn fragt, begleitet er sie. Sie fragt ihn nicht immer, und er weiß nicht, ob dann vielleicht jemand kommt, von dem sie nicht möchte, dass er ihn trifft oder dabei ist, wenn sie ihn trifft. Es gibt frühere Liebhaber, die dort herumgeistern; Suzannes und sein Alter erreicht man nicht unverheiratet, ohne ein paar verbuchen zu können. Ihren Tennispartner im gemischten Doppel zum Beispiel. Diesen Typen.

Wenn er mitkommt und ein Klavier in der Wohnung steht, spielt er darauf. Im Laufe des Abends wird sie redselig und nachdrücklich, tippt mit dem Zeigefinger auf den Tisch und korrigiert andere, doch selbst in diesen unruhigen Zeiten gibt es auch heitere Momente, in denen sie den Kopf in den Nacken wirft und einfach nur lacht. So ist sie ohne ihn, unbekümmert und selbstbewusst, denkt er und fühlt sich unwohl dabei. Was tut er da, warum lässt er zu, dass sie sich jemanden wie ihn aufhalst?

Zigarettenrauch hängt blau in der Luft, auf einem Kaminrost flackert ein Feuer, Aschenbecher füllen sich, Gläser werden geleert. Etwas halbherzig wählt er ein paar Melodien aus, Musik ist hier nicht unbedingt erwünscht, und er hat eigentlich keine Lust, Aufmerksamkeit zu erregen. Die Leute reden.

War ja noch ein kleines Kerlchen damals, aber ich erinnere mich an das letzte Mal, das war haarscharf. Die Bomben, mein Gott, wisst ihr noch? Aber haarscharf ist eben nur haarscharf und nicht Paris: Die sind sehr wohl in Schach gehalten worden; die mussten uns bombardieren, weil sie nicht nah genug rankamen, um in den Straßen auf uns zu schießen. Ja, aber die Belagerung von 1870, klar, das ist schon ein Weilchen her, aber die Restaurants hatten damals keine andere Wahl, als Ratten, Katzen und Hunde zu servieren, die ganze Menagerie aus dem Jardin des Plantes, der Elefant, die Giraffe, das ist doch alles geschlachtet worden. Elefantenfleisch kann man gut essen, da würde ich nicht nein sagen. Darum geht es doch nicht: Es könnte im Handumdrehen wieder so weit kommen. Aber heute ist die Situation anders! Heute haben wir die Maginot-Linie. Pff. Die Maginot-Linie! Geh mir weg damit. Die Deutschen haben sich vorbereitet, das scheint hier keiner kapieren zu wollen: Während wir dumm hinter unserer Maginot-Linie gehockt, Karten gespielt und uns am Arsch gekratzt haben, hat Deutschland Rauch gefurzt und Artillerie geschissen. Die sind ruckzuck hier, und diesmal werden sie uns richtig zur Sau machen. Nein, nein, nein, das ist blödsinnige Panikmache: Die Linie hält, die Soldaten werden ihren Mann stehen, die Linie hält. Die Linie hält.

Er blickt zu seinem Glas, das oben auf dem Klavier steht; auf dem Grund des Kelchs ist nur noch ein violetter Fleck zu sehen. Sein Blick wandert wieder zum Tisch, wo die Flaschen ebenfalls leer sind. Wie aufgezogene Uhrfedern drehen sich die Gespräche im Kreis. Was können sie nur *tun*?

Suzanne ergreift das Wort. Als der Lärm nicht nachlässt, hebt sie die Stimme und redet einfach weiter, bis die anderen verstummen. Entscheidend ist, *irgend*etwas zu tun. Denn das ist immer noch besser, als einfach nur rumzusitzen. Sie sollten sich also überlegen, was sie tun können. Und sei es auch nur, für eine faire Verteilung von Elefantensteaks zu sorgen.

Jemand zückt ein Notizbuch, einen Bleistift, leckt die Spitze an; die Stimmung schlägt um, Entschlossenheit macht sich breit. Allerdings nur kurz, denn alle wissen, dass man sie, sobald sie sich als Kommunisten zu erkennen geben, wegsperren wird im Glauben, ihre Loyalität läge anderswo. Doch wo sollte das sein? Sie sind jetzt ganz auf sich gestellt. Stalin hat gemeinsame Sache mit Hitler gemacht und wird wegschauen. Was bleibt, ist die mulmige Vorstellung, dass England nägelkauend über den Kanal späht, während sich Amerika mit verschränkten Armen und Unschuldsmiene ein Liedchen pfeift.

Es wird still, und als sie schließlich weiterreden, geht es um andere Themen, ihre Kinder, ihre Enkel, die Musik und den Winter, der sich als bitterkalt erweist. Und schon müssen sie wieder los. Heutzutage bleibt man nicht gern lang. Kleckerweise verabschiedet man sich, zieht Handschuhe und Mützen an und geht gebeugt in die Nacht hinaus, wo die Atemwolken den Nebel aufmischen.

Wieder geistert Nora mit einer Kaffeekanne in der Hand durch die Wohnung. Joyce spielt Klavier und singt »The Salley Gardens«. Auf dem Wandtisch im Flur stellt Nora die Kaffeekanne schließlich ab, nimmt stattdessen eine Vase und setzt ihre ziellosen Wanderungen fort. Er blickt ihr nach, nimmt das nächste Buch, prüft den Buchrücken, legt es in den Umzugskarton. Als Joyce mit dem Lied fertig ist, zündet er sich eine Cheroot-Zigarre an und legt sie sofort wieder aus der Hand, um sich dem nächsten Lied zu widmen, »Croppy Boy«. Sentimental ist er heute. Seine Stimme klingt schwach.

Die Joyces ziehen aus der Wohnung in ein Hotel, was ihnen das Leben erleichtern soll, doch bisher erleichtert es gar nichts. Paul

Léon hat die Grenze des Erlaubten überschritten, ein Versehen, das schnell passieren kann. Ein einziges unliebsames Wort über Giorgio hat gereicht, um so jäh in Ungnade zu fallen, wie man in einen Brunnen stürzt. Seine Hilfe ist nicht mehr erwünscht, obwohl Hilfe hier doch immer erwünscht ist: Kaum etwas wird erledigt, wenn es nicht jemand anders tut.

Langsam erstirbt Joyces Stimme, und seine Hände erlahmen. Er klappt den Klavierdeckel herunter, angelt sich seinen Stock, steht auf. »Trinken Sie einen?«, fragt er.

Er legt das Buch, das er gerade in die Hand genommen hat, zurück, richtet sich auf, streicht über seine Kleidung. »Mrs Joyce hat nichts dagegen?«

»Seien wir diskret. Wo ist mein Mantel?« Eine ausgestreckte Hand, ein zaghafter Schritt, der Kopf wie eine Amsel zur Seite geneigt, um das Beste aus seiner verbliebenen Sehkraft zu machen.

Im Café bestellt Joyce Weißwein. Mit gequältem Gesicht hängt er an seinem Glas; er trinkt, als diente es der Gesundheit. Er redet, er trinkt, runzelt die Stirn, trinkt, redet.

»Wofür soll dieser geistesgestörte Krieg eigentlich gut sein? Ich kann nicht den geringsten Sinn darin erkennen.«

Nun ja, Hitlers Übergriffe …

Ein abschätziges Schnauben. Linien auf Landkarten sind dazu da, neu gezogen zu werden. Darüber sollten gerade die Briten nicht in Harnisch geraten. Die haben schließlich dem halben Planeten ihren Stempel aufgedrückt.

Seine Verfolgungen …

Aber die Juden wurden doch schon immer verfolgt. Nichts daran ist neu. Eine uralte Geschichte. Ich wüsste nicht, warum es deshalb Krieg geben sollte.

Joyce will nichts hören; insistieren hat keinen Sinn. Und so sitzen die beiden Männer in diesem kleinen Café in der Rue des Vignes, im fleckigen Licht der Gaslampe wie vergilbt, die Köpfe gesenkt, seiner ein dunkles Gestrüpp, der von Joyce graumeliert und pomadisiert. Was soll er anderes tun als trinken? Trinken und den älteren

Mann reden lassen; Joyces irischer Akzent und seine helle Stimme fühlen sich wie Heimat an, und er ertappt sich dabei, an Deutschland vor dem Krieg zu denken, das kalte Licht, die schweren, bleichen Körper, die Einsamkeit, die Gemälde, die nackten Flecken an den Museumswänden. Manchmal macht auch er den Mund auf, und die Worte fallen heraus wie Steine, doch dann schließt er die Lippen wieder und nimmt sich vor, es dabei zu belassen. Denn an diesem Abend ist Joyce trotz aller Erschöpfung eloquent. Was er auch sagt, immer schwingt ein Staunen mit, so im Fluss des eigenen Sprechens zu sein. Empörung über die Zustände und die Wirkung, die das alles auf Noras Nerven hat und auf Lucias … Nerven. Und Giorgio könnte eingezogen werden, wenn er Frankreich nicht verlässt, und sein Buch, ja, sein Buch ist nicht oder nicht mehr aktuell wegen dieser, dieser, dieser *Politik*, und wie ärgerlich das alles ist.

»Sie kennen *Finnegans Wake* besser als jeder andere. Sie kennen es in- und auswendig. Sie haben bis zu den Ellbogen dringesteckt, bis unter die Achseln. Sie waren die ganze Zeit dabei. Deshalb wissen Sie, was es ist und als was es gesehen werden sollte.«

Er nickt. Er weiß es. Er weiß es. Natürlich weiß er es.

»Was werden Sie tun?«, fragt Joyce plötzlich.

Er zögert, fühlt sich überrumpelt. »Am Steuer eines Ambulanzwagens sitzen, dachte ich vielleicht.«

»Die werden Sie rankriegen, oder?«

»Das muss ich sehen.«

»Tja«, sagt Joyce. »Ja, natürlich, Sie sind jung.«

Er nickt, kippt den Wein, den der andere Mann gewählt hat, in sich hinein und lässt den anderen Mann reden, ohne auch nur einen der Sätze auszusprechen, die sich in seinem Kopf verklumpen, in sich zusammenfallen und auflösen.

Erst um kurz vor zehn machen sie sich auf den Rückweg. Es ist eine feuchtkalte, stille Nacht, beschwerlich im blauen Unterwasserlicht, und an der Ecke zögert Joyce; er tastet sich mit dem Stock voran.

»Schmuddelige Nacht.«

»Allerdings. Hier!« Er bietet ihm einen Arm an. Blind wendet ihm der Ältere den Kopf zu.

»Hier, mein Arm …«, wiederholt er sein Angebot.

Er führt ihn vom Bürgersteig herunter; gemeinsam überqueren sie das Kopfsteinpflaster. Er verkürzt seine Schritte.

»Da kommt der Bordstein«, sagt er. »Und da ist der Kirchturm.«

Am Mietshaus der Joyces schieben sich die beiden in die Eingangshalle. Hier ist es heller, ein kleiner Gasstrumpf spendet Licht. Sie verabschieden sich. Gute Nacht, *God bless*, die alten Reflexe. Joyce tastet sich weiter zum Aufzug, warm in seinen guten Mantel gehüllt, mit seinem gerade sitzenden Hut dem Bild von Nüchternheit schon sehr nahe. Leicht benebelt vom Alkohol, erfasst ihn ein überwältigendes Gefühl der Liebe. Dass diesem James Joyce seine Gesellschaft so angenehm ist, während er selbst sie doch kaum verkraften kann.

Joyce betritt den Aufzug und zieht das Gitter hinter sich zu. Ehe er hochgefahren wird, sagt er noch: »Ach, ich vergaß, ich habe da noch eine Kleinigkeit für Sie.«

»Oh.«

»Ich lasse es Ihnen schicken.«

»Danke …«

Und dann ist Shem fort, emporgetragen durch die dunklen Etagen des Gebäudes zu der Wohnung voller Kisten und einer Anrichte mit Kreisen im Staub anstelle der Vasen. Alleingelassen steht er auf dem glänzenden Fliesenboden des Foyers in der Kälte. Nora wird verärgert sein. Und ihm die Verantwortung dafür zuschieben, dass ihr Mann sich davongestohlen hat und nun in diesem Zustand heimkehrt. Als hätte *er* den Wein gekauft, dem Herrn die Nase zugehalten und ihm alles eingeflößt.

Er schlägt den Mantelkragen hoch und geht hinaus. Die Nacht strömt ihm entgegen, legt sich nass auf sein Gesicht. Er beugt sich vor, als müsste er sich gegen den Wind stemmen, dabei rührt sich kein Lüftchen. Natürlich ist er betrunken; er hat keine Papiere, und die Freunde um ihn herum verlassen

Paris; die Stadt ist verödet; dass er hier ist, nützt niemandem. Ausnahmsweise und auch nur für einen kurzen Moment ist er einigermaßen zufrieden.

In der Weihnachtszeit reisen die Joyces schließlich ab. Sie stehen in der rauchigen Stille des Bahnsteigs neben dem Zug, und er schüttelt Giorgio und seinem Vater die Hand und nimmt Noras versöhnlichen Kuss entgegen: Manchmal wird ihm die Schuld für die Vergehen ihres Mannes zugeschrieben und manchmal auch nicht, doch solange sich Mr Joyce von seiner besten Seite zeigt, darf auch er auf Zustimmung hoffen. Er reicht ihr beim Einsteigen die Hand; sie bewegt sich steif, ihre Gelenke machen Probleme. Den beiden kann er noch nützlich sein, so viel ist sicher: Er kann Koffer in den Waggon laden; er kann auch ihm beim Einsteigen helfen.

»Kommen Sie uns besuchen«, sagt James Joyce. »In Saint-Gérand-le-Puy. Kommen Sie uns im Frühling besuchen.«

»Danke.« Freude und zugleich ein Vorgefühl von Unbehagen.

Der Ältere nickt, nimmt mit gekreuzten Beinen Platz, die Hände auf dem Knauf seines Stockes gefaltet. »Also dann«, sagt er. »Bis zum Frühling.«

So viel Wärme und Dankbarkeit, so viel Unsicherheit und Beklemmung. Natürlich erwidert er nur »Bis zum Frühling«, schüttelt erst Shem die Hand, dann Nora und klettert wieder aus dem Waggon. Allein auf dem Bahnsteig, tritt er auf der Stelle und blickt Richtung Abfahrt an dem stehenden Zug entlang.

Dann endlich das Seufzen der Lokomotive, das Stampfen geschmierter Kolben, das schleppende Ruckeln, und der Zug fährt ab. Langsam streifen die Wagen an ihm vorbei und nehmen nicht nur all die Verwirrungen mit, sondern auch seine unbeholfene Liebe, die echt und aufrichtig ist.

Er geht durch die Gare d'Austerlitz in die tiefstehende Sonne hinaus. Auf dem Heimweg wirft sie ihr scharfes Licht zwischen die Gebäude, die blauen Schatten in Keile geschnitten. Es ist, als wäre die Stadt blanker, kantiger, der Himmel weiter entfernt. Als wäre sie schöner, wenn das überhaupt geht. Als wäre sie gefährlicher und unheilvoller.

Ein heller, bitterkalter Tag. Der Aufzug ist außer Betrieb und Suzanne nach sieben Etagen außer Atem. Sie öffnet die Tür, drückt sie hinter sich zu und zieht die Schuhe aus. Ihre Nase ist kalt, die Hände steif. Schon wühlt sie in ihrer Einkaufstasche, holt eine kleine Häkeldecke heraus.

»Liebling …«

Er braucht seine Ruhe, seine Ungestörtheit. Doch er braucht auch jemanden, der sich kümmert, denn das ist ihm selbst nicht zuzutrauen. Die Decke kann er sich beim Arbeiten über die Knie legen; sie wird ihn wärmen, wenn er schreibt.

»Bist du da?«

Sie hat einiges an Zeit darauf verwendet. In diese Decke, würde ihre Mutter sagen, ist viel Liebe geflossen.

»Ich habe ein Geschenk für dich.«

Keine Antwort. Sie horcht in die leere Wohnung. Enttäuscht legt sie die Decke über die Armlehne des Sofas und streicht die gehäkelten Vierecke glatt.

Er hat sein Notizbuch auf dem Tisch liegen lassen. Sie steht da und betrachtet es.

Er wird jeden Moment zurückkommen. Sie wird Kaffee kochen. Ihm die Decke geben. Sie werden etwas Zeit miteinander verbringen, und sie wird wieder gehen, damit er arbeiten kann.

Sie steht da und betrachtet das Notizbuch. Anstatt in die Küche geht sie zum Tisch und berührt das Buch; nimmt es. Ihr ganzer Körper ist auf Schritte im Treppenhaus gefasst, eine knarrende Diele oder veränderte Geräusche, wenn unten an der Straße die Tür aufgeht, irgendeinen Hinweis auf seine Rückkehr.

Er hat ihr nie verboten, sich seine Arbeit anzusehen. Wobei so ein Verbot ja eigentlich auch nicht nötig sein sollte.

Sie schlägt das Buch auf.

Die Seiten offenbaren ein Durcheinander; sie sind voller Kritzeleien und Ausstreichungen.

Unbehaglich blättert sie zurück, um zu prüfen, wie es da aussieht. Das Notizbuch ist zu drei Vierteln voll, die fertigen Seiten dicht beschrieben. Doch alles, was dort an verständlichen französischen Sätzen steht, ist von Schmierereien und Durchgestrichenem umzingelt. Er hat die Seiten voll und den Füllfederhalter leer geschrieben, hat ihn wieder aufgefüllt, hat Blatt um Blatt bedeckt, doch geblieben ist fast nichts. Das einzige Ergebnis ist offenbar, dass er Tinte verbraucht hat, Papier und Zeit.

Verwirrt und mit finsterer Miene blickt sie auf das Chaos.

Die vielen Stunden, die er bis zu Alfreds Mobilisierung mit dem Freund in Cafés gesessen hat, um das hier zu besprechen. Dann noch die vielen Stunden allein. Und das ist nun dabei herausgekommen.

Sie blättert erneut eine Seite um. Auf die Rückseite des Blattes hat er eine kleine Zeichnung gekritzelt, Charlie Chaplin mit bis über die Augen gezogener Melone, Zweifingerschnurrbart wie Adolf der Friedensstifter, Schlabberhose und nach außen gedrehten Füßen in kaputten Stiefeln. Was denkt er sich eigentlich dabei? Warum kann er nicht einfach schreiben? Warum kann er nicht einfach weitermachen?

In diesem Moment ertönt von der Straße her ein Schrei. Sie lässt das Buch fallen und schaut durchs Fenster auf ein Handgemenge. Ist *er* das? Er hat immer noch keine Papiere, mein Gott, sie werden ihn einsperren.

Dann sieht sie den Ball.

Auf der Straße spielen nur ein paar Jungs Fußball. Ihre Angst schrumpft. Allerdings ist es ein übellauniges Spiel, mit Ellbogen und Drängeleien. Nach einem Querschuss landet der Ball auf dem Bürgersteig, wo gerade Monsieur Lunel mit seinem schwarzen Fedora vorbeischlurft. Einer der Jungs rennt zu ihm hin, schnappt sich den Ball, entschuldigt sich, und schon ist ein zweiter da, der dem alten Mann sehr nah kommt, zu nah, seine magere Brust rausstreckt – von oben kann sie nicht hören, was er sagt – und vor ihm auf den Boden spuckt. Sein Freund schubst ihn weg, wieder wird gerangelt, der Ball hüpft übers Kopfsteinpflaster davon, und sie rennen hinterher, während Monsieur Lunel, für einen Moment wie erstarrt, weiterschlurft.

Solche Dinge sehen sie nicht, die *amerloques* und Iren, die Schriftsteller, Künstler und Ehefrauen, die wegen des billigen Lebens und des billigen Weins und der Entfernung zu ihren Müttern nach Paris kommen, all seine windigen Freunde. Wie Eisläufer gleiten sie über die glänzende Oberfläche; das trübe Wasser darunter sehen sie nicht.

Sie löst ihre Stirn von der Scheibe, reibt mit dem Ärmel über den Abdruck und dreht sich um. Auf dem Tisch das Notizbuch. Wie hat es dagelegen, als sie gekommen ist?

An der Tür begrüßt sie ihn mit einem raschen Kuss, erst die eine, dann die andere Wange. Er hat ein Paket dabei, das er aufs Sofa fallen lässt. Sie gibt ihm eine Tasse und lacht über sich selbst – eine Rangelei auf der Straße, und ich dachte schon, die würden dich verhaften! Sie zeigt ihm die Decke, die sie für ihn gehäkelt hat, obwohl diese inzwischen die Hälfte ihrer Schönheit eingebüßt hat: Bis jetzt dachte sie, dass sie beide, jeder auf seine Weise, an derselben Sache arbeiten. Seinem Erfolg.

»Was ist in dem Paket?«, fragt sie.

Er berührt die Decke, drückt mit den Fingerspitzen auf eins der kleinen moosfarbenen Quadrate. »Die ist sehr schön. Danke.«

Er holt das Paket und legt es auf den Tisch, um es zu öffnen. »Ist bei der Concierge abgegeben worden.« Sie sieht, dass er das Notizbuch registriert. »Bist du schon lange hier?«, fragt er.

»Nein«, sagte sie eine Idee zu schnell. »Noch nicht lange. Was ist in dem Paket?«

»Werden wir gleich wissen.«

Er zieht eine Schublade auf und schiebt das Notizbuch hinein. Dann dreht er das Paket um, damit er es aufknoten kann. Es ist weich und dick, und Noras mädchenhafte Handschrift ist ihm nicht entgangen, doch er kann sich keinen Reim darauf machen. Er löst den Knoten, zieht die Kordel herunter und faltet das gewachste Papier auseinander. Darin liegt ein dunkler Ballen aus Drillich. Er hat immer noch keine Ahnung. Doch dann fällt der Groschen. Er hebt das Ding hoch. Es ist ein Mantel.

»Ein Mantel«, sagt sie.

Ein Mantel, der eine Wolke von Düften freigibt: Pomade, Zigarrenrauch, Zitronenseife. Und auch eine Wolke von Assoziationen: in Cafés hergegebene Zeit, Bücher, Wein, die bohrenden Schuldgefühle wegen Lucia. Aus den Falten des Stoffs flattert ein Zettel auf den Boden. Er bückt sich danach, hält ihn sich zum Lesen dicht vors Gesicht. Dies nun eigenhändig von *ihm*.

»Von wem ist er?«

»Mr Joyce.«

Darauf beläuft sich nun also sein Wert: Er ist derjenige, der den abgelegten Mantel des großes Mannes tragen darf.

»Oh«, sagt sie. »Hm. Wie praktisch.«

Er faltet den Mantel, legt ihn wieder auf das Papier und nestelt alles zusammen. Er setzt sich. Greift zu Füller und Papier.

»Was machst du?«

»Mich bedanken.«

»Ah.«

Seine Hand fliegt über das Blatt, zieht blaue Kringel und Schlaufen hinter sich her und schnellt zurück, um abermals über die Seite zu wandern. Rasch füllt sich das Weiß mit sauberem Blau. Ihre Lippen verziehen sich. Sie wendet sich ab und geht in die kleine Küche, wo sie gereizt in den Schränken rumort, Dosen und Packungen herauszerrt und wieder hineinschubst. Sie fühlt sich, als hätte man sie für dumm verkauft.

4

L'Exode

Juni 1940

Angst liegt bleiern in der Luft; es ist wie ein Albtraum, in dem man um sein Leben rennt, doch die Glieder sind schwer und gehorchen nicht. Die Erde bebt, als die Bomben einschlagen. Der Himmel ist rauchverschmiert.

Der Mann am Fahrkartenschalter blickt nicht auf. »Wohin wollen Sie?«

Seit Stunden stehen sie an; ihre unruhig auf der Stelle tretenden Füße sind wund. Er hat zwei Taschen, sie ihren Rucksack. Züge sind mit ihren Fahnen aus Dampf ein- und wieder abgefahren, und der Bahnhof ist immer noch überfüllt, die Koffer zu kleinen Inseln zusammengerückt, mit quengelnden Kindern, in Armen geschaukelten Babys, müden alten Frauen. Dazwischen schlängelt sich die Warteschlange wie eine ausgefranste Linie aus ängstlichen Gesichtern und durchgeschwitzten Sommerkleidern; es war ein nervenzerreißend langsames Vorrücken bis zum Fahrkartenschalter. Eine Ewigkeit. Nicht ein einziges Mal hat er während dieser Ewigkeit daran gedacht, dass die Frage des Wohins überhaupt gestellt werden könnte. *Weg hier* war sein einziger Gedanke.

»Wir haben die Wahl?«

Jetzt schaut der Mann auf. »Also, nein. Aber die meisten Leute sagen mir, wohin sie wollen, und dann sage ich ihnen, was ich anzubieten habe.« Sein Blick wandert über die endlose Schlange hinter ihnen. »In der Regel ist das ziemlich schnell erledigt.«

Suzanne schnaubt verärgert. Er berührt ihren Arm. »Gut, also was können Sie uns anbieten?«

»In ein paar Stunden fährt ein Zug nach Vichy.«

»Vichy …« Er sieht Suzanne an. Sie nickt und treibt ihn mit einer schnellen Geste zur Eile an. Der alte Kurort wird genügen, alles wird genügen; alles, was nicht hier ist.

»Unter normalen Bedingungen sind es vier Stunden Fahrzeit«, sagt der Schalterbeamte. »Aber jetzt herrschen keine normalen Bedingungen.«

Ein Gedanke blitzt auf: Joyce ist in Vichy. Von Saint-Gérand-le-Puy sind sie dorthin umgezogen, da ist doch eine Postkarte aus einem Hotel gekommen, dem Hotel … Beaujolais. Vielleicht können sie dort ebenfalls ein Zimmer bekommen. Sie werden den Zug nach Vichy nehmen und Joyce sehen, und schon fühlt es sich fast wie Heimfahren an. Erdrutschartig kommen Bilder: Weißwein, Gespräche und wie sie sich gemeinsam über das Manuskript von *Finnegans Wake* beugen und wie er laut die Kommas und Punkte mitliest, wie Shem die Stirn runzelt, nickt und die notwendigen Korrekturen festlegt. Wie ein Basstölpel kann er den Unmut über den Mantel einfach herunterschlucken. Der Krieg wird unter ihren Fenstern die Hauptstraße entlangrollen, und sie werden kaum etwas davon mitbekommen.

»Gut, dann also nach Vichy.«

Während die Fahrkarten abgerissen werden, zählt er seine Francs. Ihr kleiner Geldvorrat schwindet beängstigend schnell. Er versucht, auch die Sorge und mit der Sorge die Scham herunterzuschlucken, doch statt Ruhe zu geben, rumort es weiter in ihm.

»Was tun wir in Vichy?«, fragt Suzanne. Mit ihrem Gepäck beladen, schlängeln sie sich durch das Gedränge in der Hoffnung, ein ruhiges Eckchen zu finden, um dort zu warten.

»Rausfinden, was wir tun können«, sagt er.

Die Zugtüren werden aufgerissen; ein Menschenstrom flutet durch die Sperre der Fahrkartenkontrolle auf den Bahnsteig. Die beiden werden mitgerissen. Eigentlich will er zurücktreten, Leute vorlassen, abwarten, bis sich die Menge gelichtet hat. Gute Manieren sind tief eingepflanzt. Doch jetzt bricht sich instinktiv ein primitiverer Drang Bahn – *ich, ich, ich*. Mit klopfendem Herzen kämpft er sich weiter voran, sein Körper von Adrenalin überschwemmt. Brüllende Schaffner werden ignoriert. Kinder weinen. Durch ihren Rucksack behindert, ist Suzanne im Getümmel zurückgefallen, wie von einer Strömung aufs Meer hinausgezogen. Auch das Wir-Gefühl wird nun wach.

»Los, komm …«

Er greift nach ihr, sie erwischt seine Hand, in der ihre klein und verschwitzt ist, und dann zerrt er sie hinter sich her, und schon sind sie an der schmutzigen Flanke des Zugs, nur noch einen Meter von einer offenen Tür entfernt. Er drängelt sich weiter voran, aufgehalten durch die Körper vor ihm und das Geschiebe hinter ihm, das in jede Lücke drängt, ein speckiger Hut, pomadiges Haar, festes Fleisch, Gerüche. Er dreht sich nach Suzanne um; fremde Schultern schieben sich zwischen ihn und sie. Ungehalten kämpft sie sich weiter durch.

»Alles in Ordnung bei dir?«

Sie nickt finster. Zwischen den Körpern der anderen sind ihre Hände fest zusammengeschweißt. Den Arm hinter sich ausgestreckt, tritt er auf die erste Stufe des Waggons und zieht sie energisch zu sich hin.

»Entschuldigung«, sagt sie drängelnd.

Mit dem Rucksack seines Vordermanns im Gesicht erreicht er die zweite Stufe, und auch sie taucht hinter ihm aus dem Gewühl auf. Sie sind im Zug.

Sie haben Glück. Der Bahnsteig ist noch voll. Die Eingänge des Bahnhofs sind zugesperrt, alle Gitter heruntergelassen, die Schalter geschlossen, die Fahrkartenverkäufer fort. Hinter den abgesperrten Toren, Gittern und Türen stehen noch immer Menschen, die warten und hoffen: Wenn sich die Menge im Bahnhof aufgelöst hat, wird die Gare de Lyon ihre Tore vielleicht wieder öffnen, und dann schaffen auch sie es vielleicht raus aus der bedrohten Stadt und fahren, wohin man noch fahren kann.

Der Zug ist eine Schlange, die sich in der schwachen Morgensonne noch nicht aufgewärmt hat; zentimeterweise schiebt er sich voran. Eigentlich bewegt er sich fast gar nicht.

Eine Matte aus Rauch hängt über der Stadt; hier und da steigen Schwaden auf, ein beunruhigender Anblick.

»Glaubst du, das ist die Luftabwehr? Um die abreisenden Menschen zu schützen?«

»Vielleicht. Oder sie haben Feuer gemacht.«

»Was für Feuer? Warum sollten sie?«

»Um Sachen zu verbrennen, die nicht dem Feind in die Hände fallen sollen.«

Schulter an Schulter sitzen sie auf der harten Holzbank. Auch im Gang stehen die Menschen dicht an dicht. Er kaut an seinen Fingernägeln, wenn er nicht raucht; wenn er nicht raucht, kaut er an seinen Fingernägeln. Sie starrt aus dem Fenster, die Hände im Schoß, die Knie aneinandergepresst; er hat seine langen Beine eingezogen. Die beiden Taschen klemmen hinter seinen Fersen; Suzanne hält ihren prallvollen Rucksack im Schoß.

Der Zug kriecht an Straßen vorbei und beginnt etwas zu beschleunigen. Passagiere fangen Gespräche an. Schwatzende Kinder lassen die Beine baumeln. Eine Straße windet sich Richtung Bahnlinie, und einen Moment lang laufen sie parallel. Die Straße ist eine Müllhalde, eine Ansammlung von Gerümpel und Schrott. Doch bei näherem Hinsehen löst sie sich in Bewegung auf, in Männer und Frauen, die sich schwer beladen wie Ameisen dahinschleppen, Autos, Esel, Handkarren, Kinderwagen, Pferde, Koffer, Fahrräder, Pfannen, Matratzen, Aktentaschen, Vögel in Käfigen. Ein Kind, das ein Baby trägt. Eine alte Frau in einem Kinderwagen, aus dem ihre Beine heraushängen, geschoben von einem alten Mann, der von der hellen Junisonne geblendet wird. Das weiße, spitze Gesicht der Frau über dem eingezwängten Körper. Der Zug zieht an dem Paar vorbei, der alten Frau und dem alten Mann, die sich gemeinsam durchschlagen, und dann kommt ein Zaun, vorbeizuckende Pfähle, die die Bilder zerstückeln wie ein altes Zoetrop. Er schließt die Augen, schiebt die Finger hinter die Brillengläser und massiert seine Lider.

Als er sie wieder öffnet, kriecht eine Backsteinwand am Zug entlang, und Suzannes Kopf lehnt an der Scheibe; ihre Augen sind zu, und sie atmet leise im Schlaf. Gut, dass sie schläft. Er selbst hat das Gefühl, nie wieder schlafen zu können.

Als Suzanne aufwacht, sind sie auf dem Land, und der Zug fährt schneller. Zornig starrt er aus dem Fenster über die weiten Ackerflächen, die Wäldchen, die verstreuten Dörfer und Kirchturmspitzen.

»Was ist?«, fragt sie.

»Die Leute.«

»Welche Leute?«

Mit einem Kopfnicken deutet er über die Felder zur Hauptstraße Richtung Süden. Sie ist immer noch überfüllt mit Autos, die sich Stoßstange an Stoßstange an den Fußgängern und Ponywagen vorbeischieben.

»Gott im Himmel«, sagt sie. »Das muss ganz Paris sein.«

»Ja. Und …«

»Was?« Sie schaut ihn an.

»Und die Armee, glaube ich.«

»Was?«

»Ich glaube, ich habe Uniformen gesehen. Vorhin.« Er zuckt mit den Schultern. So gut sieht er ja nicht. »Aber ich kann es nicht mit Sicherheit sagen.«

Ihre Miene erstarrt. Sie wendet sich wieder zum Fenster. Der Zug fliegt über eine Brücke, die eine Straße überquert. Und jetzt sieht auch Suzanne Uniformen. Es ist nur ein kurzer Moment, schon ist der Zug vorbeigerattert, und sie sind wieder verschwunden: eine schmutzige, verlotterte Schar Infanteristen, die mit ausgestreckten Beinen auf dem Seitenstreifen im hohen Sommergras sitzen.

»Oh«, sagt sie. »Was machen die hier?«

»Hast du sie gesehen?«

Sie nickt.

»Das kann nur ein ungeordneter Rückzug sein.«

Sie schluckt und lehnt sich zurück. »Vielleicht wird ja in Paris gar nicht so viel gekämpft. Wenn die weglaufen.«

»Das ist die eine Seite.«

»Hm.«

»Aber die andere ist die: Wenn die Armee hier ist, werden auch wir zur Zielscheibe.«

»Glaubst du, sie kommen?« Sie hebt den Blick; schaut prüfend zum Himmel. Fürs Erste bleibt er heiter und von klarem Blau.

Der Zug bleibt unerwartet und an ungünstigen Orten stehen. Zeit vergeht, Leute flüstern, Kinder weinen.

Sie sitzen fest. Eine Stunde; anderthalb Stunden. Suzannes Magen knurrt, und sie verschränkt die Arme vor dem Bauch. Grell scheint die Sonne auf den Zug herab. Ihr Gesicht ist bleich und verschwitzt.

»Wenn wir in einem Bahnhof wären«, sagt jemand, »könnten wir kurz rausgehen und ein bisschen Brot kaufen.«

Weiter vorn im Zug stößt jemand eine Waggontür auf und klettert auf die Gleise hinunter. Sie schaut zu, wie die dunkle Gestalt zur Böschung stapft, vor dem hohen Gras stehen bleibt. Erst nach einer Weile begreift sie, dass der Mann pinkelt, und sie schaut weg. Bald klettern mehr Menschen aus dem Waggon, um sich die Beine zu vertreten und sich zu erleichtern; Frauen teilen sich eine Zigarette oder erklimmen die Böschung, um zwischen den Sträuchern zu verschwinden. Kinder hüpfen die Bahnschwellen auf und ab; ein von der Mutter gehaltenes Kleinkind strullert mit heruntergezogener Hose, verschlafen in die Sonne blinzelnd, in den Schotter.

Dann ertönt ein Pfiff; Hektik greift um sich, Hosen werden hastig zugeknöpft, und man beeilt sich, wieder einzusteigen.

Stampfend setzt sich der Zug in Bewegung und rattert erst einmal weiter; bald wird er wieder stehen bleiben, weil andere Züge vorbeirauschen, und manchmal auch ohne ersichtlichen Grund.

Über Vichy liegt ein Fluch; Blätter, Blüten, Ranken und Zweige wurden verhext, in Stein und Stahl verwandelt, um als Gebäude und Straßenmöblierung zu dienen. Das Licht ist kalt und steril; frostig funkeln die Straßen.

Zusammen gehen sie einen der großen Boulevards entlang, jeder Schritt ein Kraftakt, er kommt sich vor wie ein taumelnder Golem. Sie werden beobachtet, verstohlen von den Terrassen der Cafés, verborgen hinter einem Einkaufskorb, im Schutz eines untergehakten Arms oder eines kläffenden Hundes. Nur die Kinder bleiben einfach stehen und gaffen. Vichy ist Besucher wie diese nicht gewohnt: schmutzige, erschöpfte, von der Reise gezeichnete Menschen, die mit überquellenden Koffern aus den Dritte-Klasse-Waggons strömen und sich keinerlei Komfort erkaufen können. In Vichy ist Reichtum so normal wie das sprudelnde warme Wasser; hier trägt niemand sein eigenes Gepäck.

Beim Gehen reibt die eine Tasche an seinem Oberschenkel. *Murphy, Murphy, Murphy*, denkt er. Die andere hängt bleiern an seiner Schulter, mit Kleidern, Rasierzeug und Konserven vollgestopft: Die körperlichen Grundbedürfnisse wiegen schwer. Wenn er doch eine Tasche weniger hätte; es wäre eine Riesenerleichterung, das Manuskript oder seine Siebensachen loszuwerden. Stattdessen zieht er den linken Schulterriemen höher, schiebt den Daumen unter den rechten und schleppt sich weiter. Suzanne trottet schweigend neben ihm her, unter dem Gewicht ihres Rucksacks gebeugt. Sie passieren den *tabac* an der Straßenecke, die Apotheke, in deren Schaufenster eine Pyramide aus Dosen mit Vichy-Pastillen steht, und dann den Laden des Hutmachers, wo die Hüte wie tote Vögel in einer Vitrine aufgereiht sind.

»Das Hotel Beaujolais«, sagt er, »liegt an dieser Straße, es kann nicht mehr weit sein.«

Sie nickt. Wie sich herausstellt, wohnt dort Mr Joyce. Sie hatte nicht gewusst, dass Vichy auch Joyce bedeuten würde, auch Sauferei und Traurigkeit. Soll er doch glauben, was er will, Joyce ist nicht das, was er braucht.

Gott sei Dank gibt es im Hotel Beaujolais noch ein Zimmer. Suzanne lässt den Rucksack von ihren Schultern auf den Boden fallen.

Dunkle Täfelung, kühle Fliesen, ein paar bequem aussehende Sessel. Er brennt auf Neuigkeiten, doch die einzige Zeitung, die es hier gibt, ist ein zusammengefaltetes Exemplar der *Action Française*, und so tief will er nicht sinken. Wobei dies nichts über das Hotel aussagt – jeder könnte die Zeitung dort liegen gelassen haben. Jedenfalls müssen sie erst einmal davon ausgehen, dass es ein anständiges Haus ist.

Dann nennt der Rezeptionist den Preis des Zimmers.

»Ah.«

Die Miene des Mannes – ein hellhäutiger, blasser Bursche mit gepflegtem Oberlippenbart – bleibt neutral, doch für ihn ist der Betrag ja auch nicht von Belang.

»Haben Sie auch etwas … Günstigeres?«

Der andere zuckt minimal mit den Schultern. »Nein, Monsieur.«

Für jede Besenkammer könnten sie hier solche Preise verlangen und sie trotzdem problemlos vermieten, jetzt, da sich die Hauptstadt leert wie ein umgekippter Eimer. Vichy kann es sich leisten, nicht billig zu sein. Sie werden weitergehen und sich etwas suchen müssen, das besser zu ihren finanziellen Möglichkeiten passt: Dass das Hotel der Joyces zu glanzvoll für sie sein würde, war eigentlich absehbar. Er dreht sich zu Suzanne um, die ihren Rucksack so, wie er auf dem Boden gelandet ist, liegen gelassen hat. Ihr Gesicht ist grau vor Müdigkeit.

»Ein Problem?«, fragt sie.

»Nein«, sagt er. »Alles in Ordnung.«

Und so schreibt er in Druckschrift seinen Namen auf die Seite, unterzeichnet und verpflichtet sich zur Zahlung einer Summe, die wirklich sein Budget übersteigt.

»Monsieur und Madame Joyce logieren auch hier, ist das richtig?«, fragt er und räuspert sich.

»Wir haben hier einen Herrn und eine Dame dieses Namens, ja.«

Er bedankt sich bei dem Rezeptionisten und hasst ihn. Mit dem Schlüssel in der Hand wendet er sich ab, um trotz halbherziger Proteste Suzannes Rucksack aufzuheben. Es sind zu viele Stufen; weiter und weiter steigen sie die Treppe hoch, bis sie einen winzigen Absatz erreichen, einen Flur und eine kleine, dunkle Tür, an der die Zahl den Ziffern auf ihrem Schlüssel entspricht. Drinnen lässt er alle Taschen fallen, und die beiden sinken nebeneinander aufs Bett. Mit knarrenden Federn gibt es unter ihnen nach. So liegen sie da, mit auf den Boden hängenden Beinen.

»Hast du Hunger?«, fragt sie etwas später.

»Ja, hab ich.«

»Ich hole die Kekse raus«, sagt sie, ohne sich zu rühren. Nach einer Weile richtet er sich auf, löst seine Schnürsenkel und zieht sich mit schmerzverzerrtem Gesicht die Stiefel aus. Dann macht er ihr die Schuhe auf, zieht sie vorsichtig von ihren Füßen und schält auch die Strümpfe ab. Ihre Zehen sind rot gefleckt, die Knöchel geschwollen.

»Leg die Beine hoch«, sagt er.

Ächzend wälzt sie sich herum und sinkt aufs Kopfkissen. Er humpelt ums Bett und legt sich neben sie. Die Fensterläden sind zu, seine Lider schwer. Nur ein bisschen die Augen ausruhen, denkt er, doch im nächsten Moment ist es einen Tag später.

Er kommt von der Bank zurück, die keine Schecks einlöst, jedenfalls nicht seinen, nicht von einer irischen Bank. Auch das Hotel löst ihn nicht ein. Er weiß nicht, was er Suzanne sagen soll. Mit eingezogenem Kopf geht er, ohne zu überlegen, in eine *boulangerie* und kauft eine Brioche, in deren Duft sich sein Magen zu einem festen Knoten zusammenzieht. Eigentlich sollte er von dem Geld das Zimmer bezahlen, doch dafür reicht es ohnehin nicht, also ist es im Grunde egal, ob er das Wenige, das er hat, kleckerweise ausgibt. Essen. Unterkunft. Geld. Unterkunft. Essen. Geld. Alles ganz einfach und dennoch unlösbar. Er runzelt die Stirn, als gäbe es vielleicht doch eine naheliegende Lösung, die er einfach nur übersehen hat, und in diesem Moment bleibt sein Blick an einer dunklen Gestalt auf der anderen Straßenseite hängen. Er schiebt die Brille hoch, schaut angestrengt, und seine Gesichtszüge entspannen sich. Da ist er. Leibhaftig. Und so absonderlich, dass sich die Menge buchstäblich vor ihm teilt, wie er sich da mit seinem Gehstock und seiner dunklen Brille vorantastet, unheimlich, selbstvergessen und dennoch hellwach.

Rasch überquert er die Avenue und eilt über den Bürgersteig zu ihm hin. »Mr Joyce, Sir«, spricht er ihn auf Englisch an. Schon hat er die Hand ausgestreckt, um ihn am Ärmel zu berühren, doch er kann sich gerade noch bremsen. »Einen guten Morgen wünsche ich Ihnen.«

Suchend blickt der andere auf. Die Augen sind hinter den Gläsern versteckt. Er hält den Kopf schief.

»Donnerwetter«, sagt Joyce. »Sind Sie das wirklich?«

»Es hat ganz den Anschein.«

»Ha! Gott sei Dank, endlich jemand zum Reden!«

»Haben Sie irgendwelche Neuigkeiten aus Paris?«

»Nein, nein. Kein Wort. Keiner sagt mir etwas.«

Joyce bewegt tastend den Stock vor sich her; er dreht den Kopf zur Seite, als versuchte er mit dem letzten Rest seiner Sehkraft, etwas zu erkennen.

»Ist das ein Hund?« Seine alte Hand taucht in die Jackentasche.

Es ist ein lebhaftes, flauschiges kleines Etwas, das da angeleint an ihnen vorbeistolziert, Schwanz hoch, Hintern präsentiert, vollkommen uninteressiert an den beiden Männern.

»Ja.«

Joyce hat eine Handvoll Steine aus seiner Tasche geholt, die er mit trockenen Fingerspitzen betastet. »Wo ist er?«

»Weg«, antwortet er irritiert.

Die alte Hand schließt sich, verschwindet wieder in der Tasche. »Dreckige Viecher. Die haben keine Seele, wissen Sie.«

»Ach ja?«

»Rennen frei im ganzen Dorf herum. Da, wo wir gewohnt haben. *Saint machin truc*. Kläffen mich an.«

»Tatsächlich?«

Ziemlich unverhohlen betrachtet er Joyce, denn er weiß, dass der andere ihn praktisch nicht sieht. Wann hat er ihn das letzte Mal getroffen, vor sechs Monaten? Wenn man ihn jetzt sieht, könnte man glauben, es wären sechs Jahre vergangen. Shem hat eine Schwelle überschritten, auf einmal ist er alt. Er wirkt zerknittert, das Haar glänzt pomadig, doch das Weiß schimmert nun durch. Seine Haut ist eingefallen, als trüge er eine Maske seiner selbst. Lose schlackern die Ringe an seinen Fingern.

»Wie geht es Ihnen denn?«, fragt er.

Ein Kopfschütteln, ein Seufzen, und dann sprudelt es wie ein Wasserfall aus Joyce heraus. »Ich weiß nicht, was da noch auf uns zukommt, ich weiß es wirklich nicht. Die ganzen Bücher, die ich haben will, sind noch in der Wohnung in Paris, und ich komme an das, was ich hier unten brauche, einfach nicht ran. Alle sagen, dass sie mir Bücher schicken, aber keiner tut es, jedenfalls nicht die richtigen. Und Madame Jolas liegt uns in den Ohren, dass wir ins Dorf zurückkommen sollen, wo wir in Sicherheit sind, aber Sie wissen doch, wie das Landleben ist. Alles ist besser als das Landleben, da gibt es niemanden zum Reden, und die Wohnung ist so klein wie eine Mausefalle …« Er macht eine Pause. »Vichy ist ein Loch, aber wenigstens nicht so ein Drecksloch wie Saint-Gérand-le-Puy. Ich bin wirklich froh, dass Sie gekommen sind. Sie sind eine Bereicherung.«

So wahrgenommen zu werden, zeigt für einen Moment

Wirkung: Es macht ihn realer, verleiht ihm Bedeutung. Doch Joyce hört nicht auf zu reden, seine Litanei nimmt kein Ende, und eigentlich bräuchte er gar keinen Zuhörer: das geringe Interesse an *Finnegans Wake*, die Sinnlosigkeit dieses Krieges, das Unvermögen anderer zu erkennen, was wirklich notwendig und wichtig ist, Noras Ungeduld, Lucias Verstörtheit, Giorgio, der nie da ist, weiß der Himmel, was er vorhat. Familienangelegenheiten, Familie, Familie, Familie.

Er nickt. Natürlich. In Zeiten wie diesen ist die Familie das Wichtigste.

Aber Familie, das ist auch seine Mutter, die allein in dem Haus am Hafen sitzt und den Seewind übers Wasser, den Friedhof und das Grab ihres Mannes peitschen sieht. Familie, das ist Frank, der mit zugekniffenen Augen über den Golfplatz späht oder über seine Geschäftsbücher gebeugt mit dem Rechenschieber tüchtige Dinge tut. Das sind Mollie und Sheila, die zerzausten Mädchen, das sind Menschen, die in Irland, Wales, England und weiß der Himmel wo verstreut sind. Zur Familie kann *er* nicht zurück, denn wo wäre das überhaupt?

»Haben Sie jetzt eigentlich am Steuer eines Ambulanzwagens gesessen?«

»Wir wurden ein wenig von den Ereignissen überrollt.«

Im Hotel trennen sie sich mit einem Handschlag und dem Versprechen, sich später zu treffen; sie werden etwas trinken gehen.

Und dann, die alten Lippen schmal über den falschen Zähnen: »Genauso wie in alten Zeiten, nicht?«

Er lässt Joyce in der Lobby auf Nora warten und schleppt sich die Stufen hoch. Joyce setzt seine Strahlkraft ganz bewusst ein: mal durch Anziehung, mal durch Abstoßung hält er einen konstant in seiner Umlaufbahn.

Ein Klopfen an der Tür weckt ihn. Suzanne richtet sich auf, Schlaffalten in ihrem Gesicht. Er stolpert zur Tür. Vor ihm steht mit rotem Kopf ein Junge in Livree; allein schon sein Kommen ist verwirrend, dann die Entschuldigungen, seine Hast, man versteht ihn gar nicht.

»Was? Wie bitte? Sag das noch mal.«

Der Junge wiederholt seinen Text. Er ist kein überzeugender Schauspieler, lässt sich zu sehr ablenken durch das, was jenseits der Bühne geschieht. Er wird sich an diesem Tag noch viele Male durch seine kleine Ansage hindurchstümpern müssen.

»Was?« Suzanne schüttelt den Kopf, um ihn freizubekommen. »Was sagt er?«

»Der Direktor entschuldigt sich, wir wissen, welche Umstände Ihnen dadurch entstehen, aber wir können Ihnen hier keine Unterkunft mehr bieten.«

»Was?«

»Sie müssen heute Vormittag das Hotel verlassen.«

»Aber wir sind doch gerade erst angekommen.«

Der Blick des Jungen wandert durch den Flur. »Es lässt sich nicht ändern. Es liegt nicht in unserer Hand. Anweisung der Regierung.«

»Das verstehe ich nicht.«

»Paris ist gefallen«, sagt der Page etwas zu laut und zu schnell. Dann hält er inne, strafft die Schultern, räuspert sich. »Paris ist gefallen, deshalb muss die Regierung hierher verlegt werden. Unser Hotel soll übernommen werden. Alle Hotels.« Er hält sich aufrecht, doch seine jungen Augen glänzen feucht. »Wenn Sie bitte heute Vormittag Ihre Rechnung begleichen möchten, Sir, und dann die Räumlichkeiten freimachen.«

Er reagiert nicht.

Der Junge verbeugt sich leicht, dreht sich abrupt um und geht weiter zum nächsten Zimmer im Flur.

Während er langsam die Tür schließt, hört er, wie der Junge dasselbe Gespräch mit einem anderen Gast führt, hört die polternde Stimme des Mannes und die höhere Tonlage des Jungen. Der Text sitzt jetzt schon besser; vielleicht wird er bis zum Ende des Tages selbst davon überzeugt sein.

»Was sollen wir tun?«, fragt Suzanne.

Er schweigt, steht immer noch mit gesenktem Kopf vor der geschlossenen Tür. Mit einer Hand bewegt er die Münzen in seiner Tasche und verzieht den Mund.

»Was sollen wir denn jetzt tun?«, wiederholt Suzanne. »Wo sollen wir hin?«

Er steht weiter da, starrt auf die Holzvertäfelung und die Messingbeschläge. Wenn er doch einfach aufhören könnte. Aufgeben. Mit allem abschließen.

Suzanne atmet langsam und lange aus. Er hört die Federn quietschen, als sie aus dem Bett steigt. »Ich packe dann mal lieber.« Doch sie tut nichts, da ohnehin kaum etwas zu packen ist.

Endlich dreht er sich zum Zimmer um, nimmt seine Stiefel und setzt sich, um sie anzuziehen.

»Wo gehst du hin?«, fragt sie.

»Hab was zu regeln«, sagt er. »Bin bald wieder da.«

Es ist die Reaktion eines Kindes, und das weiß er: Er hat den Arm gehoben, um am Ärmel des Vaters zu zupfen und seine klebrige kleine Hand in die seine zu legen.

Joyces Hände liegen auf dem Knauf seines Stockes; er dreht sich um und hält nach einem Kellner Ausschau, das Gesicht hinter der Sonnenbrille ausgemergelt und leer. Er wirkt wie jemand, der Hilfe braucht, nicht wie jemand, der Hilfe leisten kann. Wie alle, die in den Hotels von Vichy logieren, müssen auch die Joyces weiterziehen. Sie müsen zurück ins Dorf, zurück ins Dorfleben, so wenig ihm das auch behagt. Aber immerhin haben sie einen Zufluchtsort.

»Machen Sie den *garçon* auf uns aufmerksam?«

Als der Kellner kommt, bestellt Joyce einen *pichet* Ortswein und trommelt mit den Fingern auf den Tisch, bis der Wein gebracht wird. Kaum ist er da, nimmt er einen Schluck, verzieht das Gesicht, nimmt noch einen.

»Die alten Magenprobleme«, sagt er.

»Hatten Sie wieder eine Attacke?«

Er neigt den Kopf. »Es ist eher ein Zermürbungskrieg. Ich finde, Weißwein hilft. Weißwein und Pernod – tut mir beides gut.«

»Ah.«

»Es sind die Nerven«, sagt er. »Ein Nervenleiden. Darin waren sich mehrere Ärzte, die ich konsultiert habe, einig.«

Leise murmelnd äußert er Mitgefühl, obwohl er an nichts anderes denken kann als daran, wie sehr es ihm widerstrebt, die Frage zu stellen, die er stellen muss.

»Tja, dann müssen wir jetzt also das Feld räumen«, sagt Joyce. »Von jetzt auf gleich. So ist das. Kein Wunder, dass meine Nerven angesichts der Perspektive, wieder in dieses Kaff zu gehen, verrücktspielen.«

In das Dorf, wo die Hunde nicht angeleint sind und den seltsamen, alten, blinden Mann ankläffen, wenn er sich Steine werfend und schimpfend, weil es niemanden zum Reden gibt, die Straße entlangtastet.

Er würde lieber helfen als bitten. Er würde gern sagen: Ich bin bei Ihnen. Ich gehe mit Ihnen nach Saint-Dingsbums und werde dort *Finnegans Wake* noch einmal komplett mit Ihnen durchgehen. Ich werde jedes Komma vorlesen, jeden Gedankenstrich und jeden Punkt, und Sie können einfach nur dabeisitzen und abwägen, können tagelang über jedes Satzzeichen nachdenken und Weißwein trinken und Ihre Meinung ändern und dann doch wieder alles rückgängig machen, und wir werden mehr als genug Zeit haben. Was für ein sinnvoll genutztes Leben wäre das, Ihnen Wein einzuschenken, Klavier zu spielen oder Ihnen beim Spielen und Singen zuzuhören; für Sie mit Steinen nach Hunden zu werfen.

»Ich denke, wir werden es wohl in der Schweiz versuchen«, sagt Joyce.

»Ah ja.«

Dann fallen die Worte von seinen alten, schmalen Lippen: »Ich glaube, eine andere Wahl haben wir jetzt nicht mehr, denn im letzten Krieg hat sich die Schweiz uns gegenüber schon einmal wohlwollend gezeigt. Lucia könnte zu uns kommen, eine bessere Behandlung als in der Schweiz wird sie woanders wohl kaum finden. Und Giorgio würde die Einberufung umgehen und was ihm in Paris sonst noch droht.«

»Gut«, sagt er.

Der alte Mann trinkt. Jedes Mal, wenn sein Adamsapfel hochrutscht, bewegen sich die weichen Falten an seinem Hals.

»Ich hoffe, Sie haben nichts dagegen, wenn ich Sie frage …«, tastet er sich zögernd vor.

Die schwarzen Gläser glänzen; Licht prallt an ihnen ab. Mit zur Seite geneigtem Kopf wird er verschwommen fixiert.

»Wir sind …« Er räuspert sich. Die Worte liegen rau und sperrig in seinem Mund. »Wir sind in eine etwas schwierige Situation geraten. Wie sich herausstellt, werden meine Schecks hier nicht akzeptiert, und unser Bargeld wird knapp.«

»Ich habe kein Geld«, sagt Joyce.

Er schluckt. »Nein, natürlich.«

»Wissen Sie, ich muss an meine Familie denken. Die Kosten.«

»Ich verstehe.«

Er will nur noch, dass es vorbei ist. Dieser brennende Moment der Scham. Für immer wird er das spüren.

»Es wird mich finanziell überfordern, uns alle in die Schweiz zu bringen.«

»Ja, sicher. Nun ja, wir kommen schon zurecht …« Auch wenn er keine Ahnung hat, wie. Er nimmt seine Zigaretten vom Tisch, streicht die Jacke glatt. Sein Gesicht glüht. Was soll er Suzanne sagen?

Wie ein Vogel dreht Joyce den Kopf. »Sie werden sie verschleißen«, sagt er.

»Was?«

»Die Liebe.«

»Die Liebe?«

»Was am Ende davon übrig bleibt, ist so verschlissen, dass man hindurchschauen kann.«

Wieder hebt der Ältere das Glas, und beim Schlucken verkrampft sich sein Hals. Er jedoch lehnt sich zurück, weg vom Tisch, weg von den Gläsern. Plötzlich ist sein Kopf frei, und er betrachtet ihn und fragt sich, wie das geschehen konnte. Dass der alte Mann so abgebaut hat. Dass sich sein Blick so verengt hat. Mit Gänsehaut hört er zu, wie der alte Shem weiter über den Sitz der Liebe spricht, eindeutig unterhalb des Herzens, und wie sie letztlich immer scheitert, wie ihn schon das Gerede darüber anwidert.

Shem ist nicht mehr das, was er war; nicht mehr das, was er geleistet hat. Wie auch?

»Nun«, sagt er schließlich, »ich sollte jetzt lieber gehen.«

»Was?« Joyce blickt auf. »Ja. Ist wohl besser. So viele, die am Ende gehen.«

Er sucht in der Jackentasche nach Münzen, die auszugeben er sich eigentlich nicht leisten kann. Er fühlt sich leicht und leer, als wäre er einen Schritt von sich selbst zurückgetreten, fast beschwingt. Das Gefühl von Verlust hat etwas in ihm geöffnet. Im Grunde ist er gar nicht fallen gelassen worden; die Wertschätzung war nie so groß. Die Welt ist anders, funkelnd und leer.

Joyce trinkt seinen Wein aus, stellt das Glas ab und nickt leise vor sich hin, als würde er seinen eigenen Gedanken beipflichten. Während er so vor dem alten Mann sitzt, zählt er in der Jackentasche die wenigen Münzen ohne Gewicht.

»Kennen Sie Larbaud?«, fragt Joyce wie aus dem Nichts.

Er blinzelt. »Valéry Larbaud, den Schriftsteller?«

»Ja, ja.«

»Ich kenne seine Arbeiten«, sagt er verdutzt.

»Machen Sie den *garçon* auf uns aufmerksam, ja? Wir brauchen noch einen *pichet*.«

»Oh, nein, nicht für mich.«

»Unsinn, ich bestehe darauf.«

Also gut. Er dreht sich auf seinem Stuhl um, sucht Blickkontakt und winkt nach mehr Wein, während Joyce weiterspricht.

»Larbaud ist ein alter Freund, er lebt hier. Sie sollten ihn besuchen. Vielleicht kann er Ihnen aushelfen.«

»Glauben Sie?«

Er nickt. »Larbaud steht auf der richtigen Seite. Und er ist reich. Was ja nur sinnvoll ist, wenn man schon Schriftsteller sein muss.«

Ein aufgetragener Mantel, eine per prokura erteilte Gefälligkeit. Er leert sein Glas, die Schmach durchflutet ihn, doch diesmal ist es ein reinigendes Gefühl.

»Gut«, sagt Joyce. »Ich freue mich, dass ich helfen konnte.«

Madame Larbaud empfängt ihn an der Tür; sie ist höflich und von einer Ruhe, die nicht zu Plaudereien ermuntert. Was ihm nur recht ist.

Das Haus ist kühl, dämmerig und angenehm. Sie führt ihn durch die Eingangshalle, Flieder duftet, und Wasser plätschert – überall ist Wasser in dieser Stadt –, und immerhin gelingt es ihm, einen Fuß vor den anderen zu setzen.

In seiner Brusttasche trägt er eine von Joyce persönlich geschriebene Empfehlung. Wie ein Schatten hat sie sich dort vor sein Herz geschoben. Er weiß nicht, was in dem Brief steht, und will es auch nicht wissen. Es ist schon demütigend genug.

Madame Larbauds Absätze klappern durch den Flur; auf den harten Fliesen klingen seine Ledersohlen weicher.

»Ich vermute, Sie wissen um Monsieur Larbauds Gesundheitszustand?«, fragt sie.

»Ich habe gehört, dass es ihm nicht gut geht.«

»Sie wissen, dass er nicht sprechen kann?«

Er wusste es nicht. »Das tut mir leid.«

An der Tür legt sie eine Hand auf das glänzende Holz und hält inne, als wollte sie noch etwas sagen, doch dann besinnt sie sich eines Besseren. Sie drückt die Tür auf.

Der Rollstuhl steht in einem Lichtbündel, das durch die bodentiefen Fenster fällt; Larbaud liest, das Buch aufgeschlagen im Schoß, von seiner linken Hand gehalten. Madame geht durch den Raum zu ihrem Mann. Sie berührt seine Hand, nimmt das Buch, stellt sich hinter ihn. Larbaud streckt dem Besucher die Linke entgegen, damit er sie schüttelt.

Kalt und weich liegt die Hand in seiner Hand; Larbauds Lider sind schwer, das halbe Gesicht ist eingefallen.

»Es ist sehr freundlich von Ihnen, mich zu empfangen, Monsieur Larbaud.« Das Weiche in seiner Hand hat ein sonderbares Gefühl hinterlassen. Er nestelt an seiner Jacke und zieht den Brief hervor. Sein Gesicht brennt. »Das ist von unserem gemeinsamen Freund, Mr James Joyce.«

Larbaud lächelt nicht, kann es vielleicht nicht, doch sein Gesicht scheint sich aufzuhellen. Nun schwebt der Brief zwischen ihnen in der Luft. Er sitzt nur da, tut nichts, um ihn entgegenzunehmen – natürlich, er kann ja nicht. Verlegen geht er noch einen Schritt auf ihn zu, doch da stürzt schon Madame herbei, nimmt den Umschlag, öffnet ihn, zieht eine Brille aus einer Tasche, hilft ihrem Mann, sie aufzusetzen. Ihr Schweigen ist liebenswürdig und nimmt dem Schweigen ihres Mannes das Schroffe. Sie gibt Larbaud das auseinandergefaltete Blatt; er hält es mit der linken Hand. Durch dicke Gläser blickt er angestrengt darauf, und sie wendet den Kopf ab, um ihn ungestört lesen zu lassen.

Hinter den glänzenden Gläsern bleibt Larbauds Gesicht undurchdringlich. Auch er wendet sich ab, blickt zu den hohen Fenstern und erträgt die Stille und die Scham. Der Gatte übergibt den Brief wieder den sanften Händen seiner Frau. Zwischen den beiden wird ein Blick getauscht, eine Berührung. Sie überfliegt die Zeilen. Dann faltet sie das Blatt zusammen und schiebt es, während sie zum Schreibtisch geht, wieder in den Umschlag.

»Wir möchten Ihnen gern helfen.«

Er schluckt. »Danke.«

»Wie viel brauchen Sie? Nicht nur, um Ihre akuten Schwierigkeiten zu beheben, sondern auch mit Blick auf Ihren weiteren Weg?«

Er schüttelt den Kopf, nicht ablehnend, sondern weil er die

Antwort nicht weiß. Es ist eine Berechnung, die er nicht anstellen, eine Dankbarkeit, die er nicht in Worte fassen kann.

In seiner Brusttasche steckt ein dicker Packen Geld und in seiner Kehle ein Kloß, als er mit ihr aus dem Zimmer geht. Synkopisch hallen ihre Schritte durch den Flur.

Sie hält ihm die Tür auf und lächelt.

»Danke«, sagt er noch einmal. Das Wort ist vollkommen unzureichend, doch ein anderes hat er nicht.

»Es ist nur eine Kleinigkeit«, sagt sie.

Es ist alles andere als eine Kleinigkeit. »Ich zahle Ihnen das Geld so bald wie möglich zurück.«

»Machen Sie es sich nicht zu schwer.« Und dann fügt sie hinzu: »Ich wünsche Ihnen viel Glück, Monsieur, und guten Mut.«

Sie schließt die Tür hinter ihm, und für einen kurzen Moment sieht er noch ihr Gesicht, wie es sich abwendet, hin zu dem geschlossenen Raum, dem schweigsamen Mann im Rollstuhl, der Stille.

Machen Sie es sich nicht zu schwer.

Im blauen Abendlicht steht er da. Atmet lange aus. Sie sind gerettet. Fürs Erste.

Er zündet eine Zigarette an und macht sich durch die kühlen Wohnstraßen auf den Rückweg. Ihm wird bewusst, dass nun wieder eine anständige Mahlzeit möglich ist. Im Vorbeigehen späht er durch Café-Fenster auf ordentlich gedeckte Tische und alte, sanfte Damen, die bereits in ihren Salaten stochern. Er und Suzanne werden sich ein nettes kleines Lokal suchen; heute werden sie zu Abend essen. Sie werden in einem anständigen Bett schlafen, und morgen werden sie wieder aufbrechen, wohin die Reise auch geht. Sie werden Kurs auf – nun ja, Kurs auf die Küste nehmen, Arcachon, wenn das möglich ist, wenn Suzanne bereit ist, es dort zu versuchen. Immerhin haben sie eine Einladung. Und die ganz Zeit schwingt ein Unbehagen mit: Er schämt sich, er hat es nicht verdient; warum ausgerechnet er, warum diese Rettung?

In den breiteren Straßen und Avenuen stehen Holzkarren und Taxis in langen Reihen an den Bürgersteigen. Die Lobby im Hotel Beaujolais ist überfüllt mit Bergen von Koffern und Taschen, müden, besorgten Frauen, die ihre Rechnungen begleichen, erschöpften Kindern und alten Männern, die die Sessel okkupieren.

Ihr müsst uns dort besuchen, in Arcachon. Wenn ihr nicht kommt, wird der Sommer lang.

Doch der Bahnhof von Vichy ist für normale Fahrgäste gesperrt; die Regierung hat alles okkupiert, und außer Reisenden in offizieller Mission wird niemand durchgelassen. Wenn sie zur Küste wollen, sollen sie es an einer der weiter westlich gelegenen Stationen versuchen, zum Beispiel Gannat; dort haben sie wahrscheinlich die besten Chancen.

»Gibt es einen Bus nach Gannat?«

Ein Schnauben, ein Kopfschütteln: Wer weiß das schon?

Also gehen sie zu Fuß, Schultern, Rücken und Hüften mit Gepäck beladen. Erst durch die Stadt, dann die Vororte und dann ganz raus aus Vichy, wo sich satt und grün die Berge vor ihnen erheben und weiter unten Bäche durch uralte Steinbögen fließen.

»Wie weit noch?«

»Nicht mehr ganz so weit wie beim letzten Mal, als du gefragt hast.«

Der Tag ist angenehm kühl, fast wie ein Frühlingstag. Auf der Straße sind einige Menschen unterwegs, versprengte Grüppchen, die aussehen wie Pilgerreisende. Der Verkehr ist gering, mal ein einzelner Kastenwagen, gelegentlich ein Citroën oder ein Ackerwagen. Fürs Erste läuft es nicht allzu schlecht: Sie sind beide ausgeruht und haben gut gespeist, das ist doch schon etwas. Aber sie sind noch im Zentrum von Frankreich, müssen noch das halbe Land durchqueren, um das Meer zu erreichen.

»Nicht dass wir am Ende die ganze Strecke zu Fuß zurücklegen«, sagt sie laut.

»Nein, wir steigen in einen Zug. In Gannat, hat der Mann gesagt.«

Sie nickt; einen Moment lang betrachtet sie die Berge und die im Aufwind kreisenden Vögel. Dann geht ihr Blick zur nächsten Kurve und auf ihre Füße, die abwechselnd nach vorn schwingen. Irgendwo singt ein Vogel. Sie weiß nicht, was es für einer ist.

Für den Augenblick ist es in Ordnung so; vielleicht wird es ja so bleiben.

»Aber du weißt«, sagt sie, »wie die Züge so sind.«

Dieser Zug endet in Cahors. Ihnen bleibt keine andere Wahl, als steif vor Müdigkeit auszusteigen und im Strom der zerknitterten Menschen in die feuchte Luft hinauszutreten. Der Bahnwärter winkt sie zum Aufnahmelager durch – Betten, die in der Bahnhofshalle aufgestellt wurden, und heiße Suppe. Doch ohne Papiere können sie da nicht hin: Wenn jemand fragt und er sie nicht zeigen kann, könnte er verhaftet werden. Also nicken sie nur, bedanken sich, sie nimmt seinen Arm, und sie verschwinden in der Dunkelheit.

Im Regen sind die Straßen so still, dass jeder Passant auffällt. Niemand hält sich bei solchem Regen draußen auf, wenn er nicht unbedingt muss. Er schlägt den Kragen hoch und zuckt, als ihm Wasser ins Genick läuft. Sie zieht an den Riemen ihres Rucksacks. Er hält ihr den Arm hin. Sie schüttelt den Kopf. Sie würden nur die Nässe noch kälter an ihrer Haut spüren.

Der Regen reißt Blüten von den Bäumen, das macht die Bürgersteige glitschig und tückisch. Aus den Schuhen dringt ein schmatzendes Geräusch. Im ersten Hotel ist die Lobby in warmes Gaslicht getaucht. Eben wurde leider das letzte Zimmer vermietet, teilt ihnen die Frau an der Rezeption mit: Sie wollte gerade das Schild umdrehen. Sie werden weitergeschickt zu einem Gästehaus, wo das Schild jedoch bereits hängt: *Alle Zimmer belegt.*

»Ich bin müde«, sagt Suzanne.

»Ich weiß.«

»Ich würde mich jetzt auch mit einem Stall begnügen. Irgendeinem Schuppen.«

Aber kein Stern in Sicht, kein König, keine jungfräuliche Geburt. Er nimmt die Brille ab und reibt mit einem Ärmel über die Gläser. Danach ist sie immer noch zu nass, um sie wieder aufzusetzen, also steckt er sie ein und massiert seine müden Augen. Genau in diesem Moment beginnt Suzanne zu schwanken, und er muss sie festhalten.

»Alles in Ordnung?«

Sie nickt, aber ihr regenüberströmtes Gesicht ist bleich, und ihre Lider flattern. Wäre sie nicht mit ihm zusammen, hätte sie sich längst in Sicherheit gebracht, jedenfalls in größere Sicherheit. Mit ihrer Mutter hätte sie sich auf dem Land versteckt; oder sie wäre bei einer Freundin untergekommen. Und sogar jetzt hätte sie noch in diesem Aufnahmelager Unterschlupf finden können. Ihre Papiere sind in bester Ordnung.

»Los«, sagt er und richtet sie auf. »Hinter der nächsten Ecke kommt bestimmt etwas …« Und seien es auch nur schlüpfrige Bürgersteige und verriegelte Türen.

Sie gehen weiter. Es wird dunkel, der Regen hört nicht auf. Sie laufen jetzt durch schmalere, gewundenere Straßen, die um sich selbst zu kreisen scheinen, immer wieder anders, immer wieder gleich wie eine fremde und doch vertraute Melodie. Ein leichter Wind treibt ihnen den Regen ins Gesicht; ihre Augen brennen. Über ihnen ragt die Kirche auf. Die Straße krümmt sich in beide Richtungen, eine Geschäftsstraße, in der die Geschäfte erledigt sind, die Fensterläden geschlossen, alles verriegelt für die Nacht. Waren sie hier nicht eben schon? Laufen sie wirklich im Kreis? Doch selbst wenn, würde es überhaupt eine Rolle spielen? So oder so gibt es kein anderes Ziel als weiterzugehen. Plötzlich löst sich Suzanne von ihm und stolpert über das nasse Kopfsteinpflaster davon.

»Was ist?« Er folgt ihr.

Sie lässt sich auf eine Bank sinken.

Nun haben sie doch angehalten. Irgendwo schlägt eine Uhr zehn. Er steht neben ihr, eine Hand auf ihrer Schulter. Die Wolle ist nass und kalt. Sie lehnt sich an ihn wie ein Hund, ihre Augen klappen zu, im Sitzen schläft sie schon halb. Auch seine Augen könnten jetzt zu sein, dann würden sie weniger brennen vom Wasser und dem Salz, das ihm das Wasser von der Haut spült. Doch er traut sich nicht, sie zu schließen.

»Hier können wir nicht bleiben«, sagt er.

Sie nickt, und dabei reibt ihre Wange über den Stoff seines Mantels.

»Du musst aufstehen. Suzanne. Hörst du? Wir müssen weitergehen.«

Sie hebt ihm das Gesicht entgegen und schlägt die Augen auf. Ihre Haut ist knochenweiß, ihre Augen schwarz.

»Wohin?«, fragt sie.

Blinzelnd wendet er den Blick ab und wischt sich übers Gesicht.

»Ich weiß nicht«, sagt er, »aber wir müssen.« Und mit einem Mal bricht aus dem Rauschen des Regens Musik hervor, und sein Kopf füllt sich mit der wunderbaren Halluzination eines Liedes.

Vom Abendrot zum Morgenlicht
Ward mancher Kopf zum Greise
Wer glaubt's? Und meiner ward es nicht
Auf dieser ganzen Reise!

Ihm quillt der Kopf über. Schwer lehnt ihr Körper an seinem. Ihr Schaudern geht auch ihm durch Mark und Bein, hart und lähmend.

Panik kriecht in ihn hinein. Als er sich wieder übers Gesicht wischt, ist die Nässe regenkalt und tränenwarm. In seinem Kopf ist jetzt eine andere Stimme. Schneidend übertönt sie die Musik, den Regen, die Nacht.

Und von welchem Nutzen wärst du dort deiner Meinung nach?

»Komm«, sagt er zu Suzanne.

Langsam schüttelt sie den Kopf.

»Komm schon.« Er packt sie am Arm. Sachte widersteht sie seinem Ziehen. »Mir ist jetzt ziemlich warm«, murmelt sie.

»Nein«, sagt er. »Das kannst du nicht machen.«

Er beugt sich zu ihr herab und zieht sie hoch. Einen Moment lang schwanken beide. In ihrer Erschöpfung sind sie lächerlich: ein kleiner Schubs, und sie würden umkippen. Triefend vor Nässe klammern sie sich aneinander wie ein Mondgeschöpf aus nichts als Armen und Beinen.

Dann werden sie angestrahlt. Ein grüner Lichtfleck auf Suzannes Mantel, kaltes Rosa an ihrem Hals. Er lehnte sich etwas zurück, um sie besser zu sehen, sie schaut ihn an wie ein verwirrtes Baby.

Wer beobachtet sie?

Suchend blickt er sich um. Über einem Geschäft auf der anderen Seite der Straße leuchtet ein Fenster. Hinter der Scheibe zeichnet sich eine Gestalt ab, die das Rouleau herunterzieht. Verdunkelung. Und wieder stehen sie in der Finsternis. Sie werden also doch nicht beobachtet. Niemand interessiert sich für sie.

»Komm.«

Er packt sie, trägt sie halb über die Straße zu einer unbekannten Tür.

Sie essen im oberen Zimmer, zusammengekauert vor einem kleinen Feuer. Suzannes Wangen sind heiß, und immer wieder durchläuft sie ein heftiger Schauer. Mehr als das notwendige Minimum an Höflichkeit kann sie nicht aufbringen. Trifft sie ein Blick, so lächelt sie. Zu mehr ist sie nicht in der Lage. Noch ist sie nicht sie selbst, doch wenigstens hat sie nun die Chance, es wieder zu werden.

Das Fenster ist beschlagen; Wassertropfen laufen daran herab. Man hat zwei Stühle mit geflochtenen Sitzen für sie gefunden und ihnen Kissen gegeben. Es gibt Lakritzlikör in angeschlagenen Kaffeetassen, von dem sie beide in kleinen, hastigen Schlucken trinken. Es gibt gutes Brot, und es gibt guten Schinken. Beispiellose Annehmlichkeiten sind das.

Sie tragen ausgelichene, muffige Pullover. Ihre Mäntel sind dampfend über Stuhllehnen gebreitet, die Schuhe mit Zeitungspapier ausgestopft; Socken und Strümpfe hängen zum Trocknen am Kamin.

Die Hausherrin, die auch das Geschäft im Erdgeschoss führt, will wissen, was im Norden los ist. Paris ist ja wohl gefallen, das hat sie im Radio gehört, aber inzwischen weiß man ja gar nicht mehr, was man glauben soll, weder im Radio noch in den Zeitungen. Ständig heißt es, man soll Ruhe bewahren, aber warum sollten wir Ruhe bewahren? Die Dinge müssen sehr schlecht stehen, wenn sich so viele Leute aufmachen und einfach ihr ganzes Leben hinter sich lassen.

»Wir wissen auch nicht mehr als Sie«, sagt er. »Wir sind gegangen, bevor die Deutschen gekommen sind.«

»Und das war auch gut so«, sagt sie mit aufgerissenen Augen. »Sonst hätten Sie gar nicht mehr gehen können.«

In der Wohnung ist nicht genug Platz, schon ohne ihn und Suzanne ist es für die Familie eng wie in einer Sardinenbüchse. Sie werden unten im Geschäft schlafen müssen. Decken bekommen sie.

Auf der schmalen Treppe beobachtet er Suzanne; das Bündel mit dem Bettzeug trägt er. Widerstandslos tut sie, was man ihr sagt, doch ihre Schritte sind unsicher. Wie eine alte Frau hält sie sich am Handlauf fest. Er macht sich immer noch Sorgen um sie.

Das Geschäft verkauft religiösen Krimskrams: Gipsheilige bevölkern den Raum, überall hängt Christus an den Wänden, sein elfenbeinernes Fleisch wieder und wieder gekreuzigt, und im Licht der kleinen Kerze zucken Jesusherzen. Das ist also der *Deus ex Machina*, durch den sie gerettet wurden.

Mit dem Rücken an die Vertäfelung gelehnt, kauern sie sich unter die Ladentheke, über ihren Köpfen wie eine allzu niedrige

Zimmerdecke die Platte. Zugluft weht durch das kleine Geschäft. Umständlich legt er ihr eine Decke um die Schultern, zieht sich die andere über die Knie, und so sitzen sie zitternd nebeneinander. Draußen hören sie das Tropfen der verstopften Regenrinnen und das Wasser, das die Straße entlangrauscht. Er pustet die Kerze aus, und die Heiligen verschwinden. In der Dunkelheit kauert sie sich noch enger an ihn, die Decke ans Gesicht gedrückt. Gedämpft dringt ihre Stimme durch den Stoff.

»Die Decke riecht nach Schweißfüßen.«

»Soll ich sie umdrehen?«

Sie schüttelt den Kopf.

»Mir ist so kalt«, sagt sie nach einer Weile.

Er zieht seine Decke so weit zu ihr hin, dass sie auch über ihren Knien liegt. Steif breitet sie ihre Decke mit ausgestreckten Armen aus wie zwei Flügel, von denen sie einen um seine Schultern legt.

»Also«, sagt er, »so schlecht finde ich's hier nicht.«

»Tss«, macht sie.

»Dann fehlt dir also deine gemütliche Bank? Oder der Regen?«

Im Licht, das von der Straße hereinfällt, kann er sie gerade noch erkennen: ihr weißes Gesicht, so schön und außerirdisch wie die Gipsheiligen. Er hätte sich ihr nicht aufbürden dürfen, hätte nicht zulassen dürfen, dass sie sich zu einem Teil dessen macht, was er tut. Sie lässt den Kopf auf ihre Knie sinken.

»Du hast so phantastisch lange Beine«, murmelt sie. »Meine sind so kurz.«

Zwischen ihren Körpern beginnt sich Wärme zu sammeln; nur an den Außenflächen sind sie noch kalt. Die Lidschläge werden langsamer, der Atem ruhiger. Hin und wieder kommt ein Frösteln. Als er in den Schlaf zu gleiten beginnt, glaubt er noch zu sehen, wie die Statuen im Rhythmus seiner Atmung an- und abschwellen. Blut quillt aus Wunden und tropft, tropft, tropft. Direkt darunter, auf den nackten Holzdielen, teilen zwei menschliche Körper das Wenige, das sie noch haben, und leben weiter.

5

Arcachon

Sommer 1940

Auf der anderen Seite der Rue de la Plage brechen sich die Wellen. Vom Atlantik her weht ein kühler Wind, der die sengende Sonne erträglicher macht. Im Schatten einer Markise sitzen die beiden Männer auf der Terrasse. Mit gebräunten Händen verschieben sie Figuren aus geädertem Marmor und gesprenkeltem Granit.

Es war und ist – wer würde dies bestreiten? – ein schöner Sommer voll hässlicher Neuigkeiten.

Mit einer glimmenden Zigarette zwischen Zeige- und Mittelfinger studiert er das Schachbrett und versucht, gedanklich alles heraufzubeschwören, was hier zwischen ihm und Marcel Duchamp geschehen könnte. Als Marcel eine Figur hebt und wieder abstellt, zerfällt ein Netz von Möglichkeiten zu Staub: Die Zukunft klärt sich selbst. Er spinnt neue Gedankenfäden, denkt nach.

Marcel hat sich die Krempe seines weißen Strohhuts tief ins Gesicht gezogen, um seine Augen zu beschatten. Auf der Sonnenliege ist Mary in ein Buch vertieft, ihre weichen Glieder braun gebrannt. Von Zeit zu Zeit hört er sie seufzend eine Seite umblättern.

Er zieht lange an seiner Zigarette, lässt langsam den Rauch entweichen und hebt seinen Springer.

Als Suzanne vom Schwimmen zurückkommt – schlanke Bräune, nass glänzendes Haar –, blickt Mary lächelnd auf und legt ihr Buch zur Seite. Getränke werden gereicht, das Spiel lässst man bis zum nächsten Tag ruhen. In der untergehenden Sonne werfen die Steinfiguren lange Schatten, und das rosafarbene Licht der Charente zeichnet die Dinge weich. Sie trinken und reden und lachen, und irgendwie scheint doch alles ziemlich schön zu sein. Aber eine Blase ist es trotzdem. Sie wissen, dass es nicht von Dauer sein kann.

»Spanien ist natürlich auch noch eine Option; wir könnten nach Spanien gehen.«

»Warum würdest du das wollen?«, fragt ihn Marcel.

»Ein Freund von mir arbeitet dort im britischen Konsulat. Und es ist nicht weit.«

»Das ist doch kein Grund. Du willst nicht nach Spanien. Spanien ist scheiße.«

»Marcel!«, empört sich Mary.

»Tut mir leid, 'tschuldigung. Empfindliche Damenohren und so weiter. Aber es *ist* scheiße. Und das wisst ihr alle.«

»Um nach Spanien zu kommen, bräuchtest du ein Auto.« Mary sieht ihn an, sie hat plötzlich ins Englische gewechselt.

»Glaubst du?«

»Na ja, alles andere wäre ein Höllenmarsch.«

»Oh, das wäre für ihn kein Problem«, schaltet sich Suzanne ein, und schon reden sie wieder Französisch. »Der hat mehr Ausdauer als jedes Maultier, du solltest ihn mal laufen sehen, mein Gott.« Suzanne hebt ihr Glas. Er sieht sie an, doch sie erwidert seinen Blick nicht. Anscheinend hat er sie verärgert, er weiß nur nicht genau womit.

»Du willst doch nicht nach Spanien«, wiederholt Marcel. »Zu diesen verdammten Faschisten.«

»Er schlägt ja nicht vor, sich dauerhaft dort niederzulassen, denke ich«, erklärt Mary beschwichtigend.

Marcel sieht ihn fragend an. »Amerika?«

»Wenn schon, dann Irland«, räumt er ein.

»Ah, du willst also nach Hause.«

»So würde ich das nicht unbedingt sagen.«

Suzanne schaut auf und betrachtet sein reiherhaftes Profil, die umschatteten Augen.

Die Brille hat er sorgsam weggesteckt. Er dreht den Kopf zu ihr hin, und Suzanne schlägt das erstaunliche Blau seiner Augen entgegen.

»Was würden wir in Irland machen?«, fragt sie.

Er zuckt mit den Schultern. »Wir würden zurechtkommen.«

Sie schaut ihn an, dann blickt sie in ihr Glas auf dem Tisch. Sie beginnt es zu drehen und starrt auf das Licht, das trotz der Bewegung unverändert hineinfällt. Ihre Wangen fühlen sich heiß an.

»Amerika ist besser«, sagt Marcel. »Irland wird nicht standhalten. Nicht wenn England gefallen ist.«

Mary wirft ihm einen Blick zu.

»Ich sag's euch. Amerika wird als einziges Land übrig bleiben. Alle anderen werden denselben beschissenen Weg gehen.«

Betroffenes Schweigen. Suzanne sieht zu, wie Marcel sein Glas leert, sich nachschenkt und über New York zu reden beginnt. Er dagegen verharrt wieder stumm, sie kann seinen Atem hören, mehr nicht. Atmen und Denken, unergründliches Denken. Marcel aber redet weiter: New York ist die Zukunft, alle sollten jetzt nach New York gehen, bald wird New York das Einzige sein, was noch von Europa übrig ist.

»Ich vermisse Paris«, sagt Mary leichthin.

»Von jetzt an wirst du Paris immer vermissen.« Marcel nimmt sein Zigarettenetui vom Tisch. »Alle, die sich je etwas aus Paris gemacht haben, werden die Stadt für immer vermissen. Paris wird nicht mehr Paris sein. Jedenfalls nicht das richtige Paris, nie mehr.«

Als wollte er den Abstand zu Marcel vergrößern, lehnt er sich zurück und verschränkt die Arme; er sieht kurz zum Schachbrett hinüber.

»Nun ja, Paris ist immerhin mein Zuhause«, sagt Mary. »Meine Bücher sind dort.«

»Du kannst neue Bücher machen«, sagt Marcel durch eine Wolke aus Zigarettenrauch. »Das machst du ohnehin.«

Es folgt ein Schweigen, das etwas zu lang dauert, bis Mary sagt: »Ich schaue mal nach, was mit dem Essen los ist.«

Und damit steht sie auf und trottet ins Haus.

Als die beiden später die Promenade entlang nach Hause gehen, hakt sie sich mit ihrem nackten Arm bei ihm unter; seiner ist kühl wie Seide und schwer.

»Was du vorhin gesagt hast – dass wir nach Irland gehen …«

»Ja.«

»Hast du das ernst gemeint?«

»Ich denke schon.«

»Du hast gesagt, dass du dort nicht atmen, nicht schlafen und nicht schreiben kannst.«

Er nickt.

»Und du würdest trotzdem hingehen. Wir würden hingehen.«

»Wenn wir müssten. Aber du würdest es schrecklich finden.«

»Glaubst du?«

Lange sagt er nichts. Unter ihren Füßen knirschen die sandigen Planken, und Suzanne wehen Haarsträhnen in die Augen. Sie klemmt sie hinters Ohr und sieht ihn abwartend an.

»Ehrlich gesagt bin ich ratlos«, sagt er. »Es gibt keinen Ort mehr, wo man sein kann.«

Arm in Arm gehen sie weiter durch die Sommernacht und das Rauschen der Wellen, die sich am Strand brechen. Und die Welt, die sich auf ihr Ende zubewegt, ist von einer atemberaubenden, aberwitzigen Schönheit.

Die Schatten werden länger, das Jahr schreitet voran, und sie gehen nicht nach Irland, ja, nicht einmal nach Spanien. Immer kälter bläst der Atlantikwind, während sich Marys und Marcels

Diskussionen aufheizen. Amerika, sagt Marcel. Amerika Amerika Amerika. New York. Mary sagt nur Paris, nach Hause.

Doch niemand geht, weder Marcel noch Mary. Niemand geht irgendwohin. Die Blase platzt nicht, sie schwebt glänzend in der Kälte des ausklingenden Sommers.

Wenigstens schreibt er Briefe. Stellt Erkundigungen an und versucht herauszufinden, was möglich ist. Aus Madrid kommen Antworten. Eine davon drückt er Suzanne in die Hand und beobachtet ihr Gesicht, während sie den Brief liest, im Halbdunkel des *salle à manger*, wo die Möbel zu groß sind für den kleinen Raum und man sich beim Vorbeizwängen die Hüften und Oberschenkel grün und blau stößt.

Sie legt den Brief aus der Hand. »Tja. Sollen wir?«

»Ich meine schon. Wahrscheinlich sollten wir es tun.«

Nachdenklich betrachtet sie den Brief mit dem offiziellen Stempel und dem verhalten-freundlichen Ton. Bisher lässt sich Spanien noch sicher durchqueren. In Portugal dann eine Koje nach Irland zu finden, dürfte relativ unproblematisch sein, da der Handel zwischen den neutralen Ländern mehr oder weniger uneingeschränkt weitergeht.

Tageslicht fällt hell auf den Tisch. Mit dem Licht im Rücken, ist sein Gesicht ein leerer Fleck. Sie kann nichts darin erkennen.

»Tja«, sagt sie.

Er zuckt mit den Schultern. Wenn sie gehen, ändert das alles. Dann müssten sie heiraten. *Mr und Mrs*, hat der junge Mann in der Gesandtschaft gesagt. Nur so könnte Suzanne ihn begleiten. Sie würden sich im November einschiffen und in Dun Laoghaire an Land gehen. Seine Mutter wäre froh, dass ihr Sohn endlich erwachsen und anständig geworden ist, und eine Zeitlang würde sie versuchen, Suzanne zu mögen. Frank würde ihm Arbeit geben. Er würde zupacken; und er würde es hassen, jede einzelne Minute. Suzannes Englisch würde sich verbessern, was sie nutzen würde, um über alles zu jammern, weil es nicht französisch wäre. Und so wäre es dann, für immer. Er kann das nicht, er bringt es nicht fertig.

»Wenn du es willst«, sagt er.

Sie hebt die Augenbrauen, zieht das Kinn ein, blickt ihn prüfend an. »Eigentlich kommen wir doch klar hier, oder?«

»Weißt du, in dieser Nacht in Cahors«, sagt er, »da habe ich gedacht, du würdest sterben.«

»Bin ich aber nicht. Keiner von uns ist gestorben.«

»Wenn du gestorben wärest, wäre es meine Schuld gewesen.«

»Red keinen Unsinn.« Sie rückt den Stuhl zurück, windet sich hoch und um den Tisch herum.

»Was sollen wir tun?«

Sie gibt ihm den Brief zurück. »Schau dich an. Wie ein Hund, dem sie die Eier abgeschnitten haben. Ich gehe nicht mit dir nach Irland, so nicht.«

Über die Radiowellen hält Pétain mit bebender Stimme seine Reden an die Nation. Man kann ihm keinen Glauben schenken. Immerhin sind die Neuigkeiten aus Paris, die aus anderen Quellen, über Freunde von Freunden oder Neuankömmlinge durchsickern, letztlich gar nicht so schlimm. Der Fall von Paris scheint sanft über die Bühne gegangen zu sein: Die Stadt wurde besetzt, aber nicht zerstört. Die Regierung ist höflich einen Schritt zurückgetreten und hat die Angreifer hereingewunken, sodass in der Hauptstadt nur wenige materielle Schäden angerichtet wurden. Es gab kleinere Gefechte in den Straßen, doch zu Massakern kam es bisher nicht. Die Cafés, die Kinos und Geschäfte sind schon wieder geöffnet, die Oper leuchtet wieder. Man kann noch Wein trinken, zu Abend essen und Filme sehen, wenn man das Geld dafür hat und den Umgang erträgt. Denn die Besatzer gehen ein und aus, wie es ihnen gefällt, mit ihren Kameras um den Hals begaffen sie die Sehenswürdigkeiten, stehen im Weg herum, kaufen Schnickschnack. Wenn man damit leben kann, dann kann man in Paris leben: einer Stadt, die zum beliebtesten Erholungsort des Reichs geworden ist.

Ist es nicht einen Versuch wert? Es wird ja immer noch Paris sein. Mehr oder weniger.

6

Paris

Winter 1940

Ein kleines Fischskelett liegt sauber abgegessen zwischen ihnen. Suzanne ist mit dem *décortiquage* des Kopfes beschäftigt: Mit ihren schlanken, flinken Fingern und einem kleinen Messer löst sie das Fleisch aus den Bäckchen, pult die Augen und das Gehirn heraus. Tüchtig, denkt er. Sie ist unglaublich tüchtig. Ein Glück für ihn.

»Das tut mir leid«, sagt er.

Sie kratzt und presst ihre Ausbeute zusammen und verschmiert sie auf zwei Brotscheiben.

Endlich hat er seine Papiere. Die Rückkehr nach Paris hat einiges dazu beigetragen. Sein Aufenthalt in Frankreich ist nun zulässig, er darf hier sein. Als der Einmarsch nur drohte, tat sich nicht viel, doch mit der Besatzung hat offenbar eine gewisse Effizienz in die Arbeit der Gesandtschaft Einzug gehalten. Er hat nun Anspruch auf dieselben Zuteilungen wie jeder französische Staatsbürger. So bekommt er also seine 400 Gramm Brot pro Tag. Die beiden Stückchen hier sind der Rest. Sie erinnern an drei Stunden Schlangestehen mit einem Buch in der Hand; das Körpergewicht dabei immer schön von einem Fuß auf den anderen verlagern und möglichst nicht an Zigaretten denken. Zigaretten sind Mangelware.

Sie gibt ihm eine der beiden Brotscheiben.

»Können wir irgendetwas tun?«, fragt er.

Sie reißt ihr Brot, das sie so sorgfältig präpariert hat, auseinander. »Ich weiß nicht.«

Sie haben 340 Gramm Kaffee pro Monat. 340 Gramm sind nicht annähernd genug, nicht einmal für eine Woche. Und 340 Gramm lassen sich realistischerweise auch nicht so strecken, dass sie für einen Monat reichen. Der Kaffee fehlt ihm unentwegt. Die Kopfschmerzen sind kaum auszuhalten.

»Willst du zum Kommissariat gehen und fragen?«

Sie bricht ein Stück Kruste in der Mitte durch und steckt sich die eine Hälfte in den Mund.

»Wir könnten einfach mal nachfragen.« Er beißt in sein Brot und kaut bedächtig; ein Augapfel zerplatzt zwischen seinen Backenzähnen, es schmeckt salzig. »Wenn die wissen, dass die Leute wissen, dass er dort ist, und sich Sorgen um ihn machen, könnte das helfen.«

»Glaubst du, dann würden sie ihn besser behandeln?«

»Vielleicht.«

»Dann mache ich's vielleicht wirklich.« Und nach einer Weile: »Jetzt liest du also wieder dieses fürchterliche Zeug.«

Sein Exemplar von *Mein Kampf* liegt aufgeschlagen, mit dem Buchrücken nach oben auf dem Tisch. Normalerweise geht er nicht so mit seinen Büchern um.

»Ich weiß nicht, wie du das erträgst«, sagt sie.

Er schluckt bedächtig, leckt sich die Lippen. »Es ist wichtig.«

»Es ist fürchterlich.«

»Ja, aber es ist wichtig.«

Die Worte, die in diesem Buch stehen, haben die Landkarte Europas neu gezeichnet und die unterschiedlichen Farben aus dieser Welt herausgewaschen. Sie haben Rechte und Freiheiten aufgesogen. Diese Worte töten. Durch sie ist die Welt eine andere geworden.

»Aber hilft es auch?«

»Ich weiß nicht, ob es *hilft*.«

Mit verzerrtem Mund zerpflückt sie ihr Brot. Ein Wort zu wählen bedeutet, dem Gefühl, das man hat, eine Form aufzuzwingen. Es dann auch noch auszusprechen, bedeutet, das Gefühl in dieser Form an jemanden weiterzugeben und zuzuschauen, was die Person damit macht, wie sie es dreht und wendet, wie sie Farben und Untertöne entdeckt, die einem selbst gar nicht bewusst waren. Genau damit hat Suzanne nun zu kämpfen. Weil die Sprache keine bequeme Passform für ihr Gefühl kennt, weil Worte hässlich sind und schlecht sitzen. Die Sprache wird zu einem tastenden, stotternden Fehlgriff. Suzanne fühlt sich von ihr im Stich gelassen.

Denn ein Freund aus ihren Jugend- und Studienzeiten am Conservatoire ist verschwunden. Einfach weg. Sie fand die Wohnung leer vor, versiegelt, die Nachbarn scheu und nervös, mit dem einzigen Wunsch, dass das Gespräch mit ihr rasch vorbei, die eigene Wohnungstür wieder zu und Suzanne gegangen sein möge. Nein, sie hätten keine Ahnung, warum man ihn geholt habe; nein, es ergebe überhaupt keinen Sinn; so ein freundlicher Mann, so eine gute Seele, nicht der geringste Ärger von seiner Seite, nie, dabei seien sie zehn Jahre lang Nachbarn gewesen. Nein, es seien nicht die Deutschen gewesen, sondern die französische Polizei.

Ihr Freund war Kommunist. Etwas anderes können sie nicht gegen ihn in der Hand haben. Heikel, heutzutage so etwas mit sich herumzutragen: Prinzipien.

Und ihr Freund ist nicht der Einzige, der verschwunden ist.

Auch der alte Monsieur Lunel scheint mit einem Mal nicht mehr zu existieren. Erst war das gelbe Zeichen im Fenster seines Stoffladens aufgetaucht. Das allein hätte seine Stammkunden nicht davon abgehalten, weiter bei ihm zu kaufen, doch die Boches, die Grünen Bohnen, waren die Einzigen, die Geld hatten, insofern spielte es keine Rolle, ob andere noch Geschäfte mit ihm machen wollten oder nicht. Dann kam der Tag, an dem der Laden geschlossen blieb, und schon waren neue Geschäftsführer da, das gelbe Symbol wurde entfernt, und seitdem weiß niemand, wohin

Monsieur Lunel gegangen ist. Monsieur Lunel, der Suzanne so vergöttert, ihr immer Bänder oder Garn zugesteckt hat, wenn seine Frau mal nicht hinsah. Dessen Töchter mit ihr plauderten und lachend den Kopf schüttelten über das Geschäker des alten Mannes. Dessen Enkel hinter dem Verkaufstresen schreiben lernten und Knöpfe zu Hilfe nahmen, wenn sie ihre Rechenaufgaben machten. Niemand weiß, wo sie alle hingegangen sind.

Sie hofft immer noch, es könnte ein Zaubertrick sein, den sie sich selbst ausgedacht haben. Ein Trick, mit dem man Leute verschwinden lässt.

»Diese Schmierereien sind widerlich«, sagt sie. »Hast du sie gesehen?« Zwischen ihren Augen ist eine tiefe Falte.

»Bei den Lunels?«, fragt er.

Sie zuckt müde mit einer Schulter. »Sie schrubben es gerade ab. Die neuen Leute. Meinst du, du könntest dieses Teil weglegen, solange wir essen?« Sie wedelt mit einer Hand Richtung Buch. »Oder noch besser: wegwerfen? Das verdammte Ding ins Feuer schmeißen? Ich kriege Gänsehaut davon.«

Er klappt das Buch zu.

»Ich weiß nicht, wie du das aushältst.«

Er schiebt es zur Seite.

»Ich hasse es. Es macht mich krank.«

Sie stößt das Buch von der Tischkante, und mit flatternden Seiten prallt es dumpf auf die Holzdielen.

Er bückt sich, um es aufzuheben.

»Ich bin mit den Nerven am Ende«, sagt sie. Er kommt wieder hoch, das Buch in der Hand. »Ich bin mit den Nerven am Ende, und du tust so, als wäre nichts, als gäbe es nicht das Geringste zu sagen.«

Er klappt das Buch zu, steht auf, stellt es ins Regal. »Keineswegs.«

Wütend starrt sie ihn an. Dann steht auch sie auf, geht steif zur Tür und wirft sich ihren Mantel über.

»Du bist unmöglich«, sagt sie.

Sie schlägt die Tür hinter sich zu, poltert die Treppe hinunter.

Er nimmt die Teller vom Tisch und trägt sie zum Spülen in die Küche. Vielleicht hätte er sagen sollen, dass er versucht … nun ja, dass er einfach nur versucht, sich irgendwie an das alles heranzutasten, irgendwie Fuß zu fassen darin.

Es ist ein brutaler Winter. Der Wind geht bis ins Mark und peitscht Schnee vor sich her.

Die Engpässe kommen plötzlich, sind hart und nie vorherzusehen: An einem Tag ist keine Milch aufzutreiben, am nächsten gibt es keine Streichhölzer. Er geht los, um Rasierklingen zu kaufen, und muss alle Drogerien im ganzen *quartier* abgrasen: In einem tristen Eckladen nahe der Place Saint-Sulpice findet er schließlich welche. Kaffee ist wieder erhältlich, doch er ist nur ein Abklatsch, nicht mehr aus echten Kaffeebohnen, sondern aus gerösteter Gerste. Die Metzgerei schließt bereits um zwölf, weil es nichts mehr gibt; selbst die schlechten Stücke sind teuer und verschwinden trotzdem genauso schnell wie die Steaks, weil sie ohne Bezugsschein zu haben sind. In der *épicerie* sind die Regale leer. Die Rationierung verkommt zur bloßen Theorie: Wen interessiert es, wie viel er von etwas bekommt, das es nicht gibt?

Er zündet das Gas unter der alten Kaffeekanne an, dann die Zigarette am Gas, um Streichhölzer zu sparen. Er erhitzt das Getränk, kippt es in eine Tasse, trinkt es schwarz. Es sieht aus wie Kaffee und schmeckt wie wässeriger, verbrannter Toast. Ihm graut vor dem Tag, an dem sie beginnen, Zigaretten zu rationieren.

Am Tisch hält er das Tintenfläschchen gegen das Licht und lässt die Flüssigkeit darin hin- und herschwappen. Der Boden ist aus dickem, nach innen gewölbtem Glas. Das täuscht. Er nimmt eine Handvoll Münzen aus seiner Tasche, legt sie auf den Tisch, sortiert sie zu kleinen Häufchen und die Häufchen zu kleinen Stapeln. Auf einem abgerissenen Stück Zigarettenschachtel notiert er *Tinte*. Eigentlich eine Verschwendung von Tinte, denkt er. Vielleicht gibt es ja gar keine mehr.

An den Straßenecken sind neue Wegweiser angebracht, die Geschäfte neu beschildert. Dass es deutsche Schilder sind, verrät schon von Weitem die kleine, gedrängte Schrift: Sonst würden die vielen Buchstaben der neuen Bandwurmwörter nicht daraufpassen. An der Fassade des nächstgelegenen *cinoche* steht jetzt *Soldatenkino*. Die Einheimischen dürfen dort also keine Filme mehr sehen.

Drängendstes Thema bleibt allerdings das Brot. Sie wechseln sich damit ab, aus dem Bett zu kriechen, sich Schichten von Kleidung überzuwerfen und loszugehen, um sich in die Schlange einzureihen. Bis das Geschäft öffnet, wird sie hinter ihm länger und länger: Inzwischen zieht sie sich die ganze Straße entlang bis um die Ecke. So eingeklemmt zu sein zwischen fremden Körpern im Gestank alter Kleider. Er schlägt den Kragen hoch, schlingt die Arme um sich. Tritt in seinen dünnen Stiefeln auf der Stelle. Schließt die Augen und tut, was er kann, um in Gedanken anderswo zu sein.

Bedenkt doch euren Ursprung, denkt, ihr seid
Nicht wie das Vieh! und nie dürft ihr erkalten
Bei dem Erwerb von Kenntnis, Tüchtigkeit.

Als er die Augen wieder aufmacht, kämpft sich gerade Lucie Léon in ihrem bis zum Hals zugeknöpften Mantel, ein dicker Schal vor Mund und Kinn, an der Schlange vorbei nach Hause. Er spricht sie an, sie zieht den Schal herunter, und sie unterhalten sich. Sie und Paul sind seit einiger Zeit wieder in Paris, die ganze Familie. Sie ist Journalistin, sie hat ihre Arbeit, und die muss weitergehen. Die Angst um sie versetzt ihm einen Stich. Es wird nicht einfacher werden. Die Familie ist jüdisch.

»Wie geht es den Kindern?«, fragt er.

Sie lächelt achselzuckend. »Immer hungrig. Wachsen ständig aus ihren Kleidern raus.«

Sie selbst wirkt in der Wintersonne fast durchsichtig.

Suzanne hat einen alten Strickpullover aufgezogen. Sie strickt ihm Handschuhe mit halben Fingern, damit er trotz Kälte schreiben kann – so kann er wenigstens den Füller halten. Es ist eine komplizierte Arbeit, die Löcher für jeden Finger voneinander zu trennen und das Daumenloch einzufügen. Mit der Zunge im Mundwinkel zählt sie die Maschen. Sie wird ihm keine Ausrede gestatten: Es darf keinen Grund geben, nicht zu schreiben.

»Ich habe heute Lucie Léon gesehen«, sagt er.

Sie lässt die Hände sinken, das Strickzeug ein Häufchen in ihrem Schoß. »Lucie! Wie geht es ihr?«

»Anscheinend ganz gut.«

Er steht auf, geht in die Küche, öffnet Schränke und starrt in nackte Regalfächer. Eine zu einem Viertel gefüllte Tüte Gerstenkaffee, zwei Daumen breit Weinbrand, ein kleines Päckchen Saccharin. Eine Dose Zahnpulver.

»Ich habe eine Steckrübe gekauft«, ruft Suzanne. »Und wir haben noch zwei Möhren. Da mache ich später Püree draus.«

Er nickt in der kleinen Küche, wo sie ihn nicht sehen kann, und ruft »Danke!«. Aber er hatte nicht an seinen eigenen Hunger gedacht.

Am nächsten Morgen wachen sie in einer eiskalten Wohnung auf. Hastig und ungelenk steigen sie in ihre Kleider, Gänsehaut, Atemwolken in der Luft. Die Heizungsrohre sind kalt.

»Wahrscheinlich hat der Heizungskessel den Geist aufgegeben.«

In ihrem kleinen Kabäuschen hinter der Eingangshalle zusammengekauert, die Hände unter die Achseln geschoben, schüttelt die Concierge nur den Kopf. Über Schichten aus Pullovern, Schultertüchern, Schürzen und Strickjacken trägt sie den alten Mantel ihres Mannes und hat sich eine Decke über die Knie gelegt.

Mit dem Heizkessel ist nichts, er ist vollkommen in Ordnung oder wäre in Ordnung, wenn es etwas gäbe, um ihn zu beheizen. Das sei nun, erklärt sie ihnen, der Tropfen, der das Fass zum

Überlaufen bringe. Es gebe schlicht und einfach keine Kohle mehr. Keine Chance. Weder von ihrem gewohnten Lieferanten noch von irgendeinem anderen, und sie könnten ihr glauben, dass sie alles versucht hätten. Sie und ihr Mann hätten alle Kohlenhöfe in der Gegend angerufen oder abgeklappert, aber außer Pferdemist und schwarzem Staub sei dort nichts zu holen. Für die Kohlenmänner ein Riesenproblem: Hochsaison, und sie haben nichts zu verkaufen.

Suzanne will es nicht glauben. »Das ist doch lächerlich.«

Die Frau zuckt mit den Schultern. »So ist es nun mal.«

»Aber warum?«

»Die Kohle ist denselben Weg gegangen wie die Kartoffeln und der Weizen und der verflixte Wein.«

»Was für einen Weg?«

»Nach Deutschland.«

Doch das Leben ist nicht unmöglich geworden, noch nicht. In der Wohnung gibt es einen Kamin, dessen Benutzung er noch nie ins Auge gefasst hat. Suzanne hockt sich davor, späht in den Rauchabzug und zieht eine Ladung feuchtes, zusammengeknülltes Zeitungspapier heraus, gefolgt von herabstürzendem Ruß, Zweigen und einer vertrockneten Vogelleiche. Sie werfen den Tierkadaver in die Abfallrutsche, streichen die Zeitungsseiten glatt und lesen, was es im März 1936 an Neuigkeiten gab. In blassgrauen Buchstaben ist dort die Rede von der Remilitarisierung des Rheinlands, und es gibt einen Nachruf auf Jean Patou. Dass so etwas die Leute einmal wehmütig stimmen konnte!

Steif vor Kälte gehen sie auf Plätzen, in Parks und unter den Bäumen, die die Avenuen säumen, auf Beutezug nach Tannenzapfen und Fallholz. Auf dem Kaminrost entzünden sie stümperhaft qualmende, spuckende Feuer und kauern sich in Decken gehüllt davor. Doch die Parks sind bald geplündert, an Linden und Platanen sogar alle erreichbaren Äste abgerissen, und selbst die Bretter, hinter denen sich die Geschäfte verbarrikadiert haben, sind verschwunden. Leute, die dafür eindeutig besser ausgerüstet sind als sie, fangen an, ganze Bäume zu fällen, und was bleibt, ist ein Kranz von Sägemehl, die Scheibe eines Baumstumpfs und nach oben hin Leere.

Sie gibt ihre Wohnung auf: unmöglich, beide zu halten.

Er versucht zu arbeiten. Ganz hinten in seinem Kopf rührt sich etwas, ein Kitzeln, ein Zwirbeln, als wollte etwas auf sich aufmerksam machen, doch um ihn herum geschehen zu viele andere Dinge, um es hervorzulocken, ihm nachzugehen und zu schauen, was es ist. Die Beschwerden und Proteste seines Körpers werden so laut und aufdringlich, dass sie das stille Bedürfnis zu schreiben übertönen. Während er mit der kleinen Häkeldecke über den Schultern gebeugt an seinem Tisch sitzt, grollt und wimmert sein Magen, Frostbeulen peinigen seine Füße, und seine Nase ist wie aus Eis. Er ertappt sich dabei, Gott weiß wie lange auf die leere Seite oder den grauen Himmel zu starren, gefangen in seinem gequälten Körper und in Gedanken bei seinen notleidenden Freunden. Seine Präsenz trägt nur zu den allgemeinen Belastungen bei. Ein Esser mehr. Sein eigener Hunger, seine eigenen Bedürfnisse widern ihn an.

»Tut mir leid, ich wollte dich nicht stören, aber …«

Mit einer Hand hält er die Tür auf, mit der anderen die Decke vor seiner Brust zusammen. Suzanne schleppt ein großes, undefinierbares Bündel in die Wohnung und lässt es auf den Boden fallen.

»Ich brauche deine Hilfe, wenn es dir nichts ausmacht.«

Sie hat begonnen, Möbel zu verrücken.

»Es ist zu kalt, um sich zu bewegen«, sagt er.

»Es ist zu kalt, um sich *nicht* zu bewegen.«

Schon stehen zwei Stühle mit dem Rücken zueinander in anderthalb Metern Entfernung auf dem Läufer, als wollten sie jeden Moment losmarschieren, stehen bleiben, sich umdrehen und schießen.

»Was soll das?«

»Ich habe eine Idee.« Sie dreht sich um. »Kannst du das einfach mal für mich hochheben? Und mir helfen, es auszuschütteln?«

Auseinandergebreitet entpuppt sich das Ding als ein großes, schweres Segeltuch, das feucht riecht und voller Schimmelflecken ist. Ein in Vergessenheit geratenes Abdecktuch, das wohl vor langer Zeit bei einem *déménagement* verwendet wurde. Als sie es ausschütteln, flattern im Licht der kalten Wintersonne Motten auf.

»Wo hast du das her?«

»Lag im Keller.«

»Aber das gehört doch jemandem, oder?«

»Ja«, sagt sie, »uns.«

Sie bedeutet ihm, sich auf die andere Seite der Stühle zu stellen. Wie ein bis zum Boden reichendes Dach breiten sie die Plane über die hohen, geraden Rückenlehnen. Sie zieht den Stoff stramm, klemmt ihn unter den Stuhlbeinen fest, und er geht auf seiner Seite in die Hocke, um dasselbe zu tun.

»Hast du das als Kind auch gespielt?«

Er hat es immer noch nicht ganz begriffen. »Was?«

»Höhlen bauen.« Sie hebt das Segeltuch an und späht hinein.

Blinzelnd tritt er einen Schritt zurück. Oh ja. »Nein.«

»Wir schon. Manchmal an Regentagen.«

Mit eingezogenem Kopf krabbelt sie unter das Tuch; er folgt ihr.

In der Höhle ist es muffig, durch den Stoff dringt etwas Licht. Unter ihnen liegt der alte Läufer mit seinem verblichenen türkischen Muster. Er zieht die Knie an, findet eine ungemütliche Position und kommt sich lächerlich vor.

»Du kannst hier arbeiten.« Suzanne haucht in die Hände. »Hier ist es wärmer.«

»Ja«, sagt er, »verstehe.«

Sie ist zufrieden mit sich, und ihr zuliebe lächelt er. Es ergibt Sinn, klar, und gleichzeitig ist es vollkommen absurd. Da kauern sie nun wie spielende Kinder zu zweit in einem Zelt auf einem Teppich. Als würde es gleich Abendbrot geben, dann

Zähneputzen, Schlafanzug, Gute-Nacht-Gebet und ab ins Bett anstelle von noch mehr Kälte und noch mehr Hunger.

»Willst du dein Buch haben?«, fragt er.

»Ja, bitte.«

»Und Kaffee?«

»Oh ja, gern.«

»Der Kaffee ist aber scheußlich.«

»*Comme d'hab.*«

Er krabbelt hinaus, richtet seinen langen Körper auf. Er findet ihr Buch, findet eine Tasse, spült sie aus. Kleine Aufgaben, die er trödelnd erledigt, Suzanne außer Sichtweite in ihrem Zelt. Ständig tut sie ungefragt Dinge für ihn; ihre Nettigkeiten knüpfen ein Netz von Verpflichtungen. Er rührt Saccharin in die Tasse und schaut zu, wie sich der Ersatzkaffee im Kreis dreht und dann langsam zum Stillstand kommt. Von Milch natürlich keine Rede. Er trägt alles zum Zelt, reicht es ihr durch die Öffnung und kriecht hinterher. Die langen Glieder muss er an Knien und Ellbogen einziehen. Es ist wirklich wärmer in diesem Unterschlupf, geteilte Körperwärme. Sie sitzen frontal voreinander. Der Stoff liegt auf seinen Schultern. Sein Nacken ist nach vorn gebeugt. Er kann ihren Atem spüren. Das ist jetzt also seine Welt: Körper und Atem. Absurd.

Er trägt es mit sich herum wie den Stein in seiner Tasche, wie einen kalten, harten Fremdkörper, den er auf Schritt und Tritt spürt. Wenig anderes nimmt er noch wahr. James Joyce ist tot.

Ohne nachzudenken, lässt er sich durch die Straßen und den Nebel treiben, so wie ihn früher seine Schritte über Wege und Pfade in die Berge führten, fort von seiner Mutter und ihrem blauen, prüfenden Blick, fort von den häuslichen Verstrickungen. Es ist ein Nachmittag im Januar, den ganzen Tag ist es nicht richtig hell geworden. Er kommt an Männern vorbei, die Maronen grillen, an einer Hauswand mit feuchten Plakaten, an Schmierereien und Gerüchen aus der Kanalisation, an der *pâtisserie* mit einer einsamen *galette des rois* im Fenster, an plaudernden Stimmen aus einem Café nahe der Métro-Station Charles Michels – *Also habe ich ihm gesagt, er soll sich zum Teufel scheren – Ausgezeichnete Idee, das habe ich auch gerade gedacht – Es ist wirklich ganz außergewöhnlich.* Erst später wird ihm bewusst, dass die Stimmen Deutsch gesprochen haben. Die Boches. Die Chleuhs. Die Grünen Bohnen. Und doch ist und bleibt die deutsche Sprache schön.

Er findet sich – was ihm längst hätte aufgehen sollen – in der Rue des Vignes wieder und starrt zur früheren Wohnung der Joyces hoch. Die Fensterscheiben, die den Nebel reflektieren, sehen trüb aus. Es ist der letzte Ort in Paris, der ihnen gehört hat: Shem hatte gesagt, alle seine Bücher seien dort geblieben, vielleicht sind sie immer noch da. Er erinnert sich an abgewetzte Tapeten, Fingerabdrücke auf Lichtschaltern, den schmierigen braunen Telefonapparat: All diese Dinge wurden von Joyces Händen berührt, von Joyces Schultern und seinem Atem gestreift. Künftige Bewohner werden nicht wissen, wie sehr sie sich an diesem außergewöhnlichen Geist reiben.

James Joyce ist in der Schweiz gestorben, doch Paris ist die Stadt, in der sein Geist umgehen wird.

Aus der Rue Bruneau kommen Polizisten um die Ecke, Gendarmen. Einfach nur herumzustehen, ist in ihrer Gegenwart nicht ratsam. Er tritt auf die Straße, und als er weitergeht, spürt er plötzlich das Gewicht eines Arms auf seinem Arm, hört das Klappern eines Gehstocks und eine Stimme, die ihm ins Ohr flüstert: all die Unannehmlichkeiten, und was für ein Aufruhr um diesen neuesten *bobard*, er glaubt kein Wort davon, kein Wort. Kann die Welt nicht ohne einen weiteren Krieg auskommen? *Finnegans Wake* hätte auch heimlich veröffentlicht werden können, bei der geringen Beachtung, die das Buch erfahren hat.

So viel Talent gefangen in einem dahinschwindenden Körper, herumgeschleift wie eine Blechdose an einer Kordel.

Er geht weiter.

Er legt lange Strecken zurück in Kälte und Nebel, zieht die

Ärmel seines Mantels möglichst lang und vergräbt das Gesicht im Kragen. Da ist wieder der schwache Duft nach Pomade, Cheroot-Zigarren und Zitronenseife, da ist die vertraute, zitterige Stimme, die »The Salley Gardens« singt, da ist der Geschmack von Whiskey auf seiner Zunge und … ja, das berauschende Gefühl, akzeptiert zu sein, aufgenommen in diesen illustren Kreis. So einem Mann nützlich sein zu können. Doch dann wieder die Schmach eines abgetragenen Mantels und einer delegierten Gefälligkeit.

Er reibt sich über den Kopf; seine Haare stehen in alle Richtungen ab.

Er geht weiter.

Doch Paris ist nicht mehr Paris. Er geht an geschlossenen Geschäften und nackten Bäumen vorbei, an einer *confiserie*, in deren Schaufenster leere Verpackungen stehen, an stillen, mageren Kindern auf dem Heimweg von der Schule, an deutschen Soldaten, die nach Dienstschluss in ihren guten Mänteln flanieren, an hageren Frauen mit Schultertüchern, Körben und verhärmten Gesichtern, an Schlaglöchern und roten Fahnen, die wie Wäsche von den Balkonen herabhängen, an Hunden, die nervös in Abfällen stöbern, an Scharen verlotterter Tauben und an Barrieren von Sandsäcken auf den Bürgersteigen, wo ihm die Blicke der Polizisten folgen. Sollen sie ihn doch nach seinen Papieren fragen. Er hat welche. Es ist ihm egal, wem er sie zeigt.

Er geht weiter.

Die Welt ist kalt. Joyce hat sich von ihr abgewandt und ist endlich aus dem Albtraum erwacht.

Alles ist anders, seit Shem gegangen ist. Warum soll man nach Joyce überhaupt noch schreiben? Was gibt es nach Joyce überhaupt noch zu sagen?

In seinem Kopf führt er ständig Buch; hält die Augen auf. Bekannte, Nachbarn, vertraute Gesichter – wenn er sie auf der Straße, in der *boulangerie*-Schlange oder einem Café sieht, hakt er sie im Geiste auf seiner Liste ab. Es gibt so viele, zu viele Menschen, die er nicht aus den Augen verlieren darf: die Ladenmädchen, den jungen *curé*, die alten Männer, die auf dem Platz Boules spielen, die junge Mutter mit dem gebrauchten Kinderwagen, der man anmerkt, wie getrieben sie ist, weil die Bedürfnisse ihres Babys so viel drängender sind als ihre eigenen. Und auch die beiden Frauen im *pressing* oder den Bürobeamten. Im Moment ist dies immerhin etwas, das er tun kann. Er kann Dinge registrieren. Vermerken. Das kann er tun, und dann ist da natürlich auch noch die Zigarette für den abgerissenen, weltläufigen alten Mann, den *sale métèque*, der ihn einmal an der Place Falguière nach der Uhrzeit gefragt hat. Obwohl inzwischen auch Zigaretten rationiert sind, verwahrt er sie für ihn, falls er ihn einmal wiedersieht.

Bei Freunden und Leuten, die er wirklich kennt, ist es einfacher. Sie kann er anrufen. Kann bei ihnen vorbeischauen oder sie in ihren Lieblingscafés treffen. Nein, nein, er kann nicht bleiben, nein, er möchte nichts. Er kam nur zufällig vorbei und dachte, er schaut mal eben rein, um guten Tag zu sagen. Guten Tag also. Nein, wirklich, er kann nicht bleiben. Na gut, na gut, aber nur ein kleines.

Alfy ist aus dem Kriegsdienst entlassen worden. Er unterrichtet wieder am Lycée. Dieselbe muntere, robuste Präsenz wie früher, doch seine Wangen sind seit der Niederlage hohl, und seine Augen flackern. Trotzdem immer bereit für ein Gläschen, einen Plausch und manchmal sogar eine Partie Tennis; aber auch immer der diskrete Blick auf die Uhr. Ja, sie müssen sich endlich mal wieder zusammensetzen und diese Übersetzung weiter voranbringen; wie ist er denn allein damit zurechtgekommen? Er selbst? Oh, viel zu tun, viel zu tun. Wirklich schrecklich viel zu tun, das geht ihm auf die Nerven, nie hat er mal Ruhe. Muss auch schon wieder weiter. Muss los, jemanden treffen. Ziemlich weit bis dahin, wahrscheinlich genau in die andere Richtung als er, na ja, jedenfalls muss er sich jetzt verabschieden.

Es ist ja nicht unbedingt so, dass Alfy lügt, aber da ist schon viel Bluff, viel Gesäusel im Spiel, Dinge, die verschwiegen werden.

Und weil es Alfy offenbar lieber ist, sich ihm nicht anzuvertrauen, hat er auch nicht das Gefühl, mehr sagen zu können als ein plattitüdenhaftes *Mach's gut*. Sie trennen sich an der Ecke; er schaut Alfy nach, bis sein Freund die nächste Kreuzung erreicht, dann erst wendet er sich ab. Nicht ein einziges Mal hat sich der andere nach ihm umgedreht.

So, das war also Alfy, für diesen Moment war er da, und so setzt er auf seiner Liste ein Häkchen hinter den Freund.

Er geht weiter, den ganzen Weg bis zu Mary Reynolds' Haus in der Rue Hallé. Nach der hellen Straße ist es ruhig, dämmrig und kühl im Haus, und sie zieht ihn herein, als würde sie mit ihm tanzen. Er folgt ihrem schmalen Nacken und ihrem gestutzten hellgelben Haar ins Zwielicht. Sie schenkt ihm einen *fine* ein, bittet ihn, sich zu setzen, legt eine Schellackplatte auf, und er schmilzt auf dem angebotenen Stuhl dahin. Eine Zeitlang tun sie nichts anderes als lauschen und trinken. Aber er muss wissen, wie es ihr geht. »Wie kommst du zurecht?«, fragt er.

Sie lacht, schüttelt den Kopf. Sie hatte geglaubt, dass sie, zurück in Paris, unglaublich viel arbeiten würde, dass sie sich einfach zu Hause verkriechen und ihre Bücher machen würde, weil sie sonst ohnehin nichts zu tun hätte. Doch die Wahrheit ist, dass sie nichts zustande bringt, sie kann sich nicht aufraffen. Es scheint nicht mehr wichtig zu sein: Ihrer Arbeit fehlt der Kontext, sie ist sinnlos, sie spielt einfach keine Rolle.

»Muss sie das denn?«

»Ich bin es schon gewohnt, dass sie eine Rolle spielt.« Sie zuckt mit den Schultern. »Und außerdem ist alles so mühselig geworden! Für die einfachsten, lebensnotwendigen Dinge braucht man so viel Zeit und Energie. Überleben ist ein Beruf geworden, Leben eine Kunst. Jeden Tag muss man es wieder völlig neu gestalten.«

Sie greift nach ihrem Glas; in ihren langen Ohrringen bricht sich das Licht. Wenigstens ist sie gut darin, Leben ständig neu zu gestalten. Sie tut es mit Überzeugung.

»Neuigkeiten von Marcel?«

Ihr Gesicht verzieht sich, halb Lächeln, halb Stirnrunzeln. »Er hat aufgehört«, sagt sie.

»Aufgehört?«

»Aufgehört zu arbeiten.«

»Nein.«

Doch, bestätigt sie mit einem Nicken. »Nicht weil er nicht arbeiten *kann* – er hat einfach nur beschlossen, es nicht mehr zu tun.«

»Und dabei bleibt er?«

»Genau. Er spielt nur noch Schach.« Viel zu oft hat sie es sich anhören müssen, sie kennt es in- und auswendig, es langweilt sie. »Kunst ist doch inzwischen nur noch Ware. Ein Bild oder eine Skulptur kannst du kaufen oder verkaufen, aber eine Partie Schach kannst du nicht besitzen.«

In seiner Reinheit hat der Gedanke etwas.

»Ja, natürlich hat er recht, ich weiß«, sagt sie. »Aber wohin führt das am Ende?«

Durch ein kompliziertes Netz von Möglichkeiten zu einem Endspiel, das sich immerzu wandelt und zugleich vorhersehbar ist, zu Stille und Schweigen. »Das ist schon schön.«

»Es ist eine Schande und nichts anderes. Eine Zeitlang war er in Marseille und in Sanary-sur-Mer. Er plant immer noch, nach New York zu gehen.« Sie zuckt mit den Schultern. »Ich bleibe hier.«

Als sie noch etwas hinzufügen will, erreicht die Grammophonnadel das knisternde Ende der Schellackplatte, und sie geht hin, um den Tonarm zurückzuschieben und die Platte herunterzunehmen. Sie ahnt nicht, wie sehr er diese Musik genossen hat, noch mehr als den Weinbrand.

Über die Schulter hinweg sagt sie: »Würdest *du* dein Haus verlassen, bloß weil du ungebetene Gäste hast, die es einfach nicht kapieren wollen? Ich bleibe. Sollen die doch gehen.«

»Da hast du natürlich recht. Das gehört sich wirklich nicht.«

Ein feines Lächeln. »Keine Manieren.«

Als er geht, küsst sie ihn auf beide Wangen. Er atmet den Duft ihres Puders ein, spürt die Kühle ihres Haars. Er sollte froh sein, dass sie immer noch dieselbe ist, wo sich doch um sie herum so vieles verändert. Nur begreift er nicht ganz, warum sie ihn so verunsichert hat. Ihre Worte kleben an ihm wie Tinte, die an den Falten entlang die Haut verschmiert.

»Pass gut auf dich auf«, sagt sie.

»Du auch«, sagt er. »*God bless.*«

Als er wieder auf die Straße tritt, hat er das Gefühl, aus einer Nachmittagsvorstellung zu kommen. Vom Licht geblendet, geht er mit weinbrandschwerem Kopf langsam wieder los und denkt, bis er zu Hause ist, über das Gespräch nach, über Marys Gesten und ihren Trotz.

Aber wohin führt das am Ende?

Ich bleibe. Sollen die doch gehen.

Später liegt er wach, mit dem Rücken zur leise atmenden Suzanne, das Laken um seine Zehen geschlungen, die Schulter eingesunken in die Matratze, das Ohr ans Kissen gedrückt. Von ungesagten Dingen und abwesenden Menschen verfolgt, kann er nicht schlafen. Er kann nicht über alle Buch führen; er kann nicht alles ausgleichen.

7

Paris

Sommer 1941
Für August ist es sonderbar kalt. Der Himmel ist grau, die Stadt ist grau. Auf den Café-Terrassen am Odéon sieht man graugrüne Uniformen. Deutsche Offiziere spazieren mit kleinen Luxusartikeln aus den Geschäften; zu dritt nehmen sie die ganze Breite der Bürgersteige ein. Paris ist ein Luxus, den sie sich gönnen, und sie genießen ihn. Sie füllen die Stadt mit ihrem Grau.

Er bewegt sich darin, als wäre das alles nicht real. Die Besatzer sind stumme, auf die Stadt projizierte Bilder. Ohne jede Berührung gleiten sie an ihm vorbei. Er hat eigene Bilder von Deutschland im Kopf: kühle Kirchturmspitzen, Nebel, die Stille früher Morgenstunden, miefende Bierhallen, kräftige, farbbespritzte Hände, ein schlitzohriges Lächeln.

Erinner dich *daran*. An das Deutschland, das du liebst.

Er zieht seine Zigarettenschachtel aus der Tasche, berührt die Spitze der letzten Zigarette darin. An diesem Morgen hat die Polizei in einem der jüdischen Viertel eine Massenverhaftung durchgeführt und für den neuen Französischen Staat Geiseln genommen. Im Kopf geht er wieder seine Liste durch nach Freunden, die betroffen sein könnten. Wenigstens bei den Léons muss er unbedingt vorbeischauen. Er steckt die Schachtel wieder ein und macht kehrt, nimmt die Rue de Vaugirard in entgegengesetzter

Richtung. Alles wirkt ziemlich normal, ein Werktag wie jeder andere, doch Normalität in diesen Zeiten ist eine dünne Haut, die jederzeit reißen kann.

Getrieben von der Sorge um seine Freunde, geht er schnell, da eilt in noch schnellerem Tempo eine junge Frau an ihm vorbei. Sie rennt fast. Ihr Körper kann das Kleid nicht ganz ausfüllen, und sie trägt keine Strümpfe, doch ihr Gang hat so viel Schwung, als wäre sie froh darüber zu leben. Bezaubernd, wenn auch vielleicht etwas verblendet.

Mit einem Mal geht sie langsamer, scheint zu zögern. Er späht an ihr vorbei, um zu sehen, was sie gesehen hat.

An der Ecke steht ein graugrüner Koloss, nicht nur einer, eine ganze Gruppe von Soldaten. Für den Augenblick sind sie mit einem Jungen beschäftigt, der ihnen wohl nicht genügend Respekt erwiesen hat: Er wird herumgeschubst und angebrüllt; ein bisschen Deutsch, ein bisschen hässliches Französisch. Seine Mütze landet im Rinnstein. Er stürzt hin, bückt sich, um sie aufzuheben, und schießt wie der Blitz durch eine Seitenstraße davon; er ist fort. In der Soldatengruppe schlägt eine Faust gegen einen Arm, Köpfe fliegen herum, Unterkiefer schieben sich vor, Blicke richten sich auf die näher kommende junge Frau.

Ein Arm streckt sich nach ihr aus. »Mademoiselle, Ihre Papiere, wenn ich bitten darf.« Sie kann sich nicht weigern, sich nicht einfach abwenden. Dazu hat sie kein Recht.

Auch er hat es eilig, doch die Angst ist eine Zeitbremse. Er spürt das dumpfe Pochen seines eigenen Bluts, während zitternde Finger die Papiere übergeben und feiste Hände sie entgegennehmen. Man spricht in schleppendem Französisch mit ihr, leisere Zwischenbemerkungen auf Deutsch. Beim Näherkommen sieht er, wie ihr Blick von einem Gesicht zum anderen springt.

Jetzt ist er auf ihrer Höhe, und ihre Augen folgen ihm, wie man einem davonfliegenden Luftballon hinterherschaut.

Seine Hände verkrampfen sich, werden zu Fäusten, seine dünnen Stiefel knallen auf den Bürgersteig, und dann ist er vorbei, und er hat nichts getan und geht immer weiter und hört, wie sich ihre Stimme vor Ärger überschlägt: Ihre Papiere sind in Ordnung, sie muss nach Hause, ihre Mutter wartet auf sie und wird sich Sorgen machen, wegen der Verhaftungen, verstehen Sie. Und dann wieder die Männerstimmen, die mit schwerem Akzent vorschlagen, sich später zu treffen, um die Sache zu klären, vielleicht bei einem Glas Wein. Das leisere Gemurmel auf Deutsch ist ein noch direkterer Vorschlag.

Und er geht einfach weiter. Wider jeden Instinkt. Denn welchen Zweck hätte es, sich einzumischen? *Und von welchem Nutzen wärst du dort deiner Meinung nach?*

Nicht von geringstem Nutzen, Mutter. Von keinerlei Nutzen für niemanden.

Mit schmerzhaft zusammengebissenen Zähnen biegt er um die Ecke und prallt mit einem Mann zusammen.

Man fängt sich, sortiert sich.

»Äh, Entschuldigung, ich …«

»Oh, guten Tag …«

Es ist Paul Léon höchstpersönlich, das leichte Sommerjackett zugeknöpft über dem makellosen Hemd, dazu eine blaue Seidenkrawatte. Er sieht aus, als käme er geradewegs aus der Zeit vor dem Krieg.

»Paul.« Sie schütteln sich die Hände. »Gott sei Dank. Ich war gerade auf dem Weg zu euch.« Er fasst den Freund am Ellbogen und schiebt ihn vorsichtig von dem deutschen Kontrollposten weg.

Erst als sie gemeinsam die Straße überquert haben, gehen sie weiter in die Richtung, die Paul eingeschlagen hatte, nun aber auf der anderen Straßenseite. Durch die gepflasterte Fahrbahn getrennt, gehen sie an der Soldatengruppe und der jungen Frau vorbei. Sie hat begonnen, sich zur Wehr zu setzen; ihre Stimme ist schrill und widerspenstig, und langsam haben die Soldaten die Nase voll von ihr. Jetzt, da sie herumkeift wie eine wütende kleine Schwester, ist sie nicht mehr interessant. Er sieht, wie man ihr die Papiere zurückgibt, wie die Frau sie einsteckt und davonstolziert.

»Ich habe mir Sorgen gemacht, als ich von den Festnahmen gehört habe«, sagt er.

Paul presst die Lippen zusammen. »Wir haben vor wegzugehen.«

»Es tut mir leid.«

»Ist ja nicht deine Schuld, mein Freund. Wir gehen, sobald der Junge sein Abitur in der Tasche hat.«

»Wann wird das sein?«

»Morgen.«

Er nickt. Gut.

»Wobei ich sagen muss, dass wir alles andere als erfreut darüber sind. Vor allem Lucie hasst diese *déménagements*. Es gibt immer so viel zu organisieren, und das Ganze wirft die Kinder aus der Bahn und uns auch, was die Arbeit betrifft.«

»Ich weiß«, sagt er, obwohl er weiß, dass er eigentlich nichts weiß. Arbeit ist eine Sache, aber Kinder sind etwas völlig anderes. Wie kann man überhaupt in die Zukunft blicken und die Aussichten für so gut befinden, dass man kleine Menschen in diese Welt setzt, die sich abstrampeln, ihnen Prüfungen aufbürdet und glaubt, es sei wichtig. Die Kraft des Instinkts ist groß, denkt er. Nachkommen zeugen, Manneskraft und solche Sachen, das arbeitet alles gegen den Verstand. Vielleicht ja auch Liebe.

»Ich rechne immer noch ständig damit, ihm über den Weg zu laufen«, sagt Paul.

Das Umschalten dauert nicht lange: »Wirklich?«

Er versucht sich Joyce vorzustellen, ein blinder Mann mit Stock, der sich im besetzten Paris durch die Straßen tastet. Voller Empörung über die Unannehmlichkeiten, die ihm das alles bereitet.

»Ich wusste, dass es ihm nicht gut ging, aber dass er sterben könnte, auf den Gedanken bin ich überhaupt nicht gekommen.«

»Achtundfünfzig«, sagt er. »Das ist nicht alt.«

»Ich dachte, wir würden vielleicht noch ein Buch von ihm bekommen«, sagt Paul.

»Tatsächlich?« Er kann sich nicht vorstellen, was dies für ein Buch gewesen wäre.

Sie erreichen die Kreuzung an der Rue Littré. Paul scheint hier abbiegen zu müssen, denn er geht langsamer und streckt ihm die Hand entgegen.

»Also«, sagt Paul. »Es hat gutgetan, dich zu sehen, mein Freund.«

»Seid vorsichtig«, antwortet er. »Bitte.«

Ihre Hände umklammern sich. Paul lächelt, wendet sich ab und geht. In der trüben Straße wird seine gebeugte, fahle Gestalt kleiner und kleiner unter dem grauen Augusthimmel.

Mit der Faszination des Ekels fixiert er die Frau und ihre Lippen, die sich bewegen. Der gleiche Ekel wie vor einem glitschigen, rosa-grünen Häufchen Mäuseinnereien vor der Haustür, einem schleimigen Haarpfropfen im Abfluss, einer vergessenen Birne, in deren matschiges Fleisch sich Fingernägel graben. Lippen, die solche Worte formen: diese *sales métèques.* Mit ihren Krankheiten, ihrem Dreck und ihren Läusen und ihrem Dreck und ihren Krankheiten und Tricks und wie sie darauf beharren, hier zu sein, wo sie unerwünscht sind, wie sie darauf beharren, überhaupt irgendwo zu sein.

Er wendet sich ab und betrachtet die in Schichten neben- und übereinandergeklebten Plakate, an denen der Wind reißt. Die geschwungenen Linien eines Tänzerinnenbeins, das Gelb und Blau eines südlichen Strands, und darüber ein jüngeres, neueres Bild: Kinder, die sich um einen strammen, uniformierten Mann scharen: *Populations abandonnées*, steht darunter, *faites confiance au soldat allemand!*

Die Schlange schiebt sich weiter voran. Er schlägt seinen Kragen gegen die Kälte hoch, zieht die Hutkrempe herunter und schlurft mit. Seine Stiefel sind reparaturbedürftig, die nassen Füße schmatzen bei jedem Schritt.

Seht uns an, was sind wir nur für Trottel, stundenlang im Regen anzustehen, und das im August, es ist kaum zu glauben! Was für ein scheußlicher Sommer. Sogar das Brot ist nicht mehr das, was es war.

Das Mehl wird mit Sägespänen gestreckt, sagt der Freund der Frau.

Mit Kalk.

Schlechtes Jahr fürs Getreide.

Aber die in den Lagern, die kriegen alles in den Schoß gelegt! In Drancy und Royallieu. Die wissen gar nicht, was für ein Glück sie haben: drei Mahlzeiten pro Tag und so viel Brot, wie sie wollen, sorgenfrei, nicht so wie wir. Die wissen gar nicht, wie gut es ihnen geht.

Schlechtes Jahr fürs Getreide, ja, weil alles Getreide nach Deutschland gebracht wird. Auch ein schlechtes Jahr für Kartoffeln. Und für Wein. Und für Kohle. Natürlich hat er die Wahl: Er muss ja nicht bleiben und sich das anhören. Er könnte einfach aus der Schlange treten. Einfach weggehen. Und im Vorbeigehen mal eben versuchen, das Plakat von der Wand zu reißen. Er könnte einfach weitergehen, so wie früher, meilenweit über gewundene Wege in die Berge hinein, die weite Stille, die nur gelegentlich von fernen Vogelstimmen, dem Bellen eines Hofhundes oder einem Auto durchbrochen wurde, in ihren Ohren der Wind und unter ihren Füßen der Makadam, dann der Schotter, dann die festgetretene Erde schmaler Trampelpfade. Ausbrechen, immer weiter hoch bis dorthin, wo damals alles unberührt war, sauber und klar.

Aber jetzt ist der Krieg überall, und er kann nicht weggehen.

Und im Übrigen – auch dies gilt es zu bedenken – wird ihm Suzanne die Leviten lesen, wenn er ohne Brot nach Hause kommt. Also wendet er sich ab, lehnt sich mit dem Rücken an die Hauswand und raucht eine Zigarette. *Du wirst erfahren, wie salzig fremdes Brot schmeckt und wie harte Wege Aufstieg und Abstieg sind auf fremden Treppen.*

Dante spendet Trost.

»Aber … Nein!«

Suzannes Lippen sind zusammengepresst, ihr Gesicht starr vor Schmerz. Sie nickt. Es ist wahr.

»Aber wie ist das passiert? Wann?«

»Heute Morgen gab es weitere Verhaftungen. Er hat offenbar gedacht, es sei ungefährlich, das Haus zu verlassen, weil alles vorbei zu sein schien. Viele haben das wohl gedacht.«

»Mein Gott.« Er setzt sich. »Wo haben sie ihn hingebracht?«

Suzanne schüttelt den Kopf. »Vielleicht nach Drancy?«

Das kann also von der Welt übrig bleiben, wenn sie zusammenbricht: der Innenraum eines Kleinlasters, der über die Pflastersteine von Paris rumpelt. Das überfüllte Gelände eines Lagers, abgesperrte Türen, ein Himmel, vor dem sich Stacheldraht windet. Und dazu die widerliche Ignoranz von Mitbürgern, die einen sogar noch darum beneiden.

»Wie geht es Lucie?«

Wieder ein Kopfschütteln.

Sein Kiefer ist so angespannt, dass die Zähne wehtun. Er spürt noch den Druck von Pauls Hand, seine Höflichkeit, seine erschöpfte Klugheit. Das Bild seiner gebeugten Gestalt, die sich langsam entfernt. Das können sie nicht machen. Wie können sie das tun? Es ist einfach lächerlich, Paul Léon einzusperren. Es ist ein Skandal. Er ist aufgestanden, knöpft den Mantel, den er noch nicht ausgezogen hat, wieder zu und geht zur Tür.

»Wo willst du hin?« Suzanne sieht ihn an, die Augen groß und nass.

»Ich schaue nach Lucie.«

»Was kannst du tun?«

»Das werde ich herausfinden.«

Lucie hat geweint. Ihre Augen sind verschwollen, aber sie hat sich das Gesicht gewaschen und gepudert, und als sie spricht, klingt ihre Stimme vorsichtig und besonnen. Sie hält sich aufrecht.

An der Tür ringt sie sich ein Lächeln ab, führt ihn in die

Wohnung und bietet ihm einen Stuhl an, das Einzige, was sie anzubieten hat. Die Kinder sind nicht zu Hause. Bei allem, was ihnen sonst verwehrt wird – in die Schule müssen sie weiterhin gehen.

»Es tut mir so leid, Lucie.«

Vor vielen Jahren in dem sonnigen Raum von Shakespeare and Company: Lucie mit dickem Bauch in einem blauen Mantel an Pauls Arm, lachend im Gespräch mit Sylvia, er erinnert sich an dieses Bild, diese außergewöhnliche, fast leuchtende Erscheinung neben ihrem schlaksigen Ehemann. Sie sei Journalistin, hatte die geschwätzige Sylvia ihm zugesteckt, als das Paar wieder gegangen war. Mitarbeiterin der Pariser Redaktion der *Herald Tribune*. Und der Gatte habe auch schon ein paar Bücher veröffentlicht. Wie erloschen sitzt diese Frau nun vor ihm, zerknittert, ihr Mund ein verzerrter Strich. Plötzlich fällt ihr Gesicht in sich zusammen, und sie vergräbt es in den Händen. Er will sie trösten, doch dann lässt er abrupt den Arm sinken, schiebt die Hände zwischen seine Knie und blickt auf das helle Rechteck an der Wand, wo früher ein Bild hing.

»Weißt du, wohin sie ihn gebracht haben?«, fragt er.

Sie wischt über ihre Wangen, atmet aus, sammelt sich.

»Drancy. Er ist nach Drancy gebracht worden.«

Drancy, vor den Toren von Paris. Ein hässliches, kleines, unfertiges Wohnungsbauprojekt, um das sie Stacheldraht gelegt haben.

»Hast du ihn gesehen?«

»Ich bin hingefahren, aber ich durfte ihn nicht sehen.« Sie beißt sich auf die Lippen; ihre Augen glänzen feucht. »Aber ich habe gehört, dass er gefoltert worden ist.«

»Mein Gott.«

Sie schließt die Augen, Tränen fließen. Sie schüttelt den Kopf. »Er hat nichts getan, es gibt nichts, was er gestehen könnte. Wenn er denen etwas geben könnte, wenn er doch nur irgendetwas hätte, vielleicht …«

»Oh, Lucie.«

Sie holt Luft, wischt wieder Tränen weg, reißt sich zusammen. »Er ist wohl ziemlich schwach.«

»Aber du hast ihn nicht gesehen?«

»Nein. Es gibt da eine Frau. Die hat es mir gesagt.«

»Eine Frau?«

»Sie lebt dort, in der Nähe des Lagers. Das Ganze ist nicht viel mehr als ein Rohbau, es gibt kein richtiges Essen, alle sind krank. Aber sie sagt, wenn ich ein Lebensmittelpaket zusammenkriege, kann sie es ihm zukommen lassen.«

Sie schiebt eine Locke zurück, die sich gelöst hat. Ihr Lächeln ist brüchig und währt nicht lange.

»Immerhin«, sagt sie.

Er lehnt sich zurück. Atmet lange aus. Nun gibt es endlich etwas, das er tun kann.

Die Concierge starrt ihn an, er schon wieder. Sie ist gedrungen und dunkel und hat an der Nasenseite eine Warze von der Größe eines Kragenknopfs, an der ungewollt sein Blick hängen bleibt. Wahrscheinlich passiert ihr das ständig, denn sie scheint keinen Anstoß daran zu nehmen. Sie verfolgt sein Kommen mit einem Blinzeln und einer kurzen Kinnbewegung, die er als Zustimmung deutet. Er hat beschlossen, davon auszugehen, dass sie Anstand besitzt. Mehr kann man von den Leuten ohnehin nicht erwarten: Anstand. Alles hängt davon ab.

Auf sein Klopfen folgt ängstliche Stille. Doch dann klappern Schuhe auf dem Parkett, die Tür öffnet sich zentimeterweise, dahinter Lucies bleiches Gesicht, in dem sich die Angst in Verblüffung auflöst. Sie öffnet die Tür ganz und bittet ihn herein.

»Ich komme nur kurz vorbei.« Er hält eine schmutzige Einkaufstasche aus Segeltuch hoch. »Wollte dir das hier bringen.«

Durch den Stoff sind die Umrisse von Konservendosen und Verpackungen zu erkennen. Oben ragt ein gräulich beiges Baguette heraus. Lucie starrt auf die Tasche, auf das Brot, auf ihn. Regungslos steht sie da.

»Nur eine Sache – ganz schnell: Suzanne braucht die Tasche zurück.«

Er zieht das Baguette heraus, eine Zigarettenschachtel, dann eine Dose Sardellen, eine mit Corned Beef und ein in Wachspapier gewickeltes Stück Käse. Das alles gibt er ihr, und sie nimmt es reflexhaft entgegen, um ihm zu helfen, nicht weil sie es wirklich versteht.

Den leeren Beutel faltet er zusammen und steckt ihn in seine Hosentasche. »Tut mir leid, dass es nicht mehr ist.«

Es sind so viele Lebensmittel, dass sie nicht alles halten kann – unter ihrem Arm wird das Baguette zerquetscht, und eine Dose beginnt schon zu rutschen. Sie will ihm die Sachen zurückgeben, doch er winkt ab.

»Das ist für euch«, sagt er.

»Nein …«

»Für Paul, für das Paket.«

Sie schüttelt den Kopf, hört gar nicht mehr auf mit dem Schütteln. »Aber nicht doch, nein, ihr braucht es doch selbst.«

»Bring es Paul.« Unbeholfen tätschelt er ihren Arm. »Bis bald, Lucie.«

Er geht durch den braunen Flur die hölzerne Wendeltreppe hinunter und dann wieder an der Frau mit der Warze an der Nase vorbei, die ihm, weil sie anständig ist, kurz zunickt. Er erwidert ihr Nicken und öffnet die Tür zur Straße, zum grauen Himmel von Paris, wo ihm sofort das Knirschen von Militärstiefeln und das Rascheln grüngrauer Uniformjacken entgegenschlagen. Er erstarrt. Die Soldaten rauschen vorbei wie ein kalter Luftzug. Erst als sie fort sind, tritt er über die Schwelle, zieht vorsichtig das Tor hinter sich zu und wendet sich in die entgegengesetzte Richtung einfach nur, weil es die entgegengesetzte ist.

Erst als er die nächste Ecke erreicht, dreht er sich noch einmal um. Die Straße ist so leer, als wären alle Passanten in den Ritzen und Spalten der Pflastersteine verschwunden.

Ihm wird schwindelig, die Straße schwankt. Als er haltsuchend eine Hand ausstreckt, ist es die zittrige, geäderte, griesgrämige Hand seiner Mutter. Er will ein Stück Schinken, er will Rillettes und Cornichons, ein gekochtes Ei, eine dampfende Schüssel Muscheln. Brot und Butter.

Er lehnt sich an die Wand. Er schwitzt. Ihm ist kalt.

Eine Zigarette.

Eine Zigarette wird genügen müssen.

Er wühlt die Schachtel hervor und blickt auf seine letzte Zigarette. An der Spitze kringeln sich trockene Tabakfäden, das Papier ist weich und zerrissen. Lange ruht sein Blick darauf. Er tippt dagegen. Dann steckt er die Schachtel wieder in die Tasche. Er stößt sich von der Wand ab und macht sich auf den langen Heimweg.

»Es gibt eine Sache, die man nirgendwo mehr sieht«, sagt sie.

Er dreht den Kopf auf dem Kissen zur Seite und schaut sie mit hochgezogenen Augenbrauen an.

»Verdorbenes Obst.«

Er betrachtet ihr Profil, die weiche Oberfläche ihrer Haut. Trotz der Fältchen um ihre Augen hat sie sogar jetzt noch etwas von einem jungen Mädchen, mit ihren kreuz und quer liegenden Haaren, ihrem verschwommen auf die Decke gerichteten Blick und ihren hungrig kreisenden Gedanken.

Er feuchtet seine rissigen Lippen an. »Stimmt.«

»Oder Gemüse.«

Er nickt.

»Was man ja an Markttagen eigentlich ständig sehen müsste. Angekitschte Äpfel, die von einem Karren gerollt sind. Oder aufgeplatzte Orangen auf dem Kopfsteinpflaster, mit Wespen drauf: Früher haben Kinder damit Fußball gespielt. Und manchmal hat sie auch ein alter Clochard aufgehoben und sich die Taschen damit vollgestopft. Mit schmutzigem, angeschlagenem Obst.«

»Ja, ich erinnere mich.«

»Aber das sieht man jetzt nicht mehr.«

»Nein.«

»Clochards übrigens auch nicht.«

»Nein.«

»Die sind auch alle weg.« Sie lässt den Gedanken nachwirken. »Die Zeiten, als man auf der Straße noch eine Orange aufheben konnte … kannst du dir das vorstellen? Mein Gott, wie gern würde ich eine Orange essen. Selbst wenn ich mich dafür gegen die Wespen zur Wehr setzen müsste.«

»Oder gegen die Clochards.«

Das Lächeln entblößt ihre Zähne. Ihr Zahnfleisch ist blass.

»Aber eine schlechte Orange schmeckt wirklich schlecht«, sagt er. »Ich würde einen schlechten Apfel jederzeit einer schlechten Orange vorziehen.«

»Kommt drauf an, wie schlecht.«

Beide schweigen, während sie über die unterschiedlichen Vorzüge von verdorbenem Obst nachdenken. Nach einer Weile sagt sie: »Die Tauben werden nicht mehr gefüttert.«

»Könnte man eigentlich tun, aber nur um dann vielleicht eine zu fangen.«

Sekunden vergehen, dann sagt sie: »Taubenpastete. Ich könnte Taubenpastete essen, du nicht? Mit Kartoffeln und Möhren drin.« Sie starrt immer noch zur Decke, mit zusammengepressten Lippen und zerknautschtem Kinn.

»Kartoffeln sind noch nicht rationiert«, sagt er.

»Aber man kriegt trotzdem keine.«

»Oder Möhren oder Radieschen oder Steckrüben, die sind auch nicht rationiert.«

»Ich weiß.«

Schweigen.

»Es wird schon gehen …«, sagt er.

Sie verdreht nicht die Augen, aber ein Schnaufen, das fast wie ein Seufzen klingt, kann sie sich nicht verkneifen, und dann dreht sie den Kopf auf dem Kissen zu ihm hin und schaut ihn lange an.

»Mir macht das sowieso nicht so viel aus«, sagt er. Wieder leckt er über seine Lippen. An einer Stelle ist die Haut aufgesprungen, und er schmeckt Blut. Auch seine Stimme ist trocken und klingt staubig, als er weiterspricht. »Ich erwarte nicht von dir …«, fängt er an, »nur weil ich …«

Jetzt verdreht sie doch die Augen. Stützt sich auf die Ellbogen, um ihn besser anfunkeln zu können.

»So läuft das aber nicht«, sagt sie. »Ist doch klar, und das weißt du auch. Ich stopfe mich doch nicht mit Brot voll, während du außer Steckrüben nichts zu essen hast.«

Nach einer Weile sagt er: »Lucie war verzweifelt.«

Seufzend sinkt sie aufs Kissen zurück. »Ich weiß.« Und dann: »Ich denke ständig an Omelett. Was würde ich nicht alles für ein Pilzomelett geben. So eins, bei dem die Pilze scharf angebraten sind und der tintenschwarze Saft rausläuft, und die Eier sind außen knusprig, aber innen noch weich, fast flüssig. Pilze kriegt man mit ein bisschen Glück sogar, aber wo sollen die Eier herkommen?«

»Oder ein Gorgonzolabrot«, sagt er.

Sie nickt so heftig, als hätte er eine tiefe Erkenntnis formuliert. Und dann sagt sie: »Jetzt stecken wir richtig im Schlamassel.«

»Aber was hätte ich denn tun sollen?«

Ihre Lippen öffnen sich, sie will etwas sagen, denn es gibt durchaus schlüssige Antworten auf diese Frage. Doch dann beginnt er zu husten. Er hört nicht mehr auf. Mühsam richtet er sich auf, schiebt die Beine über die Bettkante und krümmt sich keuchend, die Wirbelknochen in einer gebogenen Linie aufgereiht, der Bauch hohl. Über seinen Rippen dehnt sich die Narbe, dunkelviolett abgehoben von seiner weißen Haut. Suzanne findet ein Taschentuch, rutscht zu ihm, legt ihm die Hand auf den Rücken. Er presst sich das Taschentuch an die Lippen. Langsam lässt der Anfall nach, und er bekommt, wenn auch noch etwas zittrig, wieder Luft. Er wischt sich über die Augen.

»Tut mir leid.«

»Ist schon gut.«

»Ich brauche einfach eine Zigarette.«

Sie reibt ihm über den Rücken. »Ich weiß.« Sie haben keine Zigaretten. »Ich mache eine Tasse Tee.«

»Haben wir Tee?«

»Ich glaube, wir haben noch einen kleinen Rest.«

»Danke.«

»Bleib liegen.«

Vorsichtig sinkt er aufs Bett zurück, während sie aufsteht. Sie tappt in die kleine Küche, nimmt eine Dose aus dem Schrank, setzt Wasser auf. Rau atmend liegt er da und starrt zur Decke.

Wie einen der Hunger an den eigenen Körper fesselt. Es ist ein Kampf, über die Unpässlichkeiten des Körpers hinauszudenken, ein Kampf, mehr zu tun, als nur zu versuchen, seinen Forderungen nachzukommen. Was vermutlich so gewollt ist. Der Hunger ist eine raffinierte Waffe, durch die man sich selbst ausgeliefert ist.

»Es wird wieder besser werden«, sagt Suzanne. Sie reicht ihm eine Tasse mit einer blassen Flüssigkeit ohne das kleinste Tröpfchen Milch. Er rutscht auf seinem Kissen hoch, um sie zu nehmen.

»Irischer Kleeblatt-Tee«, sagt sie.

»Was?«

»Da schwimmen genau drei Blätter drin.«

Sie lächelt.

»Was du für die Léons tust …«, sagt sie. »Ich bin stolz auf dich.«

Er blickt auf und schaut sie an. Mit ernster Miene streichelt sie ihm über die Schulter, ihre Hand kalt auf seiner Gänsehaut.

»Aber denk daran, dass *du* auch wichtig bist.«

An den Platanen und Ahornbäumen beginnt sich das Laub zu verfärben, und hier und da schwebt schon ein Blatt zu Boden, denn niemand hat den Bäumen gesagt, dass die Welt untergegangen ist. Die Stimmen der Schulkinder spinnen Gesprächsfäden, als sie in der tiefstehenden Septembersonne mit schaukelnden Schulranzen schmutzig und tintenbefleckt auf ihren Trampelpfaden heimwärts wandern, denn das, woran Kinder gewöhnt sind, ist für sie nun einmal Normalität. Dieser Montag mit seiner goldenen Sonne und seiner frischen Luft weckt Gedanken an Anfänge, neues Leder, Bleistiftspäne, Tinte auf einer frischen Seite, und das ist grausam, denn wenn es irgendwie gelänge, nichts zu merken, wenn man über die Plakate hinwegschauen und sich einreden könnte, dass sie nur für Nachtclubs, Radioapparate oder Seife werben, wenn man die Brille abnähme, um die zugenagelten Ladenfronten mit den hässlichen Schmierereien nur noch verschwommen wahrzunehmen, wenn man durch die leeren Straßen gehen könnte, wo eigentlich Menschen sein sollten, ohne dabei zu frösteln, dann könnte vielleicht wirklich alles einen fast guten, hoffnungsvollen Eindruck machen. Aber das Geschwür hat sich längst ausgebreitet. Es verdirbt das Blut, es vergiftet alles.

Er klopft leise an die Tür der Pérons.

»Guten Tag, Alfy.«

»Was ist los?«

Womit anfangen? Er deutet mit dem Kinn zur Tür. »Gehen wir etwas trinken?«

Alfy wirft einen kurzen Blick hinter sich in die Wohnung, ruft seiner Frau »Bin gleich wieder da, *chérie*« zu, und man hört, wenn auch undeutlich, eine Antwort. Rasch greift Alfy nach seiner Jacke und führt ihn hinaus.

Sie gehen schnell, unterhalten sich über das neue Schuljahr und die Schüler, die Alfy unterrichtet, denn mit Französisch, Mathe und Philosophie geht es natürlich weiter, genauso wie sich das Laub weiter verfärbt und die Blätter weiter fallen und die Erde weiter um die Sonne kreist. Selbstverständlich gibt es Änderungen im Lehrplan. Bücher verschwinden aus der Bibliothek. Am Eckcafé angelangt, setzen sie sich auf die Terrasse; nach vorn gebeugt, die Köpfe dicht beieinander. Sonnenstrahlen verfangen sich in ihrem gold leuchtenden Bier.

»Weißt du über Paul Bescheid?«

Alfys Blick wandert rasch über die umliegenden Tische. Eine

alte Dame mit Hut und Pelzmantel – an so einem Tag – trinkt Crème de Menthe, zu ihren Füßen ein kleines Hündchen.

»Ja«, sagt Alfy, »ich hab's gehört.«

»Sich das vorzustellen. Dieser anständige, korrekte Mann. Allein der Gedanke.«

»Ich weiß.«

»Ich wollte in Erfahrung bringen, was ich tun kann.«

»Für Paul?«, fragt Alfy. »Vielleicht ein Gesuch … wenn es ihm schlecht geht … vielleicht über seine Frau …«

Er nimmt einen Schluck und stellt das Glas wieder ab; widersteht dem Drang, das ganze Bier in einem Zug herunterzukippen. Nicht der Alkohol ist das, wonach er giert, sondern die Kalorien. So sehr, dass seine Hand zittert.

»Eigentlich habe ich mich gefragt, was ich überhaupt tun kann. Ich dachte, du könntest mir vielleicht helfen.«

Alfy hebt das Glas, trinkt, stellt sein Bier wieder auf den Tisch. Als er weiterspricht, klingt seine Stimme gedämpfter. »Warum glaubst du, ich könnte dir da helfen?«

Ein Wassertropfen läuft an seinem beschlagenen Glas herab wie eine Laufmasche durch einen Strumpf. »Das war einfach nur so eine Vermutung … Ich hatte den Eindruck, dass du …« Er wischt seine sinnlosen Worte mit einer Handbewegung vom Tisch. »Ich komme mir einfach so nutzlos vor. Sag mir, wie ich helfen kann.«

Alfy blickt die Straße entlang, dann wieder auf sein Glas.

»Es gibt jemanden, den du kennenlernen solltest.«

Er winkt nach dem Kellner, zückt sein Portemonnaie. »Das geht auf mich.«

Vorsichtig fischt Alfy einen Fünfhundert-Francs-Schein heraus und legt ihn auf den Kassenzettel. Länger als nötig verweilen seine Finger auf dem Schein; zwei Mal tippt er kurz mit den Fingerspitzen darauf und lenkt die Aufmerksamkeit auf etwas, das in roter Druckschrift mit Tinte darauf geschrieben steht. Drei Wörter. Sie sind klar und unmissverständlich, und solange diese

Banknote im Umlauf ist, wird sie durch zahlreiche Hände gehen, Tag für Tag, Woche für Woche, monatelang. Diese Worte werden wiederholen, bekräftigen und in Erinnerung rufen, was gesagt werden muss, aber nicht gesagt werden kann. Sie lauten: VIVE LA FRANCE.

Sprachlos schaut er auf. Alfys Unschuldsmiene ist bemerkenswert, und er hat sein entwaffnendes Lächeln aufgesetzt.

»Reine Zerstörungswut, lächerlich.« Er zuckt mit den Schultern. »Aber was soll man machen? Man kann ja nicht einfach fünfhundert Francs wegschmeißen.«

8

Paris

September 1941
Eine Frau starrt ihn und Suzanne aus ihren großen Katzenaugen an. Er nickt ihr zu und überlegt fieberhaft, wie sie heißt, woher er sie kennt. Auch der untersetzte Mann mit Schnurrbart kommt ihm bekannt vor, und diese große, majestätische Frau. *Germaine*, denkt er, *Hélène*, *Legrand*. Während er durch die Eingangshalle und die Empfangsräume von Marys Haus geht, schweift sein Blick über die Menschentrauben, und ihn beschleicht das Gefühl, dass er mehr oder weniger jeden hier kennt.

Es sind alles Freunde oder Freunde von Freunden, denen er in Galerien, bei Konzerten und Zusammenkünften wie dieser im Laufe der Jahre zugenickt hat. Seit der Massenflucht hat er nicht mehr so viele Bekannte auf einem Fleck gesehen. Wären die Kleider nicht so abgetragen und die Gesichter nicht so ausgemergelt, könnte man fast glauben, dies wäre ein anderer, früherer September.

Im Salon wird gemurmelt; aus dem Grammophon kommt Musik: Beethoven, oh du wunderbarer Beethoven, eingefangen und für immer verwahrt in schwarzem, gerilltem Schellack, um sich hier von unsinnigem Geschwätz übertönen zu lassen. Zum Garten hin sind die Fensterläden geöffnet und lassen das Abendlicht herein wie auch die kühle Luft und die Nachtfalter, die an den Wänden kleben, leise durch den Raum flattern, sich in die Flammen der Kerzen stürzen.

»Warum guckst du so böse?«, fragt Suzanne.

»Ich gucke nicht böse.«

»Lass es trotzdem sein.«

Er gibt einen unwirschen Ton von sich.

Mary kommt zu ihnen, küsst erst Suzanne und dann ihn, an ihrer Wange ein Hauch von Parfüm. Er schaut zu, wie sie ihnen mit ihrer eigentümlichen Eleganz Getränke einschenkt. Sie trägt das Haar jetzt etwas länger, nicht mehr ganz so gestutzt. Der Kristalldekanter fängt Licht ein und verstreut es im Raum. Er weiß jetzt mehr oder weniger, was bei ihrem letzten Treffen unausgesprochen blieb: dass sie zum damaligen Zeitpunkt schon aktiv an dieser Sache beteiligt war.

»Leider ist es jetzt nur noch Kornbranntwein«, sagt sie und reicht ihm ein Glas. »Das Einzige, was ich ergattern konnte.«

»Nicht minder willkommen, danke.«

Man erkundigt sich gegenseitig nach der Gesundheit und dem sonstigen Wohlergehen, und er fragt nach Marcel; seine Worte sind wie Wasserläufer, die über einen Teich huschen.

»New York jetzt. Schach.« Sie lächelt tapfer, zuckt lässig mit den Schultern. Marcel hat seinen König gestürzt, er ist raus aus der Partie. Dies ist ein Spiel, das zu gewinnen ihm unmöglich erschien.

Jemand berührt seinen Arm. Stirnrunzelnd dreht er sich um, und vor ihm steht Alfy.

»Also, die Person, die ich dir vorstellen wollte …«

Er entschuldigt sich und folgt Alfy durch den Raum zu einem jungen Mädchen in einem dunklen Kleid, das ihm am Rücken eines anderen Gasts vorbei entgegenblickt. Auch sie kommt ihm irgendwie bekannt vor.

Er hält ihr die Hand hin; sie nimmt sie und stellt sich auf die Zehenspitzen, um ihn auf die Wange zu küssen.

»Der Ire. Freut mich sehr, Sie wiederzusehen.«

»Ganz meinerseits«, sagt er leicht überfordert.

Jeannine Picabia. Inzwischen wird sie – wie alt? – vierundzwanzig, fünfundzwanzig sein, aber immer noch zierlich wie ein Teenager. Er erinnert sich an eine Begegnung im Atelier ihres Vaters, vor vielen Jahren. Damals saß sie Sirup schlürfend auf der Treppe. Sie haben sich über die Bilder unterhalten. Er erinnert sich noch an sein Problem, betrunken zu sein und sich trotzdem klar und verständlich auszudrücken, ohne ihr seinen Rauch und seine Alkoholfahne ins Gesicht zu blasen. Und auch an ihren kühlen, ironischen Blick.

»Sie müssen mich hier Gloria nennen.«

»Gloria?«

»Andere Orte, andere Menschen, andere Namen.«

Den ernsten und doch leicht amüsierten Blick hat sie von ihrem Vater.

»Gloria«, sagt er. »Ich werde vergessen, dass ich je einen anderen gehört habe.«

»Ein selektives Gedächtnis kann äußerst nützlich sein. Und Moby sagt, dass Sie ein Geheimnis hüten können.«

»Moby?«

Sie nickt Alfy zu. »Dieser Moby Dick hier.«

Er sieht den Freund an, zieht eine Augenbraue hoch.

Alfy lächelt. »Mein *nom de guerre*.«

»Wegen deines bärbeißigen, rachsüchtigen Temperaments?«, fragt er.

»Wegen meines Körperumfangs, glaube ich. Oder es liegt an meinem Teint.«

Jeannine angelt ihr Zigarettenetui aus der Tasche. Er nimmt die angebotene Gauloise, bedankt sich und stellt sein Glas ab, um erst ihr Feuer zu geben und dann seine Zigarette anzuzünden. Nach dem langen Verzicht ist der erste Zug so heftig, als müsste er das Rauchen neu erlernen.

»Weil die meisten Freunde von Papa ziemliche Klugscheißer waren, wenn ich das mal so sagen darf.«

Er lacht auf.

»Ich meine, die haben geredet und geredet und geredet. Und alle waren so mit Reden beschäftigt, dass keiner dem anderen zugehört hat, so viele Worte für nichts und wieder nichts, am Ende hat keiner auch nur irgendetwas mit nach Hause genommen.«

»Künstler«, sagt er schulterzuckend.

»Das ist keine Entschuldigung.«

Sie atmet Rauch aus, streift Asche in einen Aschenbecher, und ihre Lippen zucken vor Vergnügen, auch wenn sie es zu verbergen sucht. Der Aschenbecher gehört zu den schönen Dingen, die Mary besitzt. Keramik, die Innenfläche ein Strudel aus Tintenblau.

»Jedenfalls erinnere ich mich an Sie«, fährt Jeannine fort. »Sie haben nicht zu den Vielrednern gehört. Sie haben sehr viel mehr aufgenommen als preisgegeben. Sie sind es gewohnt zu schweigen.«

Er nimmt einen Schluck Branntwein und spürt, wie sich die Hitze auf seiner Zunge ausbreitet. Es hat etwas Entwaffnendes zu erfahren, dass man vor Jahren so genau beobachtet wurde. Dass der andere einen schon kennt.

»In unserer Branche ist Ihre Schweigsamkeit von ebenso großem Vorteil wie ein selektives Gedächtnis.«

»Ich bin kein praktisch veranlagter Mensch«, sagt er.

»Ich glaube trotzdem, dass Sie nützlich sein könnten. Moby hat mir gesagt, dass Sie neben Englisch und Französisch auch Deutsch, Italienisch und Spanisch beherrschen.«

Er wiegt den Kopf, das ist wahr. »Manches mehr, manches weniger.«

»Und Sie können tippen.«

»Nicht besonders gut.«

»Das ist egal.« Sie verlagert ihr Gewicht von einem Fuß auf den anderen; dann schaut sie zu ihm hoch. Ihr Blick ist klar und direkt. Obwohl sie vermutlich in sicherer Gesellschaft sind, hat sie, wie ihm nun auffällt, ihre Stimme fast zu einem Flüstern gesenkt, und er muss sich vorbeugen, um sie zu verstehen.

»Es gibt Risiken«, sagt sie. »Auf das, was wir tun, steht jetzt die Todesstrafe. Es sind antideutsche Umtriebe, und die gelten als Verrat.«

»Ich weiß.«

»Wollen Sie immer noch?«

»Ja.«

Prüfend blickt sie ihm ins Gesicht. »Also, dann werden wir Sie auf Trab halten, Monsieur. Darauf können Sie sich verlassen. Es wird Ihnen helfen, die Zeit rumzubringen.«

Er nickt.

Alfy stupst ihn sanft an. »Ich wollte es dir ja eigentlich nicht zumuten, mein Freund«, sagt er. »Aber ich bin froh, dass du dabei bist.«

»Und einen Decknamen werden Sie auch brauchen, Ire.«

Vom anderen Ende des Raums fängt er Suzannes Blick auf, Suzanne, die alles beobachtet hat. Langsam schließt sie die Augen, öffnet sie wieder und wendet sich ab.

Welchen Sinn haben Decknamen, wenn sich alle Beteiligten seit Jahren kennen?

Mit zusammengerückten Stühlen sitzen sie an einer Ecke des Esstischs der Pérons. Mania und Alfy legen Papierschnitzel auf der Tischplatte aus. Ein Freund hat vom Land Pflaumen mitgebracht; auch er hat eine bekommen und sie so langsam wie möglich gegessen. Jetzt liegt der Kern in seiner Wange, wo er ihn hin und wieder mit der Zunge umdreht.

»Wir arbeiten mit Informationen«, erklärt Mania. »Wir versuchen nicht, Leute umzubringen, wir legen keine Sprengsätze.«

»Gut.«

»Unser Netzwerk deckt den Nordwesten Frankreichs ab«, sagt Alfy. »Wir erhalten Informationen über Truppenbewegungen,

Züge und Schiffe. Wir beobachten die Boches. Am Mittwoch ist zum Beispiel bei Soldaten in Saint-Lô eine neue Waffenfarbe ausgemacht worden. Donnerstagnachmittag war die Information bei uns in Paris und am Abend in London.«

Alfy rückt seinen Stuhl näher an den Tisch. Er verschiebt die Zettel auf dem glänzenden Holz.

»Wir bekommen unsere Informationen auf solchen kleinen Papierstückchen, die man gut verstecken kann, und werden sie an dich weitergeben. Deine Aufgabe besteht darin, die Informationen zu sortieren und nach Wiederholungen oder Zusammenhängen zu suchen, durch die sich die Aussagen der Informanten gegenseitig bekräftigen. Das große Ganze herausfiltern.«

»Verstehe.«

»Und wenn du das große Ganze hast«, erkärt Mania, »machst du es so klein wie möglich. Bring es auf den Punkt. Jedes zusätzliche Wort, das wir nach London schicken, erhöht das Risiko, entlarvt zu werden.«

»Das machst du mit links«, sagt Alfy.

Alfys breites, gut gelauntes Gesicht. Erst das Lycée, dann die Armee und jetzt das hier. Alfys Entscheidungen scheinen die einzig vernünftige Reaktion auf den allgemeinen Zustand der Unvernunft zu sein. Er leistet seinen Beitrag.

»Wenn du fertig bist, verbrennst du das Quellenmaterial und lieferst dein Typoskript ab, wir werden dir sagen wo. Und das war's dann auch schon, Auftrag erledigt.«

»Seit wann seid ihr beiden dabei?«, fragt er.

»Schon ein Weilchen«, sagt Mania leise.

»Ihr habt es mir nie gesagt.«

»Du hast nie gefragt.« Alfy zuckt mit den Schultern. »Und du bist ein Freund. Es ist gefährlich.«

Er dreht mit der Zunge den Pflaumenkern um, betastet die Kanten, die letzten Fruchtfädchen.

»Außerdem bist du nicht einmal hier geboren. Deshalb.«

»Sie versuchen, es so hinzustellen, als wäre es eine Frage der

Nation«, erwidert er achselzuckend. »Ich glaube, darum geht es nicht.«

Alfy lehnt sich zurück. Mania wirft ihm einen Blick zu und lächelt.

»Letzte Gelegenheit – falls du doch noch abspringen willst, ehe du dir die Hände schmutzig gemacht hast.« Alfy deutet mit dem Kopf zur Tür. »Dann treffe ich mich jetzt einfach mit dir auf ein Bier, wir vertiefen uns in die Übersetzung und verlieren über das hier nie wieder ein Wort.«

Doch er bleibt dabei.

»Gut«, sagt Alfy. »Also, und das ist sehr wichtig, leb einfach ganz normal weiter.«

Mania beugt sich zu ihm hin. »Wirklich, bloß nichts verändern. Du und Suzanne, ihr macht ganz normal weiter, damit es so aussieht, als würdest du arbeiten wie bisher, nur vielleicht ein bisschen mehr. Wenn dich jemand beobachtet, wird er keinen Verdacht schöpfen.«

»Danke«, sagt er.

»Was soll das?«, fragt Alfy.

Er verzieht den Mund. Zuckt mit den Schultern. »Ich bin froh, dass ich nützlich sein kann.«

Suzanne nennt die Schublade »das Pulverfass«. Es könnte jeden Moment in die Luft fliegen und alles in Schutt und Asche legen.

Wenn Alfy bei ihnen vorbeikommt, hat er das Typoskript und ein französisch-englisches Wörterbuch in seiner Umhängetasche. Sollte er angehalten werden, arbeiten sie an der französischen Übersetzung von *Murphy*.

Die Übersetzung kommt nicht voran.

Doch die Zettel werden mehr und mehr: Alfy zieht sie aus den Seiten seines Lexikons, pflückt sie aus dem Typoskript. Sie füllen die Schublade, raschelnd wie trockenes Laub.

Er arbeitet nachts, nach der Ausgangssperre, bei zugezogenen Vorhängen, peinlich genau auf die vorgeschriebene Verdunkelung bedacht: bloß keine Aufmerksamkeit erregen. Er schüttet den Inhalt der Schublade auf seinen Schreibtisch; die Papierschnitzel fallen auseinander wie die Teilchen eines Puzzles. Er schiebt sie hin und her. Sucht nach Wiederholungen. Ordnet zu. Findet Entsprechungen.

Zigarettenpapierchen, eine zerrissene Mehltüte. Einige so klein gefaltet, dass sie voller Knicklinien sind, andere so stramm eingerollt, dass sie lange glatt gestrichen werden müssen. Hin und wieder ist auch – echter Verzicht – ein quadratisches Stück Toilettenpapier dabei, der Rand einer Buchseite oder der abgerissene Streifen eines Werbeplakats, auf dessen beschriebener Rückseite die Farben durchschimmern. Auf dem Schreibtisch versammelt, legen all diese Zettel Zeugnis von den Truppen- und Materialbewegungen in Nordfrankreich ab.

Eines Tages tauchen schließlich, mit schmierigem Bleistift auf einen schmutzigen grünen Omnibusfahrschein geschrieben, fünf Wörter auf. Zwei davon sind ebenfalls auf die abgerissene Ecke einer Speisekarte gekritzelt, eins auf ein Stückchen Papiertüte und drei auf die Vorderseite einer Zigarettenschachtel. Geborgen und eingebettet in das viele andere Material, tauchen diese fünf Wörter immer wieder auf. Er schiebt die Brille hoch. Mit weichem Zeichenstift oder hartem, akkuratem Bleistift geschrieben, in gestochener Lehrerinnenschrift oder pragmatischer Druckschrift machen sie auf sich aufmerksam. Diese fünf Wörter können nicht unbeachtet bleiben.

Vier davon sind deutsch. Es sind Namen von Schiffen. *Scharnhorst*, *Gneisenau*, *Prinz Eugen*. Das fünfte Wort ist der Name eines französischen Hafens. *Brest*.

Er sitzt da, die Hand auf dem Busfahrschein.

»Was ist?«, fragt Suzanne. Sie legt ihr Nähzeug aus der Hand und geht zu ihm. »Hast du etwas gefunden?«

Er schiebt den Fahrschein neben das Stück Toilettenpapier. Sie reckt den Hals; mit stumpfem Fingernagel klopft er darauf.

Sie legt den Zeigefinger auf ein Zigarettenpapierchen und

zieht es über den Tisch zu den anderen Zetteln, die er bereits ausgewählt hat.

»War das dein Gedanke?«, fragt sie.

Er nickt.

Er kennt die Stadt. Wellen, die gegen die Hafenmauer klatschen; ein runder Turm; alte Männer, die Angelschnüre ins Wasser baumeln lassen; Kinder, die mit Kreide ein Spiel auf den Bürgersteig malen. Diese fünf Wörter, die nun aufgereiht vor ihm liegen, könnten aus heiterem Himmel Flugzeuge heraufbeschwören und die Hölle daraus herabregnen lassen. Diese Wörter könnten hundert Leben auslöschen. Tausend.

»Du würdest es ja nur weiterleiten«, sagt sie.

Er nickt.

»Du würdest ja nichts hinzufügen oder ändern.«

Wieder nickt er.

»Und stell dir vor, du leitest es nicht weiter, und dann hätte es vielleicht doch etwas Gutes bewirkt und geholfen, etwas zu beenden, vielleicht andere Leben zu retten …«

Er schließt die Augen, atmet tief ein und aus.

»Das Problem ist, dass du dir nicht sicher sein kannst, oder?«

Er schüttelt den Kopf, um ihn freizubekommen. Nimmt einen Bogen Papier, knickt ihn, zerreißt ihn sauber an der Falte entlang. Er spannt die halbe Seite in seine Olivetti. Seine Finger hämmern auf den Tasten, die Buchstaben graben sich ins Papier und klumpen sich zu Wörtern zusammen, und die Wörter beginnen auf der Seite zu gären. Er hat Mühe, es zu ertragen, doch es muss ertragen werden. Er schluckt, schließt wieder die Augen. Was er sieht, sind zersplitterte Steine, Feuer, Blut.

Als er fertig ist – es sind ja nur ein paar Zeilen –, schiebt er das Blatt zwischen zwei Seiten seines Manuskripts, an den wohl mit Abstand sichersten Ort, um etwas aufzubewahren, das niemand lesen soll. Mit beiden Händen fegt er die Zettel auf der Tischplatte zusammen, sucht dann auf allen vieren den Boden nach heruntergefallenen Schnipseln ab. Er verrückt sogar den Tisch, um sicherzugehen, dass er nichts übersehen hat. Dann legt er das zusammengeknüllte Papier auf den Kaminrost.

Er setzt sich, reibt die kalten Hände aneinander und lockert die Schultern. »Sollen wir uns eine Zigarette teilen?«

Er hält die Flamme an eine zerknitterte Papierkante, schaut zu, wie sie Feuer fängt, lässt das Papier auf den Rost fallen und hebt das brennende Streichholz an die Zigarette.

Der Rauch beruhigt seine Lunge; ihm dreht sich der Kopf. Er hält Suzanne die Zigarette hin. Langsam quillt der Rauch über seine Lippen Richtung Kamin, wo ihn der Sog des Abzugs erfasst. Hinter ihnen hängt schlaff das Zelt an den Stühlen. Als würden sie auf dem Zimmerboden kampieren.

Mit müden Augen und bis zum Kinn hochgezogenen Knien nimmt sie die Zigarette. Gemeinsam beobachten sie, wie sich die Flamme im Kamin ausbreitet, wie sich das Schwarz ins Weiß hineinfrisst, zerbröselt und in weichen Flocken herabfällt.

»Kommt Alfy morgen, um …?«

Er schüttelt den Kopf. »Ich soll diesmal die Übergabe machen. Sein ständiges Kommen und Gehen könnte Verdacht erregen. Er hat mir die Adresse gegeben. In der Nähe vom Parc Montsouris.«

Sie streckt der flüchtigen Wärme ihre dünnen Hände entgegen. »Das muss ich nicht wissen.«

»Ich weiß.«

»Sei bloß vorsichtig.«

Das Papier ist verschwunden, die Wärme verpufft, es war nur ein kurzer Moment. Er nimmt den Schürhaken und stochert in der Asche. Die Flocken fallen durch den Rost, und er zieht den Aschekasten heraus, um auch darin zu wühlen. Kein Wort darf zurückbleiben, kein Hinweis, nichts.

»Das wäre jetzt ein guter Moment für eine Razzia«, sagt er.

»Gute Momente für Razzien gibt es nicht.«

»Jedenfalls besser als vor einer halben Stunde.«

»Pass bloß auf, dass du's nicht herbeiredest«, sagt sie und fügt nach einer Weile hinzu: »Wir sollten noch mehr verbrennen. Nur dieses bisschen Papier, das könnte Verdacht erregen.« Die Kälte ist wieder da, die Luft beschlägt unter ihrem Atem.

»Wir verbrennen Bücher, falls jemand fragt.«

»Aber dafür würdest du eins schreiben«, sagt sie.

»Stimmt. Aber wer würde es veröffentlichen?«

Er lehnt sich probeweise an sie. Sie weicht nicht zurück. Er legt ihr einen Arm um die Schultern. Sie rutscht auf dem Teppich näher zu ihm hin. Sie rauchen die Zigarette, bis fast nichts mehr davon übrig ist, und legen das Nichts auf einen Untersetzer, damit aus den letzten herausgepulten Tabakfäden später, wenn das Verlangen kommt, eine Selbstgedrehte werden kann.

Zu dieser Tageszeit sind nicht allzu viele Menschen in der Métro. Auch gut, denn sie sind allesamt Polizeispitzel, die ihn anstarren. Nicht ohne Grund: Seine Tasche hat sich zur Größe eines Koffers aufgebläht, seine Beine sind zu lang für ihn geworden, und seine Ellbogen ragen wie Kleiderbügel heraus. Er ist eine Schnake, die einen Ziegelstein transportiert. Ein Flamingo, der einen Kleiderschrank schleppt. Wem würden da nicht die Augen aus dem Kopf fallen?

Jetzt ist er im Zug, der ruckelnd losfährt, und er setzt sich und legt schwankend die Tasche auf seinen Schoß und die gefalteten Hände auf die Tasche. Im vertrauten Geruch nach Diesel, Zigaretten, Körpern und Parfüm hat man in diesem abgeschlossenen, durch die Dunkelheit rasenden Raum inzwischen eher das Gefühl, in Paris zu sein, als oben in der Stadt. An den Rändern und in den Ecken ist die Stadt, wenn man nicht allzu genau hinschaut, noch sie selbst; Paris lebt in seiner U-Bahn und seinen Katakomben weiter; die Stadt ist ihr eigenes Spiegelbild in der Seine geworden.

Verstohlen blickt er sich im Waggon um: eine Mutter mit ihrem Sohn, beide ordentlich gekleidet, was heutzutage nicht einfach ist. Sie beachten ihn nicht; die Frau flüstert dem Kind etwas zu. Auf der anderen Seite des Gangs eine alte Frau in verblichenem Schwarz, daneben ihr alter Mann in blauer Arbeitskleidung. Die

Hände der beiden liegen wie Baumwurzeln in ihren Schößen, und eigentlich starren auch sie ihn nicht an.

Draußen fliegt die Dunkelheit vorbei; die Tasche unter seinen Händen ist heiß. Das mit Schreibmaschine beschriebene halbe Blatt liegt zwischen zwei Seiten seines Übersetzungsmanuskripts. Durch die Papierschichten hindurch spürt er es knistern. Noch nie war etwas, das er geschrieben hat, so brisant.

»Bis zur Ausgangssperre bin ich zurück«, hat er Suzanne versprochen.

»Das solltest du auch.«

Sie hat ihn geküsst und kurz ihre Arme um ihn geschlungen; dann hat sie sich losgerissen, um klappernd die Stufen zur kleinen Schlafmansarde hochzulaufen und das Bett in Ordnung zu bringen. Und er hat die Tür hinter sich zugezogen und ist gegangen.

Nun steigt er in Denfert-Rochereau die Treppe hoch und tritt unter dem organisch geschwungenen Bogen blinzelnd in die tiefstehende Sonne hinaus. Hoch den Kopf, aber nicht zu hoch, und die Schultern runter, aber nicht zu weit. Gehen, als ob es kein bisschen anstrengend wäre. Dabei fühlt sich sein Körper an wie eine Marionette in den Händen eines Verrückten. Ein einziges Zappeln und Zucken. Nichts ist mehr natürlich oder leicht.

Die Luft ist sauber hier in Montsouris – es gibt ja kaum noch Benzin, kaum noch Verkehr –, und in der Herbstsonne umweht eine sanfte Nostalgie den ausklingenden Nachmittag. In dieser Gegend gibt es kein Drängeln, Schieben und Schubsen wie in seinem Teil der Rue de Vaugirard, wo ein Fremder leicht im Gewühl untertauchen kann. Diese Gegend ist schrecklich schön und schrecklich ruhig – und er so exponiert wie eine Laus auf einem kahlen Schädel.

Sein Herz hämmert längst, als er die Adresse gefunden hat. Jetzt mit dem Aufzug hoch, danke, Gott, für diesen Aufzug, der ihm erlaubt, zu atmen und zu atmen und zu atmen und eine Hand zu heben und zu sehen, dass sie zittert, und die Hand zu zwingen, nicht mehr zu zittern, und festzustellen, dass sein Wille nicht den geringsten Einfluss auf das Zittern hat. Wie gern hätte er jetzt ein Zitronenbonbon, einfach ein bisschen Zucker zur Beruhigung. Er denkt an die Mädchen, seine Quasi-Nichten; ihr zerzaustes Haar, die Spangenschuhe. Wo sie jetzt wohl sind, während er vor dieser fremden Wohnungstür steht und seine zitternde Hand hebt, um so anzuklopfen, wie man es ihm gezeigt hat. Ob sie in Sicherheit sind? Einen Moment lang folgt auf sein Klopfen keine Reaktion, und er überlegt voller Entsetzen, dass er wohl gezwungen sein wird, den ganzen Weg bis zur Rue des Favorites wieder mit diesem halben Blatt Papier im Schoß zurückzulegen, das ein Loch in seine Tasche brennen und ihm das Fleisch von den Knochen sengen wird. Doch dann öffnet sich die Tür einen Spalt, und zwei große, dunkle Augen in einem jungen, glatten, gutaussehenden Gesicht mustern ihn.

»Ja?«

»Jimmy?«, fragt er. »Jimmy der Grieche?«

»Wo ist Moby?«, fragt der junge Mann mit erstarrter Miene.

»Er konnte nicht. Ich bin … Ich bin der Ire, das muss er gesagt haben. Ich habe hier das …« Er hebt die Tasche.

Die Augen weiten sich. »Heilige Mutter Gottes, wollen Sie, dass der ganze verdammte Flur Bescheid weiß?«

Die Tür geht auf, und er wird hineingezogen.

Jimmy der Grieche – er heißt nicht Jimmy und ist eigentlich auch kein Grieche – verriegelt die Tür doppelt.

»Also gut, dann mal her damit.«

Er stützt die Tasche auf ein Knie, fummelt das Manuskript heraus und zieht das Stück Papier zwischen den Seiten hervor. Jimmy nimmt es entgegen. Eigentlich kann es nichts wiegen, doch er fühlt sich sofort erleichtert.

»Sie sollten sich noch ein Weilchen hier herumdrücken.« Jimmy verschwindet schon durch den Flur, das Papier wie ein baumelndes Stück Abfall in der Hand. »Dann sieht es nicht ganz so nach einer Lieferung aus.«

Am Ende des Flurs öffnet Jimmy eine Tür, hinter der sich ein Wust aus Haushaltsutensilien befindet: Besen, Wischmopps, Eimer, Ölzeug, Kittel, Konserven, ein Paar kaputte Stiefel. Es stinkt nach Mottenkugeln und Schuhcreme, Borax und Farbe. Jimmy räumt einen Besen aus dem Weg, schiebt ein paar Jacken zur Seite, und anstelle der erwarteten Rückwand eines Schranks kommt ein Hohlraum zum Vorschein, in dem auf Regalbrettern fotografisches Zubehör liegt, daneben ein Spieltisch mit Tabletts voller Flaschen: eine winzige, behelfsmäßige Dunkelkammer. Jimmy nimmt eine Kamera oben aus dem Regal. Die Reinigungsmittel kaschieren sogar den Geruch nach Fotochemikalien.

»War mal ein Hobby von mir«, sagt Jimmy schulterzuckend; jetzt könnte er dafür gefoltert und dann erschossen werden.

Im größten Zimmer der Wohnung sind die hohen Fenster durch leichte Vorhänge verdeckt, die den Raum abschirmen und dennoch ein kühles weißes Licht durchlassen. Rasch räumt Jimmy den Tisch frei und streicht das weiße Tuch darauf glatt. Wie ein graues Kreuz fällt der Schatten eines Fensterrahmens darauf. Irgendwo in der Nähe knarrt eine Holzdiele. Erschrocken fährt er herum – in der Schiebetür hinter ihm ist niemand.

»Wer ist sonst noch hier?«, fragt er den jungen Mann.

»Niemand.«

Unten rumpelt ein Lieferwagen durch die Avenue, Jimmy beugt sich mit seiner Kamera über das Blatt, und dann gibt es nur noch das Knacken der Blende, die Stille, die Schatten und die Herbstsonne, während die Wörter, die er herausgefiltert hat, die Wörter, die seinem Urteil nach die wichtigsten sind, die Wörter, die er in die Maschine gehämmert hat – *Scharnhorst*, *Gneisenau*, *Prinz Eugen*, *Brest* – im Bild festgehalten werden.

Wenn es geschieht, geschieht es zufällig. Sie stolpern in den Sex hinein, zu müde, zu hungrig, zu durchgefroren, um es gezielt anzugehen, aber doch so lechzend nach wenigstens diesem einen Genuss, dass sie es sich und dem anderen nicht versagen möchten.

Der Sex ist nun eher ein stilles Einwilligen als eine aktive Entscheidung; eher ein achselzuckendes *Warum nicht?* als ein drängendes *Komm*.

Ausgezogen wird nur wenig. Vielleicht ein Schultertuch, aber auch nur, wenn es sich verdreht hat und mehr Spiel nötig ist, um weiterzumachen. Knöpfe werden geöffnet, Stoffteile hochgezogen oder weggeschoben. Nur das Nötigste wird enthüllt; Wille und Energie reichen nicht für mehr. Unter den Kleidern sprießt auf schlaffer Haut neues flaumiges Haar. Der ausgemergelte Körper schützt sich gegen die Kälte.

Durch die Bewegung verrutschen die Decken; Gänsehaut macht sich breit. Murrend zieht sie an der Bettdecke. Er murmelt eine Entschuldigung, rollt von ihr herunter, und sie seufzt, und es ist vorbei und wird genügen müssen.

Flugzeuge steigen am Himmel hoch; sie fegen über die Kreidehügel, die bröckelnden Küsten und Wellenkämme hinweg. Glitzernd im Licht der Sterne tauchen ihre Nasen in dichte Wolkenbänke ein und stoßen wieder ins Freie. Sie jagen auf die Ufer des anderen Landes zu, dorthin, wo es kantig ins Meer hinausragt.

Still liegen die beiden da, erschöpft. Wenn er in der Dunkelheit blinzelt, ist sein Tränenfilm kalt. Die Wohnung ist ruhig. Auch die Straßen sind nach der Ausgangssperre ruhig; da ist niemand. Sie atmen. Unter der Decke zieht sie ihren Rock herunter. Er sortiert seine verrutschten Kleidungsstücke, macht Knöpfe zu. Sie schweigen, ihre Gedanken kreisen um sich selbst.

Fünfhundert Kilometer entfernt wird die Nacht in Stücke gerissen: grelle Flammen, kreischendes, zerberstendes Metall, rutschende Ziegelsteine, Wasser, das brennt.

Er liegt wach und starrt zur Decke. Sie rollt sich auf die Seite und sinkt leise atmend in den Schlaf. In seinem Kopf ist ein Knäuel von Gedanken, das sich nicht von selbst entwirren wird: Hunger, Müdigkeit, die schmerzende Brust, die Kälte und der alte Mann aus dem Lied, der barfuß auf dem Eis tanzt. Und nun auch noch das Leid, das vielleicht kommen wird. Durch sein Tun, durch die Wörter, die er ausgewählt, und die Richtung, in die er sie gelenkt hat.

Alfy bringt Zettel.

Es werden mehr und mehr, sie füllen die Schublade, still und trocken wie Herbstlaub. Er breitet sie auf seinem Tisch aus, schiebt sie hin und her. Ordnet zu. Findet Entsprechungen. Sucht nach Mustern. Er übersetzt, redigiert, überträgt. Verbrennt die Papierschnipsel. Bringt seine Niederschrift, wenn Alfy es nicht tut, zum Fotografieren nach Montsouris.

Und Alfy bringt weiter Zettel.

Sie füllen die Schublade. Er schüttet sie aus, verteilt sie, ein Puzzle, das gelöst werden will.

Sie machen weiter wie immer, ändern nichts. Gemeinsam gehen sie zu Konzerten in die Oper; er schaut sich Ausstellungen an. Er kauft sich ein neues Notizbuch – in Seide gebunden, von vor dem Krieg – und versucht zu schreiben. Er besucht Alfy, weil er Alfy immer besucht hat. Mehrmals begegnet ihm auf der Treppe oder im Flur ein Mann, ein Priester: schwarze Soutane, fleischiges Lächeln und dazu ein leichter, unpassender Geruch nach Zigarren. Auf die Idee, Alfy darauf anzusprechen, kommt er nicht. In dem Haus gibt es viele Wohnungen, und ein Priester würde höchstwahrscheinlich nicht ausgerechnet bei Alfy vorbeischauen. Das Leben wird zur Parodie seiner selbst: der Gang in die Geschäfte, der Besuch eines Cafés, die dürftigen, gemeinsam eingenommenen Mahlzeiten, die Gespräche über alles Mögliche – nur nicht das, was ihnen am meisten auf der Seele liegt. Ein Gefühl von Unwirklichkeit und Befangenheit begleitet alles: Jederzeit kann jemand zuhören; alles muss hinterfragt und geprüft werden. Als er sich in der Galerie Louis Carré mit auf dem Rücken ineinandergelegten Händen einige neuere Gemälde von Rouault ansieht, weiß er, dass auch er in diesem Moment möglicherweise Gegenstand einer Betrachtung ist. Es sind nur wenige Bilder, sie sind klein und gut; besonders fasziniert ihn ein

Gemälde mit dem Titel *L'Hiver*, auf dem die Straßen weiß sind und das Land dunkel und trotzdem so leuchtend, als würde es von hinten angestrahlt; wie Galgen stehen die Bäume am Wegrand; Gestalten kämpfen sich mit gesenkten, vermummten Köpfen und lumpenumwickelten Füßen durch die Winterlandschaft, und alle sind zu zweit bis auf einen gebeugten Mann, der sich allein fortschleppt. Die Welt ist kalt. Er schließt die Augen, und das Bild ist noch da in seiner kunstvollen Kargheit wie das Nachbild eines leuchtenden Fensters. Bewusst nimmt er sich Zeit, um es sich einzuprägen und einen inneren Vorrat an Schönheit anzulegen. In diesen Zeiten des Hungers muss man hamstern.

Als er die Augen wieder öffnet, widersteht er dem Drang, sich umzuschauen, und heftet seinen Blick auf den Parkettboden. Sollen sie doch denken, was sie wollen, falls sie ihn beobachten. Es gibt Bedürfnisse, die er nicht unterdrücken wird.

Ein Jahr verstreicht. Und es geht weiter. Inzwischen zittern seine Hände weniger, wenn er die Lieferung macht. Die Tasche schwillt nicht mehr zur Größe eines Kleiderschranks an. Es ist mehr oder weniger normal geworden, denn mit der Zeit kann alles mehr oder weniger normal werden.

9

Paris

August 1942
Ein Telegramm ist etwas Fürchterliches.

Die Wohnung ist leer. Leer wie eine Teedose, in den Ecken hier und da noch kleine Überreste des gewohnten Inhalts: ein Paar Handschuhe, ein Nadelköcher, auf dem Kaminsims eine Haarnadel.

Dabei hat ihm Suzanne vorhin doch gesagt, wo sie hingeht; er weiß, dass sie es gesagt hat. Er hat von seinem Buch aufgeblickt und so etwas wie *bis bald* geantwortet, *sei vorsichtig*. Aber er hat nicht richtig hingehört, und das hätte er tun müssen, denn jetzt ist ihr Kommen und Gehen wichtig, jetzt, da er dieses eiskalte Telegramm in der Hand hält und der Junge ihn mit großen Augen anstarrt, jetzt, da er nicht weiß, wo Suzanne ist, und wenn er hingehört hätte, wüsste er es, und er braucht sie doch. Er braucht sie hier, sofort, Herrgott noch mal.

Er zählt Münzen in die kleine Handfläche, in deren Falten sich Dreck gesammelt hat; der Junge schaut kurz zu ihm hoch, dann poltert er in seinen Holzschuhen, an deren Sohlen die Nägel blitzen, unbeholfen die Treppe hinunter. In Zeiten wie diesen Füße zu haben, die wachsen und rennen wollen, und dann hindern einen diese Holzdinger daran.

Er reißt den Umschlag auf.

An der Tür hat sie gestanden, ihren Hut aufgesetzt und dabei in den kleinen Spiegel geblickt. Sie hat gesagt: *Ich springe mal eben raus, um … Ich gehe zu … Ich bin bald zurück, so gegen …*

Seine Hände zittern. Er will das nicht lesen.

Die Wörter sind sauber gedruckt; wie blind starrt er darauf und will sie nicht sehen, doch sie bohren sich trotzdem in sein Bewusstsein.

ALFRED VON GESTAPO VERHAFTET
BITTE NÖTIGE MASSNAHMEN ERGREIFEN UM
DEN FEHLER ZU BEHEBEN
MANIA PERON

Alfy.

Großer Gott, Alfy.

Er muss zu Mania. Zu den Jungs. Bestimmt kann er etwas tun. Weiß der Himmel, was, aber er wird … es muss doch …

Er schnappt sich seine Schlüssel, wickelt sich den Schal um, das Telegramm zerknittert in der Faust – plötzlich hält er inne. Er streicht das Papier glatt und starrt wieder auf die gedruckten Zeilen, denn …

Eigentlich steht in dem Telegramm nicht das, was darin hätte stehen sollen.

Da steht nicht *Komm und hilf mir.*

Da steht nicht *Geh und hilf ihm.*

Da steht etwas von *Maßnahmen, um den Fehler zu beheben.*

Er kaut an seiner Lippe. Was bedeutet das?

Mania besitzt einen messerscharfen Verstand. Sie wird nachgedacht haben und es sicherlich genauso bitter bereuen wie er, dass sie nicht auf die Idee gekommen sind, für Notfälle wie diesen ein Codewort zu vereinbaren. Jeder weiß, dass die Telefonleitungen angezapft werden. Und auch Telegramme werden von zwei Telegrafisten gelesen wie auch von dem, der ihnen möglicherweise über die Schulter schaut. Mania versucht, mit ihnen zu kommunizieren, ohne jemanden zu belasten – weder sich selbst noch ihn oder Suzanne, und schon gar nicht Alfy.

Welchen Fehler meint sie also?

Und wo ist Suzanne? Rasch nimmt er seinen Mantel und wirft ihn sich über, doch dann zögert er. Wenn er jetzt draußen nach ihr sucht, könnten sie sich verpassen, und was dann? Dann würde sie hier auf ihn warten, während er die Straßen und Wohnungen von Freunden abklappert und zur selben Zeit wahrscheinlich die Gestapo-Leute ihre Handschuhe anziehen, ihre Mützen geraderücken und in ihre Wagen steigen.

Zeit. Überall und immer alles auf einen Schlag. Dieses Miststück von Zeit.

Er kaut an einem abstehenden Stück Nagelhaut und reißt es mit den Zähnen ab. Sein Finger blutet.

Suzanne. Komm schon, Suzanne. Komm nach Hause.

»Germaine haben sie auch geholt, und Legrand.«

»Mein Gott.«

»Wir sind verraten worden.«

Suzannes Gesicht ist wie eine offene Wunde. Lieber gar nicht daran denken. Vielleicht stehen ja auch ihre Namen auf der Liste, vielleicht ist die Gestapo schon unterwegs. Er geht ans Fenster, starrt zur Straße hinunter. Selbst wenn sie jetzt noch nicht auf der Liste stehen – bald werden auch ihre Namen darauf sein. So viele verhaftete Freunde. Ein dunkler Raum, Ketten und Zangen. Bloß nicht darüber nachdenken, obwohl doch gerade das jetzt so dringend nötig ist.

»War draußen irgendjemand?«

»Keine Menschenseele.«

Und mit einem Mal wird ihm klar, was der Fehler war, den es nun zu beheben gilt: die Fehleinschätzung, mit der sie die ganze Zeit gelebt haben, die Vorstellung, sie könnten einfach immer so weitermachen. Sie hatten nicht erkannt, dass die Welt eines Tages einfach einstürzen, zusammenklappen und fortgeweht werden würde. Doch die Wohnung ist aus Papier, und die Straßen sind stümperhafte Kulissen, durch die der Wind bläst, und alles wackelt und ächzt und knarrt. Sie sind hier nicht in Sicherheit. Sind es nie gewesen. Das ist der Fehler, den sie beheben müssen: Sie dürfen sich nicht mehr der Illusion hingeben, dass alles einfach so weitergeht.

»Glaubst du, Alfy würde …«

Ihm wird übel. Brüll bei erster Gelegenheit meinen Namen raus, Alfy, alter Junge, leg die verdammten Karten auf den Tisch, spuck einfach alles aus. Gib denen hieb- und stichfeste Belege, Schuhgröße, Schrittlänge, alles, ehe du meinetwegen auch nur einen einzigen Fingernagel verlierst. Untersteh dich, meinetwegen auch nur eine einzige Zigaretten-Brandwunde in Kauf zu nehmen. Gott steh dir bei, Alfy, Gott steh dir bei.

»Nein. Ich weiß nicht. Aber er ist ja auch nicht der Einzige. Insofern.«

»Wir müssen alle warnen«, sagt sie. »Alle, die wir noch erreichen können. Und dann müssen wir verschwinden. Ich gehe schnell zu Hélène.«

»Und ich rufe Jimmy und die anderen an.«

»Pass auf, was du sagst.«

»Natürlich.«

Sie nimmt ihre Tasche. Er bückt sich, um einen zerrissenen Schnürsenkel zusammenzuknoten.

»Hast du Kleingeld?«, fragt er. »Ich habe dem Telegrafenjungen alles gegeben.«

Sie sucht in ihrem Geldbeutel, drückt ihm mehrere Münzen in die Hand.

»Sei vorsichtig«, sagt er.

Suzanne öffnet die Wohnungstür. Auf der Schwelle zum dämmerigen Flur hält sie trotz aller Hektik inne und blickt sich noch einmal zu ihm um, wie er seine Sachen zusammensucht.

Er zieht eine Augenbraue hoch. Was ist?

»Ich wünschte, du wärest nicht zurückgekommen«, sagt sie.

»Weißt du, ich wünsche mir die ganze Zeit, du wärest nicht hier. Ständig. Aber gleichzeitig will ich nicht, dass du weg bist.«

Er schiebt sich in die Telefonkabine, die nach Reinigungsmitteln, Tabakrauch und anderen Menschen riecht. Er wählt eine Nummer nach der anderen. Und eine Nummer nach der anderen klingelt endlos in durchwühlten Wohnungen mit umgeworfenen Tischen, halb verkohlten Papieren in den Kaminen oder Teppichen, die im Gerangel unter rutschenden Füßen Falten geworfen haben, und da, wo noch eine im Aufruhr vergessene Tür offen steht, ist das Klingeln bis in den Flur zu hören.

Er nennt der Telefonistin die Nummer, die ihm Jimmy der Grieche gegeben hat. Nur für Notfälle. Er hört die Leitung knistern und knacken. Dann klingelt es.

Das Telefon klingelt und klingelt und klingelt. Und niemand geht ran.

Dann ein Rascheln am anderen Ende, als der Hörer von der Gabel genommen wird.

»Hallo?«

»Ich bin's.«

Keine Antwort.

»Der Ire.«

Die krasse Unzulänglichkeit dieses Pseudonyms. Er hört Jimmy in die Sprechmuschel atmen und lauscht auf ein Klicken oder Summen, irgendeinen Hinweis, dass die Leitung angezapft wird. Kein Code, nicht ein einziges beschissenes Codewort. Wie konnten sie ohne Codewort überhaupt so weit kommen? Was würde er jetzt dafür geben, ein Wort sagen zu können, das nur für ihn und Jimmy bedeuten würde: *Die Gestapo ist uns auf die Schliche gekommen, zerstör alle Beweise, pack deine Sachen und sieh zu, dass du wegkommst.*

Nur eine dünne Glasscheibe trennt ihn vom Eingangsbereich. Die Concierge ist sehr darauf bedacht, nicht zu ihm hinzuschauen, ihn geflissentlich zu übersehen. Sie schiebt einen Besen über den Boden. Er räuspert sich, ehe er wieder in den Hörer spricht.

»Ich rufe an, um dir Bescheid zu sagen, mein Freund. Ich merke, dass ich im Moment sehr viel zu tun habe.«

Jimmys Stimme klingt nah und weich. »So ein Zufall. Bei mir ist es genauso.«

»Und ich denke, dass sich daran in der näheren Zukunft nichts ändern wird, insofern werde ich wohl keine Zeit haben …«

»Ich glaube, das wird bei mir nicht anders sein.«

»Viele meiner Bekannten sind im Moment extrem beschäftigt.«

Wieder Schweigen. »Meine auch.«

»Gut, dann also bis bald, bei nächster Gelegenheit.«

»Ja«, sagt Jimmy, »bis dahin.«

»Auf Wiederhören«, sagt er. »Viel Glück.«

Er legt den Hörer auf, presst die Stirn gegen die Wand. Er atmet aus. Dann sucht er in seiner Tasche nach weiteren Münzen. Und wieder beginnt er zu wählen.

Als er die Wohnungstür hinter sich zudrückt, ist sie wie aus Zuckerglas. Sie existiert praktisch nicht.

»Suzanne?« Er hört seine eigene Stimme zittern.

Rasch kommt sie im Mantel die Treppe aus der Schlafmansarde herunter, einen Kleiderstapel im Arm, ihre Einkaufstasche über die Schulter gehängt. Keine Zeit für Freundlichkeiten, Zärtlichkeiten. Sie legt die gefalteten Kleider auf die Armlehne des Sofas. »Wo ist deine Tasche?«, fragt sie.

»Wie?«

»Du weißt schon, dieses scheußliche alte Umhängeding.«

Er findet die Tasche – dass Suzanne sie nicht mag, wusste er nicht – an einem Kleiderhaken unter seiner anderen Jacke. Er gibt sie ihr. Sie steckt das Manuskript aus der Schublade hinein.

»Ich war zu spät«, sagt sie über die Schulter hinweg.

»Was?«

»Sie haben Hélène.« Sie dreht sich wieder zu ihm um. Trotz aller Betriebsamkeit glänzen ihre Augen feucht. »Als ich gekommen bin, war die Gestapo da, in ihrer Wohnung.«

»Oh Gott.«

Er geht auf sie zu; sie drückt ihm nur die Tasche in die Hand.

»Aber sie haben dich gehen lassen …«, sagt er.

»Ich habe so getan, als wüsste ich von nichts, und gesagt, ich sei wegen der Katze gekommen.«

»Oh Gott, diese verfluchte Katze.«

Sie hebt den Kleiderstapel von der Armlehne des Sofas. »Das habe ich für dich rausgesucht. Unterwäsche, Pullover, Rasierzeug.«

»Danke.« Mit der Tasche im Arm steht er da und spürt das Gewicht des Manuskripts.

»Anziehsachen. Jetzt. Bitte.«

Ja. Natürlich. Er öffnet die Tasche, damit sie alles hineinstopfen kann.

»Kommst du mit diesen Stiefeln zurecht?«, fragt sie.

Er schaut auf seine Füße. »Die anderen sind schlimmer.«

»Also gut, dann muss es damit gehen. Komm.«

Er folgt ihr in den Treppenflur, nestelt an seinen Schlüsseln, dreht sich zur Tür um. Er schließt ab. Seine Hand zittert. Sein Gesicht fühlt sich straff und hart an. Er fragt sich, ob sie jemals wieder hier wohnen werden. Sie steigen die Treppe hinunter. Mit zügigem, leichtem Schritt und ganz bewusst, ohne zu rennen. Es könnte ja sein, dass sie direkt der Gestapo in die Arme laufen, die zu ihnen will. Sie dürfen nicht den Anschein erwecken, dass dies ein Fluchtversuch ist.

»Wir gehen ein bisschen spazieren und machen in einem Café halt«, sagt sie über die Schulter hinweg. »Du musst dir einreden, dass es ein ganz normaler Tag ist.«

Ihre Hände gleiten am Geländer entlang.

»Wo sollen wir hin?«, fragt er. »Hast du irgendeine Ahnung?«

»Zu einem Freund von mir; er wird uns helfen.«

»Welcher Freund?«

Selbst in dieser Lage noch der kleine, bittere Anflug von Eifersucht. Sie sind im Eingangsbereich angelangt. Schnell atmend, die Stimme fast zu einem Flüstern gesenkt, antwortet sie:

»Du hast ihn mal an einem dieser Abende getroffen. Michel. Erinnerst du dich?«

Er schüttelt den Kopf. Vielleicht.

»Er macht so was. Leuten helfen.«

Gut. Er zieht das Tor auf, späht hinaus. Die Straße ist leer. Sie huscht nach draußen; er folgt ihr, hält ihr seinen Arm hin, und sie hakt sich bei ihm unter. Krachend schließt sich das Tor zwischen ihnen und dem Eingangsbereich mit der Treppe, die sich über sieben Stockwerke zu ihrer klapprigen Wohnungstür hochschraubt, hinter der nichts als Stille und Staub eingeschlossen sind, Staub, der auf Bücher fällt, auf Holzdielen, auf den schweren, dunklen, ausrangierten Tisch, den Nora Joyce ihm gegeben hat, auf *Mein Kampf* und auf seine angeschlagene Kaffeetasse, seinen staubigen Aschenbecher, das schlaffe Segeltuchzelt und den türkischen Teppich.

Gemeinsam spazieren sie mit ihren Taschen die Straße entlang, Arm in Arm, als wäre es das Normalste von der Welt. Wohin sie gehen, das wissen sie nicht, doch sie gehen.

TEIL 2

Fegefeuer

10

Paris

August 1942

Die Standuhr tickt. Ruckelnd senkt sich eins der Gewichte an seiner Kette. Irgendwo im Inneren der Uhr klappert und verschiebt sich etwas, und sie beginnt die Viertelstunde zu schlagen.

Viertel nach drei also.

Er spreizt die Zehen, lässt seine Knöchel kreisen.

Viertel nach drei am Freitag, den einundzwanzigsten August neunzehnhundertzweiundvierzig.

Wenn die Uhr richtig geht.

Vorsichtig dreht er den Kopf hin und her. Solche kleinen Bewegungen kann er noch ausführen. Und weil er es kann, scheint es wichtig, es auch zu tun. Licht strömt durch ein Astloch, wenn er den Kopf nach links dreht, und sickert durch die Dielenritzen, von denen manchmal feine Staubwölkchen herabsinken. Wenn er ihn nach rechts dreht, sieht er den schwarzen, rechteckigen Fleck auf den Holzdielen, das ist der Teppich, der die losen Planken verdeckt, durch die sie hinausklettern, wenn sie rausdürfen. Und dann ist da noch der alte Mann, der neben ihm liegt.

Inzwischen hat er sich an die vielen Gerüche gewöhnt. Die des alten Mannes und seine eigenen. Den Körpergeruch und den schlechten Atem nimmt er kaum noch wahr; nur wenn einer von ihnen einen besonders widerwärtigen Furz lässt – bedingt durch die schlechte Nahrung und die durch den Mangel an Nahrung entstehende Säure, die den Magen verätzt und die Gedärme in Melasse verwandelt –, fällt ein übler Geruch eigentlich noch auf. Interessant, an was man sich alles gewöhnen kann.

Der alte Mann hat eine beneidenswerte Gabe zu schlafen. Unter seinem weißen Bart hebt und senkt sich leise die Brust. Sein Gesicht ist faszinierend: die Haut rutscht ihm von der Stirn über die Wangenknochen bis zu den Ohren, wo sie sich sammelt wie die Falten einer Ziehharmonika, während Nasenrücken und Augenhöhlen umso deutlicher hervortreten. Wenn er ein bisschen den Kopf hebt, kann er an ihren nebeneinanderliegenden Körpern entlangblicken und die Füße des alten Mannes sehen, wo ein gelber Zeh aus einer grauen Socke ragt.

Manchmal schnarcht der alte Mann. Er lässt ihn schnarchen, stupst ihn nicht an.

Auch er kann mit viel Glück manchmal ein bisschen wegdämmern, ein jäher Sturz in eine Kaskade von Bildern, die in so rasanter Folge vorbeirasen, dass sie nicht zu verstehen sind. Dann reißen sie plötzlich ab, und er blickt wieder auf die Holzdielen über seinem Kopf.

Wenn er die Schultern bis zu den Ohren hochzieht, rutschen die Schulterblätter wie gestutzte Flügel über die Planken unter ihm.

So schlimm ist es nicht, eigentlich nicht. Es ist nicht so schlimm.

Wenn der alte Mann wach ist, kämmt er sich manchmal mit den Fingern den Bart und brummt dabei vor sich hin. Er ist Russe. Was er sagt, könnten Gebete sein, es könnte aber auch sein, dass er Geschichten erzählt oder sich einfach nur bessere Zeiten in Erinnerung ruft. Allerdings hat der alte Mann einen wachen Zuhörer, der vertraute Klänge, Namen und Wiederholungen heraushört und versucht, ihnen einen Sinn zu entlocken.

In dem Spalt zwischen Decke und Boden lernt er Russisch.

Schnell geht es nicht.

Aber es hat ja auch keine Eile.

Es beruhigt ihn, wenn der alte Mann zu brummen beginnt. Es hilft ihm, die Zeit herumzubringen.

Wobei es hier unten zwischen Boden und Decke schon auch Dinge gibt, die erledigt werden müssen. Dafür steht eine Flasche zwischen ihnen. Leer wird sie von der Frau gebracht und, wenn sie ihren Zweck erfüllt hat, wieder mitgenommen. Man knöpft den Hosenschlitz auf, windet sich, stützt sich, so gut es geht, auf die Ellbogen, und dann wird unter großen Schwierigkeiten gepisst, während der andere den Kopf wegdreht oder oft genug bereits schläft. Alles in allem stellt er fest, dass er dem alten Mann freundliche Gefühle entgegenbringt. Er ist ein eleganter Pisser und ein zuvorkommender Schläfer; er furzt nicht so oft, wie man vermuten könnte. Wenn man schon Gesellschaft haben muss, ist dies keine schlechte Gesellschaft.

Es gibt auch Stunden, die in der Wohnung verbracht werden, bei laufendem Radio, wenn die Eheleute daheim sind und niemanden erwarten. Dann sitzt der alte Mann in der Ecke neben der Standuhr, während er selbst wie das fünfte Rad am Wagen versucht, nicht im Weg zu sein und sich von den Fenstern fernzuhalten. Das geht nur dann, wenn der Tag vorbei ist, die Geschäfte im Erdgeschoss leer und es normal scheint, dass jemand zu Hause ist. Denn jedes noch so kleine Vorkommnis, das irgendwie aus dem Rahmen fällt, wird jetzt hinterfragt. Ein Wort von einem besorgten Bürger über Fremde im Haus, über Gestalten in einer vermeintlich leeren Wohnung, und sie wären geliefert.

Also reden sie mit gedämpften Stimmen; er streckt die Beine aus und lässt die Knie knacken. Sie teilen ihre dürftige Nahrung mit ihm. Er setzt sich zu schwefelhaltigen Eintöpfen aus Steckrüben, Kohl und Bohnen mit ihnen an den Tisch. Er isst wenig, hat ständig Hunger. Hunger ist normal. Man kann sich an dieses bohrende Gefühl in den Eingeweiden gewöhnen. Aus dem Versteck heraus kann er seine Essensrationen nicht einfordern, und über das bisschen Geld für nicht rationierte Dinge wie Blutwurst oder Wurzelgemüse hinaus hat er nichts, um hier einen Beitrag zu leisten. Sein Leben reduziert sich auf essen und ausscheiden und hängt dabei ganz von dieser Familie ab, die beides für ihn richten muss. Es ist demütigend, es macht ihn zum Tier.

An der steinernen Spüle rasiert er sich und betrachtet in der Spiegelscherbe sein knochiges Gesicht. Er ist nur wenige Kilometer von seiner Wohnung entfernt, doch im Grunde könnte er auch in einem anderen Land sein, denn er kann nicht zurück. Nun entdeckt er an sich, was er bei den Patienten im Bethlem Hospital beobachten konnte, als er sich einmal in Begleitung von Geoffrey Thompson dort umgeschaut hat. Verloren wanderten sie durch die Flure, orientierungslos und doch immer nur wenige Meter von ihren Betten entfernt.

Geoffrey Thompson. Wie es ihm wohl geht? Sicher ist er sehr beschäftigt; kriegt wahrscheinlich vor Arbeit kein Bein auf den Boden, der Gute, jetzt, da die ganze Welt verrückt geworden ist.

Er schabt die Bartstoppeln ab, die Oberlippe lässt er unrasiert. Er lässt sich einen Schnurrbart wachsen. Es ist gut, ein Hobby zu haben.

Suzanne wünscht er Tageslicht, Luft und gelegentlich eine Tasse Kaffee. Er wünscht ihr, in Sicherheit zu sein. Sie wurden getrennt untergebracht, um weniger aufzufallen. Sobald ihre neuen, gefälschten Papiere fertig sind, werden sie wieder zusammenkommen.

Er hört dem Russen zu, doch er denkt auf Französisch, in dieser kompromisslos präzisen Sprache, und auf Deutsch, wo sich die Wörter verzahnen wie die Glieder einer Kette, und auf Italienisch, das wie Wassertropfen durch seine Gedanken perlt. Er streicht über seinen neuen Schnurrbart und denkt auch auf Englisch; in den gleichmäßigen Blöcken dieser Sprache fügen sich seine Gedanken zusammen. Ein englischer Satz ist ein Backstein, mit dem sich solide bauen lässt; etwas, in dem man leben kann. Aber auch eine Trennmauer, eine Sperrwand; eine Begrenzung.

Der Kerl trägt einen mausgrauen Anzug und einen alten Fedora mit dunkel verschwitztem Hutband. Sein Kinn ist glattrasiert. Er übergibt ihm die neuen Ausweispapiere und wischt sich mit einem Taschentuch über die Stirn. In seiner Branche würde wohl jeder schwitzen. Sie treten in den Flur. Er blickt noch einmal zurück – die Wohnung wird für den restlichen Tag leer sein, der alte Mann liegt schlafend unter den Dielen. Er zieht die Tür hinter sich zu. Er wird keine Gelegenheit haben, sich zu verabschieden. Sich zu bedanken. Für das schlechte Essen und die Holzplanken und das Risiko, das sie für ihn eingegangen sind.

Er steckt die Papiere ein. Rasch steigen sie die Treppe hinunter und treten durch die Eingangstür auf die Straße.

»Wohin gehen wir?«

»Hotel im Fünfzehnten.«

»Wird Suzanne dort sein?«

Ein barsches Nicken. Eine Geste der Ungeduld: Sie müssen einen verdammten Schritt zulegen, wenn sie vor der Ausgangssperre dort sein wollen. Und dabei muss es so aussehen, als hätten sie es kein bisschen eilig.

Als sie sich einer Straßenbahnhaltestelle nähern, sehen sie Gendarmen, die in der Bahn Leute kontrollieren; rasch biegen sie in eine Seitenstraße ein. Doch dann kommt auch in der Rue des Ombres ein Kontrollposten, dem sie abermals ausweichen müssen. In einem weiten Bogen gehen sie durch schmale Sträßchen und Hintergassen und finden sich im grünen, großbürgerlichen Sechzehnten unweit des Bois de Boulogne wieder, wo nie irgendjemand in Eile ist, wo in Pelze gekuschelte Frauen ihre Hündchen mit Schwarzmarkt-Schinken füttern und die Uhren sehr langsam ticken, wo die Zeit wie aus Blei ist, die Hälfte der Wohnungen leer und abgesperrt, die Eigentümer auf dem Land.

Er weiß, dass sie hier vollkommen deplatziert wirken. In ihren abgetragenen, schmuddeligen Anzügen sehen sie aus wie zwei Einbrecher. Erfolglose Einbrecher.

Die Schatten sind lang, die Sonne steht tief; wie Rauch breitet sich langsam die Dunkelheit aus.

»Heute ist Dienstag«, sagt er.

»Mm.«

Und so dreht sich die Welt also weiter, und auch die Zeit bleibt nicht stehen. Ein Dienstag geht in einen Mittwoch über, und ein Mittwoch zerbröselt zu einem Donnerstag, und eine ganze Weile scheint der Donnerstag stabil und sicher, doch dann gerät auch er ins Wanken, und der Freitag gewinnt die Oberhand, und was *er* nun wirklich tun muss, ist dies: registrieren, protokollieren, Buch führen über die Tage und die verstreichende Zeit, denn er fürchtet, dass er den Bezug zu ihr verliert, und es darf keine Auszeit geben, keine Lücke, keinen Schwebezustand. Die Zeit verstreicht, und es ist *seine* Zeit, Zeit, die ihm und allen anderen gehört, und was sie in ihr und mit ihr anfangen, ist nicht anders oder getrennt vom dem, was vorher war und nachher geschehen wird. Es ist Kontinuität und muss als solche anerkannt werden; irgendwann wird auch mit dieser Zeit abgerechnet werden müssen. Und deshalb muss er prüfen, Klarheit schaffen, Notiz nehmen. Er wird nicht zulassen, dass er aus ihr herausfällt.

Sie biegen um eine Ecke.

»Oh, Mist.«

Ein Kontrollposten. Polizisten, die zwei dicken Matronen in Pelzmänteln träge ihre Fragen stellen und einen Blick auf die Ausweispapiere werfen.

»Nette Gegend dafür.«

»Augen zu und durch?«

Es wäre riskant.

Ihre Schritte verkürzen sich, sie gehen langsamer. Bestimmt werden die Matronen gleich durchgewunken: Sie können nichts zu verbergen haben. In ihren Portemonnaies ist Geld; sie tragen Pelze. Natürlich sind sie gesetzestreu, die Gesetze nützen ihnen ja.

»Los«, sagt der Mann, und sie überqueren die Straße. »Wir gehen durch den Park.«

Zwischen den Bäumen ist es schon sehr viel dunkler. Kies knirscht unter ihren Füßen.

»Welche Richtung?«

»Wenn wir auf die Place de Colombie zuhalten und von da aus wieder in die andere Richtung gehen, müssten wir klarkommen.«

»Gut. Dann los.«

Der Mann, der neben ihm hertraben muss, um Schritt zu halten, ist jetzt wirklich in Schweiß gebadet. Durch die Bäume fallen die Strahlen der untergehenden Sonne, und ein feiner Nebel steigt von den Lichtungen auf. Nur das Keuchen der beiden Männer ist noch zu hören – er hat überhaupt keine Kondition mehr –, der knirschende Kies, das Flattern der Vögel, die sich für die Nacht in den Bäumen niederlassen, und irgendein Rascheln im Gebüsch.

»Wenn wir Glück haben«, sagt der Mann, »denken die Leute, wir wären hinter Nutten her.«

»Gibt's das hier immer noch?«

»Mehr denn je. Wenn an den Gerüchten was dran ist.«

Aber Glück ist ein glückloses Wort: Kaum ausgesprochen, löst es sich in Luft auf. Denn im nächsten Moment hören sie die Hunde.

Lautstarkes Bellen. Mindestens zwei, vielleicht auch mehr. Und es sind keine alten, sklerotischen Möpse, die Gassi geführt werden. Nein, das sind große Hunde, Jagdhunde.

»Hören Sie das?«

»Ach, das ist nichts.« Sie kommen an eine Gabelung; der Mann steuert auf den linken Weg zu. »Das hat nichts mit uns zu tun.«

Doch hundert Meter weiter hören sie Stimmen. Sie kommen von rechts, sind irgendwo zwischen ihnen und dem Straßenlabyrinth der Stadt. Es sind deutsche Stimmen.

»… zuletzt gesehen an der Place de la Porte …«

Abrupt bleiben sie stehen. Der Atem tobt in seiner Brust. Er presst die Hand gegen seine Narbe.

»… sind wahrscheinlich in den Park gelaufen.«

Er sieht den kleinen Mann an, der den Kopf schüttelt; er versteht kein Wort. »Was sagen die?«

Er gibt ihm ein Zeichen, still zu sein, und lauscht.

»… fangen wir am See an und rücken dann weiter vor. Die Hunde schicken wir in die andere Richtung.«

Der Mann hebt überfordert die Hände. Was tun?

Dann muss er wohl jetzt die Führung übernehmen. Ein kurzer Wink, los, weiter.

Einer der Hunde jault, andere fallen in sein Jaulen mit ein. Rufe schallen durch den Wald. Hinter ihnen nähern sich Schritte, die von mehr als einer Person stammen.

Sie verlassen den Pfad, weichen Bäumen aus, ducken sich unter niedrigen Zweigen. Laub, tote Äste: ein nervenzerreißender Krach. Aber es ist ein Ding der Unmöglichkeit, sich hier leise zu bewegen.

Sie huschen hinter den dicken Stamm eines Ahorns und kauern sich nieder. Nach und nach sickert alle Farbe aus der Welt.

»Gehen wir getrennt?«, flüstert der Mann.

»Meinen Sie?«

»Halbiert das Risiko, geschnappt zu werden.«

»Verdoppelt es?«

Ein Hund bellt; sie zucken zusammen, und ihr Flüstern wird noch leiser.

»Die kommen näher.«

»Scheint so.«

»Haben Sie etwas?«

Er kann dem Mann nicht folgen. »Zigarette?«

»Nein.« Er holt tief Luft. »Für wenn die uns schnappen.«

»Ah. Sie denn?«

Der andere nickt. »Aber ich glaube nicht, dass es reicht.«

Der Mann lehnt sich an den Stamm, sein Bauch hebt und senkt sich wie der eines Froschs, und er schließt die Augen.

Er jedoch blickt sich um und reibt sich über die Arme. Er spürt die Kälte. Er will das nicht. Er kann das nicht. Was er sagt, klingt kindisch:

»Wir könnten durch den See schwimmen. Verlieren Hunde dann nicht die Spur?«

Die Augen des Mannes gehen wieder auf, im Halbdunkel sind sie tiefschwarz. »Und sobald wir hier raus wären, würde uns die nächste Patrouille aufgreifen. Im Sechzehnten, völlig durchnässt.«

»Stimmt auch wieder.«

Plötzlich trampeln Stiefel über den Weg, den sie gerade verlassen haben. Mit aufgerissenen Augen halten sie die Luft an. Es ist nur einer, ein Mann, der rennt; dann ist er weg, und die Luft kann wieder den Lungen entweichen.

»Können Sie denen nichts geben?«, fragt der Mann.

Er schluckt. »Ein bisschen.«

»Das ist das Problem, oder? Menschen. Menschen, denen man wehtun kann.«

»Menschen sind immer das Problem.«

Der andere lässt sich aus der Hocke auf eine Baumwurzel sinken. Er zieht die Knie an die Brust. Die Geräusche scheinen jetzt aus allen Richtungen zu kommen, Männer, Hunde, und dazu im schwindenden Tageslicht die Taschenlampen, deren Kegel an Zweigen und Stämmen vorbeihuschen. Sie sind erledigt, aus der Sache kommen sie bestimmt nicht mehr raus.

»Ich kann einfach nicht verstehen, womit wir diesen Wahnsinn verdient haben.«

Immer noch in der Hocke, hat er die gespreizten Fingerspitzen an den Baumstamm gedrückt. Er blickt sich um, späht in den Wald, schaut wieder zum Weg. Sie können hier nicht weg, können hier nicht bleiben, können sich nicht einmal gegenseitig umbringen, wobei er für seinen Teil diese Nacht ohnehin besser überleben sollte. Suzanne wartet auf ihn. Sie wird sich ärgern, wenn er nicht auftaucht. Was also tun? Unter seinen Fingerkuppen spürt er die genarbte, elefantenhautartige Rinde. Sein Blick wandert am Stamm des Ahorns entlang durch die herabhängenden Zweige und die rostgelben, welkenden Blätter bis zur Baumkrone. Der Baum ist noch dicht belaubt. Mit dem Kopf im Nacken verliert er in der Hocke das Gleichgewicht und muss sich festhalten. Etwas in seiner Miene hat sich verändert.

Er wendet sich dem kleinen Mann zu und stupst ihn an.

Der Mann schaut fragend auf.

Mit vielsagendem Blick deutet er nach oben.

Auch der andere legt nun den Kopf in den Nacken und blickt an dem steil aufragenden Stamm hoch. Sein Adamsapfel bewegt sich auf und ab. »Ich bin nicht schwindelfrei«, sagt der Mann.

Doch er ist längst aufgestanden. Den Blick nach oben gerichtet, wischt er sich die Erde von den Händen. Es dauert einen Moment, bis sich auch der andere aufgerappelt hat. Seite an Seite stehen sie da wie zwei Schuljungen, die eine Kletterpartie ins Auge fassen. Es gibt ein paar starke, tief herabhängende Äste, doch da, wo sie erreichbar sind, ist die Entfernung zum Stamm zu groß. Und näher am Stamm sind die Äste zu hoch, jedenfalls für den kleiner gewachsenen Mann. Bleibt also nur eins: Mit dem Rücken an den Baum gelehnt, hält er ihm die verschränkten Hände als Trittleiter hin. Der andere schluckt, stellt beklommen seinen Fuß hinein und lässt sich hochhieven; ein Griff nach dem niedrigsten Ast, ein Fuß auf die Schulter, und das Gewicht ist weg, der Mann klettert allein weiter. Mit einem Sprung erreicht auch er den Ast und kann sich daran hochziehen, die Tasche schaukelnd am Körper.

Der Mann steigt zaghaft ein Stück höher, dann hält er inne und erteilt der Idee, noch höher zu klettern, kopfschüttelnd eine Absage. Ein Schulterklopfen und schnell weiter, greifen, hochziehen, greifen, hochziehen, alles so lange her und doch so vertraut, die Erinnerung tief eingegraben in seine Muskel- und Nervenfasern. Sogar die brennenden Handflächen. Er erinnert sich daran.

Mit dem Rücken an den Stamm gelehnt, setzt er sich hoch oben rittlings auf einen dicken Ast, versteckt die helle Linie seines Hemdkragens unter dem dunklen Schal und zieht die Ärmel des Mantels über seine Manschetten; auch wenn sie eher grau als weiß sind, würden sie im Licht einer Taschenlampe aufleuchten. Er schlingt einen Arm um den nächsthöheren Ast, zieht die Tasche an sich und vergräbt die Nase in seinem Schal. Eigentlich ist es ganz erträglich so.

Überall im Wald ist Bewegung und lässt das Unterholz und die jungen Bäume erzittern; er hört das Knacken und Rascheln von Männern, sieht die Lichter ihrer Taschenlampen in der Dunkelheit zucken.

Er kaut an der Innenseite seiner Wange und schließt die Augen. Versetzt sich in eine andere Welt: Unter den lumpenumwickelten Füßen der Wanderer leuchtet die weiße Straße, und der Himmel über den dunklen, gleißenden Feldern ist von einem schimmernden Schieferblau; die Konturen sind kräftig, der Strich energisch, die ganze Szene so leuchtend wie ein Kirchenfenster. Dem Maler Rouault zeigt sich das Licht dieser anderen, hinter den Dingen liegenden Welt in einer Weise, die ihm verwehrt ist.

Als er die Augen wieder öffnet, sieht er unter sich immer noch den zusammengekauerten Mann, der wie ein dicker Pilz am Stamm des Ahorns klebt.

Die Dunkelheit verdichtet sich; wie Grundwasser steigt sie vom Boden hoch. Über ihm brechen die Sterne durch. Es wird kalt. Er wechselt die Sitzposition. Lockert den verkrampften Nacken. Der Baum bewegt sich im Wind, die Äste schaukeln, der Stamm schwankt, die Blätter rascheln, und oben jagen Wolken über den Himmel. Die Stimmen der Männer kommen und gehen, und das Hecheln der Hunde ist mal näher, mal weiter entfernt. Er döst ein, wacht auf. Suzanne wird verärgert sein. Er legt die Wange an seinen Arm und träumt.

Mit ausgebreiteten Armen fällt er, von Ästen leicht gestreift und von Nadeln und Zweigen gestreichelt. Solange er fällt, ist alles noch wunderschön, doch wenn er unten aufprallt, wird er tot sein.

Blinzelnd wird er wach. Wie ein Abgrund tun sich die fünfzehn Meter bis zum nackten Boden vor ihm auf. Im Schlaf ist er nach vorn gekippt, sein ganzes Gewicht hängt nur noch an einem Arm. Auf halber Höhe zwischen ihm und dem von Wurzeln zerfurchten Boden klebt die gekrümmte Gestalt seines Freundes am Stamm. Es ist heller geworden; die Nacht weicht wieder dem Tag, und sie sind immer noch hier; leben noch und leben weiter.

Mühsam richtet er sich auf. Sein Arm ist eingeschlafen, und die Brust tut ihm weh. Er klettert zu seinem Freund hinunter und hockt sich neben ihn; mit einer Hand hält er sich am nächsthöheren Ast fest, einen Fuß lässt er baumeln.

»Wie geht's?«, fragt er.

Der andere schält sein Gesicht vom Baumstamm; das Muster der Rinde hat sich in seine Wange gedrückt. Er riecht nach Moschus. Er sagt nichts.

»Steif?«

Er blinzelt. Seine Augen sind glasig, er scheint nichts aufzunehmen.

»Also gut, alter Knabe. Ich helfe dir runter. Vielleicht könntest du einfach …«

Doch anstatt zu reagieren, legt sein Freund nur das Gesicht wieder an den Stamm.

Dabei ist es wirklich höchste Zeit zu gehen. Ehe sie von Spaziergängern gesehen werden, die vielleicht am frühen Morgen ihre Hunde ausführen, ehe der Suchtrupp wieder auftaucht und einen neuen Anlauf nimmt. Was soll er tun? Er klettert weiter, bis er sich unterhalb von seinem Freund befindet, und wendet das Gesicht von dem Uringeruch ab.

»Gib mir einfach deinen Fuß, sei ein guter Junge. Einfach in meine Hand.«

Der Mann schüttelt den Kopf.

»Komm schon, das ist ganz leicht. Als Kind habe ich das ständig gemacht. Du doch bestimmt auch.« Was nur die halbe Wahrheit ist: Er ist zwar ständig auf Bäume *hinauf*geklettert. Doch hinunter ging es meist, ohne zu klettern.

Die Stimme des Mannes klingt zäh und belegt. »Ich bin nicht schwindelfrei.«

»Ich weiß, ich weiß. Das verstehe ich ja auch. Aber …« Der Stiefel ist jetzt in seiner Hand. »Versuch's trotzdem.« Sanft zieht er den Fuß zu sich herab. Sein Freund lässt es widerstrebend geschehen.

»Alles in Ordnung?«

»Nein.«

Doch der Fuß kommt zitternd herunter.

Zentimeter für Zentimeter arbeiten sie sich voran, fester Stand, sicherer Griff, fester Stand, sicherer Griff, immer weiter bis zum tiefsten Ast. Dort lässt er los, landet auf dem Boden und redet seinem Freund zu, dasselbe zu tun, einfach loszulassen; mit dem Mann in den Armen taumelt er schließlich zurück.

»Na, bitte. *Terra firma*.«

Der andere blickt sich um. Er reibt sich übers Gesicht, massiert seine geschlossenen Lider. »Gehen wir … gehen wir zum … zu dem Hotel.«

»Eine Sekunde.«

Er lässt den Freund neben dem Ahorn stehen, entfernt sich mit großen Schritten, knöpft die Hose auf und pisst lange ins Gebüsch.

Sie schlurfen durch die dämmerigen Straßen. Er ist ungekämmt, unrasiert, misstrauisch, verkrampft und versucht, nicht so auszusehen. Der andere schleicht einen halben Schritt hinter ihm, steifbeinig in seiner klammen, scheuernden Hose, und lässt sich nicht dazu bringen, zu ihm aufzuschließen. Die ganze Zeit murmelt er vor sich hin; ab und zu deutet er in eine Richtung: Hier lang, ich glaube, es geht hier lang … nein, doch nicht, ich weiß nicht. Oh Scheiße, ich weiß nicht, was sollen wir tun …?

Dieses Herumlaufen ist nicht gut. Natürlich kann man zu Fuß gehen, aber man braucht ein Ziel. Die Clochards sind verschwunden, und auch die Flaneure haben das Handtuch geworfen. Man geht, um irgendwohin zu gelangen, sonst bleibt man zu Hause. Was dazu führt, dass sie als einsames Paar – schlaksige Bohnenstange, kleines Dickerchen – in den morgendlichen Straßen von Paris genauso auffallen, als wären sie Dick und Doof, und bei den Straßenfegern, Müllmännern und Lieferjungen die entsprechende Aufmerksamkeit erregen.

Gleich hinter der Rue Grenelle finden sie ein Café und bestellen Kaffee. Er lässt bewusst eine Bemerkung über das Ärgernis fallen, dass sie am Vorabend den letzten Zug verpasst haben: Das kann einen wirklich aufregen, wissen Sie. Sein Freund trinkt stumm den heißen Malzkaffee. Er lässt sich nicht aufmuntern: Hotel, sich waschen, die Kleider wechseln und ein bequemes Bett; schlafen; danach werden sie sich deutlich besser fühlen. Als Antwort kommt nur ein flüchtiger Blick, ein Nicken. Sie zahlen und stolpern wieder ins kalte Tageslicht.

»Also los, mein Freund, es ist nicht mehr weit.«

Aber was ist, wenn Suzanne gegangen ist? Oder noch da ist, aber wütend auf ihn?

Das Hotel gehört zu der Kategorie von Hotels, die in jeder Straße von Paris zu finden sind. Der Anstrich abgeblättert und verblasst, die Fenster mit Straßenstaub bedeckt. Eine dünne Frau in einem tristen Kleid tritt hinter die Theke und schlägt das Gästebuch auf; ein fegendes Mädchen hält inne und starrt sie an. Dabei lutscht es an einem Finger.

Vor Müdigkeit ist ihm schwindelig. Seine Augen fühlen sich an, als wären sie mit Schmirgelpapier bearbeitet worden. Die Frau gibt ihm ein Formular zum Ausfüllen. Er nimmt den Bleistiftstumpf. Sein neuer Name fällt ihm nicht ein.

Neben ihm tritt der kleine Mann von einem Fuß auf den anderen und leckt nervös über seine Lippen. »Deine Papiere.« Womit er sagen will, dass in den Ausweispapieren sein neuer Name steht und er ihn abschreiben soll.

Rasch nestelt er seinen Ausweis hervor und schiebt ihn aufgeschlagen der Rezeptionistin hin. Während er die Bleistiftspitze anleckt, entziffert er die auf dem Kopf stehenden Buchstaben. Dann überfliegt er die Liste im Gästebuch und findet, was er sucht: Suzannes Handschrift und ihren neuen falschen Namen. Gestern hat sie sich eingetragen und – er geht die Spalte durch – ist heute Morgen in aller Frühe abgereist. Während er in dem stickigen kleinen

Café Ersatzkaffee geschlürft hat, ist sie Gott weiß wohin gebracht worden. Sie wird sehr verärgert sein, wenn er sie wiederfindet.

In Druckbuchstaben schreibt er den Namen; er unterzeichnet. Was jetzt? Was soll er tun, um sie zu finden?

»Gibt's hier Streichhölzer?«, fragt der andere wie aus dem Nichts.

Stirnrunzelnd dreht er sich zu ihm um.

»Streichhölzer. Früher gab's das in Hotels. Ganze Schalen mit Streichholzbriefchen, die einfach so auf der Theke herumstanden. Und manchmal auch Bonbons, haufenweise Bonbons.«

Er schiebt das Gästebuch über die Theke. »Ich gebe dir gleich Feuer.«

»Ihr Zimmer ist in der vierten Etage«, sagt die Frau. »Es ist sehr schön und ruhig.« Sie kehrt mit dem Schlüssel zurück und blafft das Mädchen an. »Steh nicht blöd rum, Marthe, und hör auf zu glotzen. Mach voran!«

Das Mädchen zuckt zusammen und schiebt weiter den Besen vor sich her.

Langsam steigen sie die langen Stufen zu ihrem Zimmer hoch, ein Aufstieg, von dem ihnen schwindelig wird. Doch das Zimmer ist ein Zimmer und zum Wohlfühlen sehr viel besser als ein Baum. Es ist voller Licht. Sie klappen die Läden zu, machen die Fenster zu, ziehen die Vorhänge zu, sperren das Tageslicht aus. Er schnürt seine Stiefel auf und streift sie ab. Dann lässt er sich auf eins der schmalen Betten sinken; es knarrt und bildet eine Kuhle.

Sein Freund setzt sich auf das andere Bett, das näher am Fenster steht. Die Tagesdecke zerknittert unter ihm. Seine feuchte Hose hat er immer noch an. Doch jetzt ist er mit Rauchen beschäftigt. Als er seine Zigarette zu Ende geraucht hat, zündet er sich an der Glut sofort die nächste an. Rauch quillt aus seinem Mund, steigt in Spiralen zur Decke hoch. Man könnte fast glauben, er wüsste nichts von den Rationierungen. Der kleine Mann raucht, als gäbe es kein morgen.

Er jedoch liegt einfach nur auf dem Bett, blickt zur Decke mit ihren blass eingeprägten Rauten und Blumen und hebt sich seine Energien und Zigaretten auf. Er zählt die toten Fliegen hinter dem Milchglas des Lampenschirms.

»Weißt du, wo sie sein könnte«, fragt er nach einer Weile. »Suzanne?«

Der Mann verlagert sein Gewicht auf der Matratze. »Jemand wird uns kontaktieren.«

Sie könnte sich in irgendeinem Keller oder einer Dachkammer verkrochen haben oder in diesem Moment in einem anderen Hotel an die Decke starren. Sie könnte hier in Paris kilometerweit entfernt sein oder einfach nur ein paar Straßen weiter. Die Angst schleift alle Unebenheiten ab, alle Buckel und Höcker; sie macht die Dinge leicht, einfach, klar. Jetzt in diesem Moment würde er es, auch wenn sie wütend auf ihn ist, Liebe nennen.

»Ich war Drucker«, sagt der Mann. »Bevor alles losgegangen ist.«

Er hebt leicht den Kopf und schaut den Mann mit eingezogenem Kinn über das Fußende seines Bettes hinweg an. »Tatsächlich?«

»Hauptsächlich Plakate. Handzettel«, sagt der Mann. »Für Zirkusse und Ausverkäufe, Konzerte und Lesungen, solche Sachen.« Er hält eine Hand hoch. Die Fingerspitzen sind dreckig und grau, die Nägel fleckig. »Das Kainszeichen«, sagt er. »An den Händen erkennst du jeden Drucker. Druckertinte. Lässt sich nicht abwaschen. Das macht der Beruf mit dir: Drückt dir seinen Stempel auf.«

»War die Arbeit gut?«

»Sie war nicht schlecht. Vor dem Krieg.« Er hebt die Schultern. »Jetzt ist sie scheiße. Ein Job halt, und das bedeutet Geld, und das kann man nicht einfach vom Tisch wischen. In gewisser Weise hilft es ja auch, denn solange ich deren Teufelszeug drucke, scheine ich auf ihrer Seite zu stehen. Es ist eine Tarnung. Und vielleicht tue ich das hier ja auch teilweise deshalb, weil ich so etwas nebenher tun muss. Als Ausgleich.«

Rabbiner mit Affenhänden, nette Nazisoldaten mit Kindern auf den Schultern.

»Ich hatte mal ein Exemplar von *Mein Kampf*«, sagt er quasi als Trost.

Was der andere versteht, denn er nickt.

»Und was jetzt? Einfach warten?«

»Die Frau unten wird weiterleiten, dass wir da sind.«

»Oh.« Er ruft sich das Mädchen und die Rezeptionistin ins Bewusstsein, blasse Haut, zerbrechliche Vogelknochen.

»Jemand wird kommen.«

»Jemand?«

Worauf sich sein Freund von ihm abwendet und die nächste Zigarette anzündet.

Er lässt den Kopf wieder sinken und schiebt seine Hand darunter. Das Bett, schmal und durchgelegen, ist trotzdem phantastisch. Er hebt die freie Hand und betrachtet sie. Sein Mittelfinger ist an der Seite, wo der Füller anliegt, eingedellt, die Fingerkuppen vom Hämmern auf die Tasten der Schreibmaschine abgeflacht. Auch ein Kainszeichen. Der Stempel seines Berufs.

Der Tag dehnt sich, streckt sich, macht sich lang. Schlaf kommt und geht. Dazwischen von der Straße her Alltagsgeräusche, französische und deutsche Stimmen; immer wieder dämmert er weg und kommt wieder zu sich, hört die Schläge einer öffentlichen Uhr, zählt sie und hofft, dass er im Schlaf die ersten überhört hat, denn sonst ist es erst zehn Uhr morgens, obwohl doch in diesem Zimmer schon eine Ewigkeit verstrichen ist.

Das Licht wird greller, die Schatten dunkler; Sonne schneidet durch die Fensterläden und wirft ihre Streifen auf die Vorhänge. Der Mann murmelt vor sich hin. Ab und zu wird er lauter, was dann ihn aus dem Schlaf reißt. Ohne den Sinn seiner Worte zu verstehen, dämmert er wieder weg.

Später wacht er auf und stützt sich auf die Ellbogen.

Der Mann ist noch da, sitzt gebeugt am Ende des anderen

Bettes. Zwischen den tintenbefleckten Fingern ist wieder eine Zigarette zu Asche verbrannt. Er schaut auf seine Uhr, wischt sich über den Mund, an dem getrocknete Spucke klebt. »Inzwischen hätten sie kommen müssen«, sagt der Mann, hält sich die Uhr ans Ohr und lauscht auf ihr Ticken; dann zieht er sie auf. »Wenigstens eine Nachricht hätten sie schicken müssen.«

»Hast du geschlafen?«, fragt er den Mann, setzt sich auf, schwingt die Beine über die Bettkante und reibt sich über die Stirn.

»Nein.«

»Vielleicht haben sie ja eine Nachricht geschickt. Soll ich runtergehen und fragen?«

»Sie wären hochgekommen. Unser Netzwerk ... Ich glaube, die sind aufgeflogen.«

»Nein.«

»Sonst wären sie hier. Ich sag's dir.«

»Vielleicht ist ihnen ein Fahrrad geklaut worden, oder sie hatten einen Platten. Oder haben sich verlaufen, haben die Adresse vergessen.«

Von der Straße her ist ein Geräusch zu hören, das aus der Ferne näher kommt, um die Ecke biegt und langsam lauter wird, ein Geräusch von Dieselmotoren: zwei oder drei. Der Mann erstarrt, reißt die Augen auf.

»Das sind sie!«

»Nein.«

»Die Gestapo.«

»Nein.«

»Ich sag's dir. Deutsche Wagen – zwei Kleinlaster. Das ist die Gestapo.«

Mit quietschenden Federn steht er vom Bett auf und horcht. Das Geräusch wird lauter, die Fahrzeuge kommen näher, näher und näher ... und fahren vorbei, rumpeln um die nächste Ecke und sind weg. Ausatmen. Jetzt steht auch der Mann auf, geht zum Fenster, zieht sachte den Vorhang zurück. Zusammen spähen sie durch die geschlossenen Läden; das Sonnenlicht malt Streifen auf ihre Gesichter. Unten auf der Straße herrscht Stille, nicht einmal eine Taube stolziert dort umher, nichts. Die vorbeifahrenden Wagen haben alles leergefegt.

»Weißt du eigentlich, was die mit dir machen, wenn sie dich in die Finger kriegen?«, fragt der Mann.

Er neigt den Kopf zur Seite. Er hat Geschichten gehört.

Mit einem Nicken scheint der andere auf etwas zu reagieren, das in seinem Kopf vorgeht. »Als meine Frau unser erstes erwartet hat«, sagt er, »hatte sie überhaupt keine Angst. Ich meine, unser erstes Kind.«

»Oh.«

»Sie dachte, sie könnte es einfach … du weißt schon, durchstehen. Sie dachte, dass sie tapfer und stark sein und schon alles gut gehen würde. Aber beim zweiten Mal, da hatte sie Angst. Schmerzen kann man sich nicht vorstellen, verstehst du? Das kann man nicht voraussehen. Man glaubt, man könnte das aushalten und weitermachen und man selbst bleiben, aber das kann man nicht. Unter Schmerzen wird jeder zum Tier.«

»Du solltest schlafen.«

Der Mann schaut ihn einfach nur an. Seine Augen sind rot.

»Wirklich, es würde dir guttun«, sagt er und lässt sich wieder auf sein Bett sinken. Er zieht die Socken aus, die steif sind und stinken, knüllt sie zusammen und stopft sie in seine Hosentasche. »Leg dich wenigstens hin«, sagt er. »Wir müssen einfach weiter warten.«

Der andere sieht ihn immer noch stumm an. »Ich weiß nicht, wie du das aushältst«, sagt er schließlich.

»Das hier ist immerhin besser als der Baum.«

Der Mann scheint ihm zuzustimmen, doch dann beugt er sich wieder zum Fenster hin und späht hinaus.

Im Flur ist es dämmrig; es riecht muffig und nach alter Politur. Natürlich zerrt es an den Nerven, so eingepfercht zu sein, und dann noch zu zweit. Es ist besser, den Freund eine Weile allein zu lassen.

Er findet den kleinen Raum mit dem Wasserkasten und der daran baumelnden Kette. Draußen führt eine Feuerleiter an den Backsteinwänden, die mit Vogelkot und einem Geflecht von Rohren bedeckt sind, im Zickzack hinunter in einen engen, schachtartigen Innenhof. Er lässt Wasser in eine Waschschüssel laufen, legt seine Socken hinein und bearbeitet sie mit einem Stück grüner Seife. Vom Hof her kommen Geräusche, die von den engen Wänden widerhallen – Frauenstimmen. Die Reinemachefrauen der Nachbarschaft schwelgen in Erinnerungen. Es hat fast etwas Pornografisches. Man giert nach Vanillezucker, nach *Café Liégeois* und nach, oh mein Gott, warmen Erdbeeren mit Sahne; eine andere lechzt nach herzhaften Dingen, gesalzenen Pistazien, frischen, glitschigen Austern, einem pikanten Stück Roquefort.

Er lässt seine Socken im trüben Wasser einweichen, knöpft die Hose auf, setzt sich auf die Toilette.

Natürlich ist nicht nur die Angst das Problem, sondern auch das Herausgerissensein aus der Normalität: Schlaf, ganz wichtig, vier Wände, saubere Kleider, Essen – all diese Dinge wirken beruhigend, weil sie suggerieren, dass alles so ist, wie es sein sollte. Er hofft, dass der andere inzwischen eingeschlafen ist. Er wird sein Fortbleiben etwas in die Länge ziehen, wird sich waschen und dann erst noch hinuntergehen, um zu fragen, ob es vielleicht etwas zu essen gibt. Gebratene Nieren … ein Gorgonzolabrot … Was wäre dem alten Mann nach *Finnegans Wake* überhaupt noch möglich gewesen? Hatte das letzte Buch, das sich Paul Léon von ihm gewünscht hätte, überhaupt eine Chance, je geschrieben zu werden? Was hätte für ihn noch kommen sollen, wenn nicht das Grab, Gott steh ihm bei, schon so lange krank, ständig unpässlich mit gerade mal achtundfünfzig.

Er nimmt ein altes Stück Zeitungspapier von dem Kupferdraht, putzt sich ab, steht auf, zieht die Hose hoch, betätigt die Spülung, knöpft den Schritt zu und taucht seine Hände in das Seifenwasser mit den Socken; er knetet sie, wringt und spült sie aus, wringt sie noch einmal und schüttelt sie. Nachdem er sie über ein Leitungsrohr gelegt hat, macht er den Oberkörper frei, lässt frisches Wasser in die Schüssel laufen und wäscht sich, schnaufend vor Kälte, das Gesicht. Dann fährt er sich mit den Händen über den Nacken und unter die Arme und trocknet seine kribbelnde Haut mit dem steifen, verzogenen Handtuch ab. Aus den nassen Socken tropft es auf die Kacheln. Er presst sie noch einmal über der Schüssel aus.

Barfuß, mit den Socken in der einen und den Stiefeln in der anderen Hand, geht er durch den Flur, als er Stimmen hört, die aus dem Foyer nach oben dringen. Beide sprechen französisch, die eine mit deutschem Akzent.

Die nackten, knochigen Zehen auf dem abgewetzten Läufer gespreizt, steht er da. Stocksteif.

Ein paar Zimmer seien belegt, hört er die Rezeptionistin unten sagen. Das ist immer so. Sie hat viele Geschäftsleute aus der Provinz. Hatte sie schon immer. Das sind vielbeschäftigte Männer, die kommen und gehen. Manchmal lassen sie den Zimmerschlüssel da, manchmal vergessen sie's auch. Männer können ja so nachlässig sein; die haben andere Dinge im Kopf.

»Und in letzter Zeit war nichts, was irgendwie verdächtig sein könnte?«

»Alles war so wie immer.«

»Natürlich. Denn wenn irgendetwas nicht in Ordnung gewesen wäre, hätten Sie es ja längst gemeldet.«

Schweigen. Dass sie nickt, lässt sich nur vermuten.

»Ich muss das Gästebuch sehen.«

Oben im Flur geht er mit angehaltenem Atem einen Schritt weiter Richtung Zimmertür. Er denkt: Feuerleiter, Hof, durch die Hintergasse weg, erst mal Raum schaffen zwischen ihnen und dem Hotel. Wohin dann, keine Ahnung. Sein Freund wird schon eine Idee haben.

Vorsichtig öffnet er die Zimmertür.

Licht schlägt ihm entgegen; er ist geblendet; das ergibt keinen

Sinn. Die Vorhänge bauschen sich, frische Luft weht ihm ins Gesicht, das Fenster ist geöffnet, die Läden weit aufgeklappt, das ergibt wirklich nicht den leisesten Sinn. Im Rahmen des sperrangelweit offenen Fensters steht mit dem Rücken zum Zimmer sein Freund; seine Silhouette zeichnet sich gegen den Herbsthimmel ab.

»He …!«, ruft er, ihm fehlt der Name, um ihn anzusprechen, »he, mein Freund …«

Er sieht, wie sich in den leeren Scheiben des gegenüberliegenden Gebäudes der Himmel spiegelt, sieht die eingetopften roten Geranien auf einem Balkon und die Taube, die eine Brüstung entlangtrippelt. Er sieht seinen Freund, der einen Fuß auf das kleine, schmiedeeiserne Geländer stellt und im Gegenlicht die Arme ausbreitet. Und dann sieht er, wie sich sein Freund ins Leere stürzt.

Die Taube flattert auf. Er sieht die hellroten Geranienkleckse, die metallisch leuchtenden Fensterscheiben, das durchdringende weiße Licht.

Dann hört er ein Knirschen, als wäre ein Sack Kohle vom Kohlewagen gefallen. Und dann schreit jemand.

Andere Stimmen kommen dazu. Kreischen.

Mit zwei großen Schritten ist er am Fenster und späht hinunter. Wie ein Komma liegt sein Freund auf dem Bürgersteig. Eine Frau steht da, die Hand vor den Mund geschlagen, erstarrt. Andere laufen zu dem Körper hin, doch dann bleiben sie abrupt stehen. Ein Kreis bildet sich. Niemand geht näher heran, niemand hockt sich davor, um zu prüfen, ob er noch atmet. Niemand will ihn berühren.

Dafür blicken die Leute zum Fenster hoch, und er tritt schnell zurück.

Er stopft sich die nassen Socken in die Taschen und schnappt sich seine Stiefel. Nimmt seine Tasche, seine Jacke, seinen Mantel, seinen Schal. Ist raus aus dem Zimmer, rennt den Flur entlang. In der Toilette reißt er das Fenster auf und schiebt seine langen Glieder durch die schmale Öffnung. Die Feuerleiter knarrt, säuerlicher Abfallgeruch liegt in der Luft, das Metallgerüst schwankt. Barfuß klettert er bis zu den Mülltonnen hinunter, zu den scharrenden Tauben im leeren Hof, wo die Reinemachefrauen und ihre Stimmen der Vergangenheit angehören.

Erst unten auf den schmutzigen Steinen zieht er sich die Stiefel an. Gleich neben ihm hinter einem Fenster aus Sichtschutzglas befindet sich die Hotellobby; er kann Bewegungen erkennen, versprengte, fleischfarbene und uniformgraue Flecken. Und er hört Stimmen, die mit deutschem Akzent französisch sprechen: *Alle Zimmer kontrollieren. Alle Leute verhören.*

Geräusche von trampelnden Schritten und aufgerissenen Türen.

Und dann hört er leise und ganz nah, direkt hinter der verzerrenden, schmutzigen Scheibe das Schluchzen der Rezeptionistin.

Er geht vom Hof in die Gasse, die eine Straßenecke weiter als der Hoteleingang wieder in die Avenue mündet.

Er wirft schnell noch einen Blick zurück zum Hotel. Zusammengekauert liegt dort sein Freund auf der Seite, als hätte er sich selbst auf dem Bürgersteig niedergelegt, um endlich zu schlafen. Ein Gendarm bewacht den Körper, doch die Menschen schlagen ohnehin einen Bogen darum, halten Abstand, als fürchteten sie eine Ansteckung. Zwischen den Pflastersteinen sammelt sich Blut.

Er wendet sich ab. Setzt einen Fuß vor den anderen.

Dann spürt er eine Berührung an seinem Arm. Ein junger, pickeliger Bursche mit Flaum an der Oberlippe – offenbar der Kontakt, auf den sie gewartet hatten – deutet mit einer Kopfbewegung die Straße entlang und sagt: »Gehen wir?«

Er zwingt sich weiterzugehen. Seine Beine sind Marionettenbeine, seine Arme aus Holz.

Er blinzelt in die niedrigstehende Sonne. Hinter ihm wird der Abstand größer; neben ihm geht der fremde Junge.

Seine Stiefel scheuern; seine Füße tun weh.

Gut so. Soll der körperliche Schmerz ruhig alles betäuben.

Da ist ein Bett. Da sind vier Wände. Da ist ein Fenster. Da ist eine kleine Porzellanvase auf einem Waschtisch und in der Vase getrocknete Kornblumen. Morgen fährt ein Zug in den Süden: Sie werden versuchen, es in die *zone libre* zu schaffen, die Freie Zone.

Sie sind zusammen. Eine Intrige der Hilfsbereitschaft hat sie wieder vereint und ihnen für die Nacht ein Hotelzimmer gegeben. Sie haben ein Handtuch, Seife, Wasser im Krug. Er kann aufstehen, sich setzen, sich ausstrecken, und durch die Schlitze der Fensterläden fällt Tageslicht.

Sie ist überhaupt nicht wütend auf ihn. Warum sollte sie auch? Ihn trifft keine Schuld für das, was geschehen ist. Eher verdient er Trost.

Suzanne wendet sich ab, um ihre Bluse aufzuknöpfen; sie nestelt unter dem Rock an ihren Strümpfen. Ihre Hüftknochen zeichnen sich unter dem Schlüpfer ab.

Er steht auf und geht zum Waschtisch. Schrubbt seine Nägel, nimmt den Kragen ab, knöpft sein Hemd auf, wäscht sich unter den Armen und reibt sich den Hals ab. Lässt ihr Zeit.

Und dann liegen sie im Bett, halb bekleidet, schweigend und rauchend und wissen nicht recht, wie das gehen soll mit ihrem Zusammensein; sie wissen nicht mehr, was erlaubt ist und was gewollt. Eine Berührung löst ein Frösteln aus. Ein harmloses Wort kann Anstoß erregen. Wie haben sie das früher gemacht? Einfach miteinander auskommen?

Doch nun liegt sie schlafend in ihrem Höschen neben ihm, das Laken verdreht, die Matratze nur leicht eingedrückt vom Gewicht ihrer Körper. Seine Gedanken treiben dahin wie trockenes Laub im Wind, und er folgt ihnen immer weiter bis zum Hafenwasser, in dem er versinkt.

Mit einem Ruck wacht er auf. »Oh, verdammt.«

»Was?«

»Oh, Gott.«

»Was?« Suzanne kommt zu sich.

»Das Gästebuch.«

»Was?« Auf die Ellbogen gestützt, starrt sie ihn an.

»Als ich mich ins Gästebuch eingetragen habe, ich glaube, da habe ich meinen echten Namen geschrieben.«

Sie sieht ihn an. »Du *glaubst*?«

»Ich weiß es.«

Sie schließt die Augen. Atmet ein und aus. Als sich ihre Augen wieder öffnen, schiebt sie die Beine über den Bettrand und sucht hastig ihre Kleider zusammen.

»Ich packe. Und du rasierst dich.«

»Was?«

»So wie du aussiehst, gehe ich nirgendwo mit dir hin.«

Er betastet seinen Schnurrbart. »Das ist eine Tarnung.«

»Eine verdammte Scheißtarnung ist das. Du siehst damit aus wie ein britischer Offizier.«

Sie beginnt an ihren Strümpfen zu reißen, doch dann bremst sie sich und rollt sie langsam hoch, denn selbst in Momenten wie diesen sind Strümpfe zu wertvoll, um sie aufs Spiel zu setzen.

»Wir müssen uns etwas anderes suchen«, sagt sie aufgebracht. Sie stopft die Bluse in ihren Rock.

»Es tut mir leid.«

»Ich weiß«, sagt sie. »Das hilft uns nicht.«

11

En route

September 1942

Eine Zeitlang scheinen sie gut voranzukommen – die Landschaft fliegt vorbei, es ist ein strahlend blauer Herbsttag; hinter dem Fenster verschwimmen Brombeersträucher, junge Bäume und braun gewordene Farne. Sie starrt hinaus; er schläft. Eigentlich hat sie noch nicht wieder angefangen, mit ihm zu reden.

Als sie das erste Mal weggelaufen sind, da sind sie gerannt wie Pferde oder Schafe; sie sind gerannt, weil alle gerannt sind und auch sie Angst bekommen hatten. Sie sind zu seinen Freunden gerannt. Erst Shem in Vichy, dann Mary und Marcel in Arcachon; da gab es Wein, Baden im Meer, Sonne und eine Angst, die im Rückblick höchst naiv war. Denn keiner von ihnen befand sich damals in unmittelbarer Gefahr. Sie standen auf keiner Liste. Aus heutiger Sicht ist es seltsam, dass sie es überhaupt für nötig hielten wegzurennen. Denn heute sind sie allein und hetzen durch finstere Weiten auf einen kleinen Lichtfleck zu, der fern und ungewiss ist.

Der Zug wird langsamer; er kriecht an baumbestandenen Böschungen und Kies vorbei, an Lagerhallen, liegen gebliebenen Güterwagen, Abstellgleisen, Fabriken und Rauch, der aus hohen Schornsteinen in den blauen Himmel aufsteigt. Im Schneckentempo bewegen sie sich gen Süden.

Zentimeter für Zentimeter geht es dem winzigen Licht entgegen, das ihnen in Aussicht gestellt wurde. Eine abgelegene kleine Stadt, wo die Straßen so schlecht und die Häuser so eng und baufällig sind, dass sich niemand dafür interessiert. Roussillon. Ihre Freunde, die Lobs, kommen dort ganz gut über die Runden, unbehelligt, obwohl er Jude ist. Doch es ist ein weiter Weg bis dorthin, und über die Grenze müssen sie auch noch, und jeder Kilometer, den sie zurücklegen, scheint länger zu sein als der Kilometer davor.

Dann fährt der Zug von der Haupt- auf eine Nebenstrecke und bleibt stehen, zwischen Werkstätten, Lagerhallen und Kleinbauernhöfen mit ihren verdorrten Bohnenranken und grün wuchernden Kürbispflanzen.

Die Zeit vergeht. Das Licht schwindet. Zigarettenrauch und Körpergerüche hängen in der Luft. Nichts geschieht.

Eine Frau hat einen Korb auf dem Schoß; eine Zeitlang haben ihre beiden zappeligen Jungen gequengelt und *mon p'tit doigt me dit* gespielt, doch nun schlafen sie zusammengesackt, mit verrutschten Mützen an die Mutter gelehnt. Das Schnarchen kommt nicht von ihnen: Das ist jemand anders. Und weiter hinten im Waggon hört eine Frau einfach nicht auf zu reden; ihre Stimme klingt so belegt, als hätte sie einen verschleimten Rachen. Und trotzdem dieser leise Wortfluss, der nicht abreißt, immer weiter fließt und fließt und fließt.

Auf dem Hauptgleis donnert ein Zug vorbei, ein plötzlicher Schwall aus Grün und Gelb. Und schon ist er wieder fort.

Ihr Zug rührt sich dagegen nicht vom Fleck. Es wird dunkler. Er stellt fest, dass die Frau über ihre Hühner redet. Wie sich ihr Sohn immer um sie gekümmert hat und dass sie ihr ganzer Stolz gewesen seien, die schönen Gefiederfarben, Perlgrau, Blau und Rot.

Er schaut auf die Uhr. Hält sie an sein Ohr. Schaut wieder. Zieht sie auf, sein Blick folgt dabei einem Starenschwarm, der über den orangen Himmel jagt.

Auch einen roten Hahn habe sie gehabt, der konnte einen

vielleicht anstarren, Augen wie Holunderbeeren, und wenn sie reinkam, um die Eier einzusammeln, habe er immer nach ihren Knöcheln gehackt. Nur bei ihrem Sohn habe er nie Ärger gemacht. Der sei ganz vernarrt in ihn gewesen, dieser Hahn.

Wie eine rosa Melone rutscht die Sonne hinter die Gebäude. Suzannes Kopf sinkt an seine Schulter. Er legt die Wange an ihr Haar. Schließt für einen Moment die Augen. Dies könnte der erste Schritt sein, ihm zu verzeihen.

»Weißt du noch?«, murmelt sie. »In Cahors? Der viele Regen.«

Er nickt, und dabei zerzaust seine stoppelige Wange ihr Haar.

Das elektrische Licht geht nicht an. Die Frau redet jetzt über ihren Obstgarten, wie der Junge in die Bäume geklettert sei, um sich Äpfel zu holen, und sie hätte ja auch mit ihm schimpfen können, aber wozu? Dann hätte er nur woanders Äpfel geklaut und noch mehr Ärger bekommen.

Langsam fallen ihm die Augen zu.

Dann schlägt eine Zugtür. Man hört Stimmen. Neue Stimmen.

Suzanne fährt hoch. Er berührt ihre Hand. Sie lauschen.

Abteiltüren werden aufgeschoben, barsche Fragen gestellt, Antworten gegeben, Türen wieder zugeschoben. Sie kontrollieren die Ausweispapiere – und die Frau redet weiter, das Schnarren ihrer Stimme wie Störgeräusche im Radio, die man mühsam zu ignorieren versucht. Seine Hände verkrampfen sich, sein Kiefer spannt sich an, aber es wird schon alles in Ordnung sein, natürlich wird alles in Ordnung sein: Ihre Papiere sind gut. Das hat man ihnen gesagt. Dass sie gut sind. Der ganze Aufwand, die ganzen Risiken.

Die Stimmen nähern sich. Es ist immer derselbe Ablauf: erst die Aufforderung, dann das stumme Hervorkramen, die Übergabe der Papiere, das stille Prüfen, die Fragen: Was ist der Zweck Ihrer Reise? Wen genau haben Sie vor zu treffen?

Aber ihre Papiere sind gut. Angeblich sind ihre Papiere in Ordnung. Sie werden einer genauen Überprüfung standhalten. Oder?

»Wir sollten …«

Sie nickt, ist schon auf den Füßen und hievt ihre Tasche hoch.

Sie schieben sich aus dem Abteil, dann weiter durch den Gang. Kommen an der Frau vorbei: ihr grauer Kopf von hinten, ihr weinroter Filzhut. Sie redet jetzt über ein Fahrrad: Monatelang habe ihr Sohn in der Stadt im Café Teller gewaschen, um das Geld zusammenzukriegen; über die Feldwege sei er damit gefahren, immer an den Hecken entlang, hinter denen oben sein Kopf hervorschaute.

Als er sich umdreht, sieht er den Mund der Frau, der sich bewegt, und die Tränen, die ihr über die Wangen laufen; aus einem Nasenloch quillt eine Schleimblase. Er hatte nicht gewusst, nicht begriffen, dass Tränen der Grund für ihre belegte Stimme waren. Das verfolgt ihn noch, als er schon die Zugtür aufstemmt und mit den Füßen nach dem Boden tastet. Der Junge hatte einen Platten, den er nicht an Ort und Stelle reparieren konnte, und musste sein Rad bis zur Werkstatt schieben. Nach Einbruch der Nacht war er immer noch nicht zu Hause und sie krank vor Angst.

Er springt auf den Kies, zerrt seine Tasche hinterher. Suzanne streckt die Hand aus, und er hilft ihr herunter. Es riecht nach Öl, Staub und Urin. Er schließt die Zugtür.

»Nicht dass doch noch jemandem was auffällt.«

»Ja.«

Los, komm, bedeutet er ihr mit einer Kopfbewegung. Sie rennen über die Gleise, klettern die Böschung hoch in den Wald hinein. Brombeersträucher reißen an Kleidern und Haut. Er stolpert durch ein Brennnesselbeet. Leise fluchend hastet er weiter.

Atemlos erreichen sie das Ende der Böschung. Die Luft ist kühl; es dämmert. Da ist ein Zaun, den er mit seinen langen Beinen rasch überwindet und dann Suzanne hilft darüberzuklettern. Ein einsames Pferd kommt gemächlich auf sie zu, um an ihnen zu schnuppern.

Es ist ein struppiges, nacktes, ungeschütztes Feld. Im Schatten der Bäume laufen sie am Rand entlang. Es gibt ein Gatter, doch das ist zugebunden, und weil der Knoten nicht aufgeht, klettern sie über die Holzlatten, stehen auf einem Weg und lassen das Pferd hinter sich. Der Weg ist erst von Hecken umsäumt, dann kommen Zäune, dann Häuser, und die Spur verengt sich zwischen hohen Mauern. Es riecht nach Teer, und sie hören das Klappern ihrer eigenen Schritte und das Rasseln ihres Atems. Plötzlich starrt ihnen etwas aus rot leuchtenden Augen entgegen; ein Blinzeln, und schon ist es wieder verschwunden. Ihre fest ineinandergreifenden Hände sind heiß und feucht; zwischen den Backsteinmauern können sie nur hintereinander gehen, er weiß nicht mehr, wann sie sich an den Händen gefasst haben. Er hat den Arm nach hinten gestreckt; an seine Hand geklammert, stolpert sie hinter ihm her. Das ist hinderlich und unbequem, vielleicht wäre es besser loszulassen. Doch sie lassen nicht los. Die Brust tut ihm weh, die Narbe zieht, und er hat Mühe durchzuatmen.

Als sie eine Kreuzung erreichen, bleiben sie stehen; keuchend und gebückt hält sie sich die Seiten. Er lehnt an einer feuchten Wand, sein Bauch hebt und senkt sich. Links von ihnen sehen sie ein kleines, verschwommenes Licht.

»Alles in Ordnung bei dir?«

»Ja«, sagt sie, und dann, nach einer Pause: »Was ist mit dir?«

Er nickt. Er wird leben. Obwohl Sterne vor seinen Augen tanzen.

»Tut dir die Brust weh?«

»Ob sie wehtut?« Er lacht, doch ein Hustenanfall erstickt das Lachen. Als er wieder sprechen kann, sagt er nur ja.

Er kramt seine Zigaretten hervor, zündet eine an, zieht daran, dreht sie um und hält sie Suzanne hin. Sie nimmt sie ihm aus der Hand und raucht. Vielleicht hat sie ihm ja schon vergeben.

»Was machen wir jetzt?«, fragt sie.

»Weitergehen. Zu unserer Verabredung.«

»Zu Fuß.«

»Also ... ja.«

»Oh, mein Gott.«

»Willst du nicht zu Fuß gehen?«

»Ich bin müde, das weißt du doch. Und du bist es auch. Wir sind schon müde, bevor wir überhaupt losgegangen sind.«

»Du hättest im Zug bleiben können, wenn du gewollt hättest. Du hättest etwas sagen können.«

Aus schmalen Augen sieht sie ihn an. Sie zieht noch einmal an der Zigarette. Dann sagt sie: »Und in welche Richtung müssen wir, du Genie?«

Er schaut zum Himmelsstreifen hoch: ein tiefes Abendblau.

»Wir könnten uns an der Sonne orientieren«, sagt er. »Im Zug ist sie rechts untergegangen.«

»Aber das war im Zug.«

»Ja«, sagt er.

»Und jetzt sehen wir die Sonne nicht. Und wir schauen auch nicht mehr in dieselbe Richtung. Also.«

»Also was? Sollen wir eine Münze werfen?« Er greift in seine Tasche.

»Was würde uns das bringen?«

Achselzuckend nimmt er ihr die Zigarette aus der Hand. »Es wäre wenigstens ein Anfang.«

»Wohl kaum.«

»Dann bleiben wir einfach hier.« Er nimmt einen langen Zug und lehnt sich wieder an die Wand.

»Halt den Mund«, sagt sie. »Idiot. Du gehst mir auf die Nerven.«

Er reibt seine Schultern an der kalten Backsteinwand. »Weißt du, mir gefällt diese Gasse. Ich glaube, wir könnten hier glücklich sein.«

»Ach, mir reicht's. Komm schon!« Sie packt ihn am Arm.

Schwerfällig stößt er sich von der Wand ab und stolpert hinter ihr her, der Atem heiß in seiner wunden Brust: Er denkt an Geländeläufe, rote nackte Beine, den rauen Herbst in Enniskillen.

Der Weg öffnet sich zu einer freien Fläche, einem Holzplatz, wo es nach frischem Schnittholz riecht. Eine flatternde Krähe über ihren Köpfen jagt ihnen einen Schrecken ein. Sie überqueren den Platz, gelangen hinter einer Schranke auf eine breitere Schotterpiste und gehen weiter an einem abgestellten Güterwagen vorbei, einem schmalen Streifen Brachland und Fabriktoren bis zu einer befestigten Straße; offenbar nähern sie sich den Außenbezirken der Stadt. Er geht jetzt neben ihr, und sein Atem entspannt sich. Das tun auch seine Gefühle, und er greift nach ihrer Hand. Er braucht sie nicht anzuschauen, um zu wissen, dass sie das Gesicht verzogen hat.

Die Frau liegt auf den Pflastersteinen, der Kopf ruht auf ihrem gekrümmten Arm. Ihr Mantel ist offen, darunter trägt sie eine dünne Bluse; der hochgerutschte Rock entblößt ihre Strumpfbänder. Suzanne hockt sich nieder, um den Stoff herunterzuziehen. Als sie wieder aufsteht, ist ihr Gesicht gerötet. Sie schiebt ihren Arm unter seinen, um sich an ihm festzuhalten. Wie Nebelschwaden quillt der Atem aus ihrem Mund.

»Ihre Augen sind gefroren«, flüstert sie.

»Was?«

»Die Feuchtigkeit in ihren Augen.«

Ein Mann liegt ausgestreckt auf dem Rücken. Sie gehen an ihm vorbei, ihre Schritte hallen über den abendlichen Platz. Eine Katze schleicht sich davon, als sie näher kommen. Sie können die Wunde in der Wange des Mannes sehen: ein dunkles Loch, wo eigentlich Haut und Muskeln sein sollten. Freiliegende, gefletschte Backenzähne, darunter ein weiß schimmerndes Stück Knochen, und an der Seite hängt schwer die Zunge heraus. Stille Innenräume, die nun für jeden sichtbar sind.

Vor der Mairie ist die Polizei am Werk. Sie durchwühlen Taschen, machen auf Klemmbrettern Notizen; sie legen die Körper nebeneinander und hieven sie auf die Ladefläche eines Lasters. Bald werden sie alles – und jeden – abgewickelt und beseitigt haben; es wird so sein, als wäre nie etwas geschehen.

Er will nicht hinschauen. Er muss hinschauen. Hier muss hingeschaut werden, der Wahrheit direkt in ihr aufgerissenes Gesicht – auf die Polizisten, deren Atem weiß in den Abend aufsteigt, auf die Leichen, über denen die Luft klar und durchsichtig ist. Ihm fehlen die Worte; sie fehlen und fehlen ihm; er ist so stumm wie die Leichen.

Er drückt Suzannes Arm an sich; ihr Kinn ist zerknautscht, ihr Blick starr, tränenlos. Sie huschen in den Busbahnhof; es ist kalt und hektisch. Sie finden eine Bank. Seine Haut fühlt sich schmierig an vor Ekel. »Wenn du mich kurz entschuldigst.« Er lässt sie sitzen und geht mit großen Schritten zur Herrentoilette. Über ein schmutziges Klosett *à la turque* gekrümmt, erbricht er erst einmal gar nichts und schließlich ein bisschen gelbe, bittere Galle. Er zittert. Besser fühlt er sich nicht.

Wieder bei Suzanne, neigt er unter ihrem fragenden Blick den Kopf. Es geht schon. Mädchen, Frauen und Männer in blauen Arbeitshosen stehen an den Haltestellen, steif und zitternd, die Mäntel zugeknöpft, die Kragen hochgeschlagen, mit all ihren Körben, Koffern und Bündeln. Busse schwenken ein, Türen öffnen sich laut, Menschen schieben sich ins Innere, und die Busse rollen wieder davon. Zwei deutsche Soldaten, die den Vorplatz überqueren, hinterlassen eine Schneise des Schweigens. Mit ihren geschorenen Nacken und den kahlen Ohren wirken sie beinahe verletzlich. An der Rückwand des Busbahnhofs gehen sie in Stellung. Der Drang, sich nach ihnen umzuschauen, brennt ihm im Genick; und auch die Notwendigkeit, es zu unterlassen.

»Wie lange dauert es noch, bis der Bus kommt?«

Er schaut auf die Uhr und hält ihr das Handgelenk mit dem Zifferblatt hin. Sie nickt; steif sitzt sie da, die Hände im Schoß gefaltet. Er schweigt; reibt sich über sein kribbelndes Genick.

»Wer kümmert sich um die Beerdigung?«

Sie spricht leise, ohne ihn anzusehen. Er dreht sich zu ihr hin, um sie besser zu verstehen. Unter den Augen ist ihre Haut grau.

»Ich meine, wer wird das bezahlen?«, fügt sie hinzu.

»Suzanne …«

»Werden die das machen? Wird die Verwaltung für die Beerdigungen aufkommen?«

»Suzanne, bitte.«

»Oder die Polizei? Ist es deren Aufgabe, sich um die … Entsorgung zu kümmern? Ich meine, die tun nichts dagegen, dass hier Leute umgebracht werden, da sollten sie sich wenigstens um die Folgen kümmern.«

»Suzanne …«

An einem Haltestreifen in ihrer Nähe bleibt ein Bus stehen; der Motor läuft weiter. Im Gänsemarsch steigen die Leute ein. Einige der Fahrgäste schauen die beiden an.

»Oder das Bürgermeisteramt? Die Stadtverwaltung? Ist die jetzt dafür zuständig?«

Er legt einen Arm um sie und zieht sie heftig an sich; sie lässt es geschehen, kopfschüttelnd auf ihre ausgeleierten Schuhe starrend, und redet weiter, wenn auch fast nur noch mit sich selbst.

»Oder müssen sich die Familien kümmern? Weil …« Eine Träne landet in ihrem Schoß, dann noch eine. Sie schluchzt. »Gestern waren diese ganzen Menschen …«

Er reibt über ihren Arm. »Pst«, flüstert er.

Mit hängendem Kopf wischt sie über ihre Augen und atmet lange aus. Sie bemüht sich. Sie versucht wirklich, damit aufzuhören. Und vielleicht lässt sich ja eine Stimmung durch eine andere vertreiben. Zornig sein hilft.

»Ich weiß nicht, wie du so gelassen sein kannst«, sagt sie.

Wieder kommt in ihrer Nähe schnaufend ein Bus zum Stehen. Dieselabgase und Tabakqualm.

»Ich bin nicht gelassen.«

Aus geröteten Augen starrt sie ihn böse an. »Du wirkst aber so. Gelassen und ruhig.«

Vielleicht wird es ja eines Tages Worte geben. Aber vielleicht wird auch Schweigen sein für alle Zeiten.

»Ich kann jetzt nicht darüber nachdenken. Ich kann dem nicht gerecht werden.«

Sie schweigt. »Hast du keine Angst?«, fragt sie schließlich.

»Doch.«

»Du siehst nicht so aus.«

»Ich habe entsetzliche Angst.«

Sie presst die Lippen zusammen; ihre Augen sind weit geöffnet und sehen entzündet aus. »Du bist unmöglich.«

Ein Bus fährt auf ihrem Haltestreifen vor. Die Türen werden aufgewuchtet. Er steht auf und hält ihr die Hand hin.

»Komm«, sagt er. »Das ist unserer.«

Später, sehr viel später werden sie in ein Jenseits aus zerbrochenen Stühlen, Kisten und leeren, am Hals trübe gewordenen Flaschen geführt. Der *patron* geht mit ihnen nach hinten durch in das kleine, abgesperrte Café und fängt an, leise singend mit klirrenden Gläsern zu hantieren. Ein paar Bugholzstühle stehen um ein aufgestelltes Weinfass herum, darauf ein Aschenbecher und eine Flasche, in der eine Kerze brennt. Sie spendet das einzige Licht. Die Luft ist voller Gerüche nach abgestandenem Wein, kaltem Rauch und altem Kaffee. Suzanne lässt sich auf einen der Stühle sinken; er bringt auf einem anderen seine langen Glieder unter. Nach einer Weile fischt er einen Zigarettenstummel aus dem Aschenbecher, inspiziert ihn und legt ihn wieder zurück.

Er steht noch einmal auf, um Suzanne zu helfen, ihre Tasche abzulegen. Sie schafft es immerhin, einen Arm zu heben und mit dem Kopf auszuweichen. Dann setzt er sich wieder auf den kleinen, knarrenden Stuhl und nimmt das Gewicht von seinen schmerzenden Füßen. Es ist ein Willensakt, sich nicht zu bücken, sich nicht die Schuhe auszuziehen.

Der *patron* bringt drei Bechergläser voller Rotwein, die er mit einer Hand von oben an den Rändern zusammendrückt, in der anderen Hand einen Teller *charcuterie*. Er stellt alles auf dem Weinfass ab. Mit einem Mal sind sie hellwach. Sie werfen sich einen Blick zu und schauen dem *patron* hinterher, der auf eine Zimmerecke zugeht, in der sich Kisten stapeln. Dann blicken sie wieder auf den Teller.

Der *patron* beginnt Kästen und Stühle hin und her zu schieben. Über den mit luftgetrocknetem Schinken und Blutwurst gefüllten

Teller hinweg schauen sie sich fragend an: Dürfen wir …? Können wir einfach …? Plötzlich ein Knarren. Hinter ihnen öffnet sich eine Tür, und ein Schwall Kellerluft weht herein. Als er sich umdreht, sieht er – und schon liegt ihm ihr Name auf den Lippen – Jeannine, *Gloria*. Ihr Gesicht ist dunkel und gezeichnet: Sie ist um zehn Jahre gealtert, seit er sie vor einigen Monaten zum letzten Mal gesehen hat. Suzanne und er fassen sich an den Händen.

»Guten Abend«, sagt er.

Sie gibt ihm einen Kuss. Er spürt das Kratzen seines unrasierten Kinns an ihrer Wange. »Der Ire.«

Sie beugt sich zu Suzanne herab, um auch sie auf die Wangen zu küssen.

»Mein Gott«, sagt Suzanne.

»Wen haben Sie denn sonst noch so hier versteckt?«, fragt er den *patron* leichthin. Der zuckt zufrieden mit den Schultern, während er sich mit nikotingelben Fingern eine Zigarette dreht.

Jeannine greift nach einer Scheibe Blutwurst. Sie sieht dünn und müde aus, aber das tut eigentlich jeder. Etwas an ihr hat sich verändert. Ihre scharfen Gesichtszüge strahlen eine Härte aus, die sie früher nicht hatte.

Der Schinken ist kühl und salzig. Er zerfällt auf der Zunge. Am liebsten würde er ihn nicht herunterschlucken, um den Genuss zu verlängern. Fragen drängen sich auf und werden beiseitegeschoben; er weiß nicht, wie er anfangen soll.

Doch Suzanne gelingt es, herzlich und freiheraus. »Wie geht es dir? Wie ist es dir ergangen?«

Jeannine streckt nur verhalten das Kinn vor.

»Und deiner Familie?«, versucht er es.

»In Sicherheit. Erst mal.«

»Was ist passiert?«, fragt er und formuliert den Satz, kaum dass er ihn ausgesprochen hat, noch einmal neu. »Weißt du, was passiert ist?«

Sie greift nach der zweiten Scheibe Blutwurst, klappt sie

zusammen, die Wurst bricht an der Knicklinie. Der *patron* zündet seine Zigarette an. Papier und Tabak fallen leise knisternd in sich zusammen, als die Spitze Feuer fängt.

»Wir sind verraten worden.«

»Von wem? Weißt du von wem?«

»Einem Priester.«

»Es gab einen Priester?«, fragt Suzanne.

»In einem anderen Teil des Netzwerks. Er ist zu uns gekommen, hat gesagt, er wolle helfen. Wir haben ihn beim Wort genommen, und das war ein Fehler. Seinetwegen haben wir viele gute Leute verloren.«

»Aber ein *Priester*?«

»Das sind auch nur Menschen«, sagt Jeannine schulterzuckend, mit vollem Mund. »Und vielleicht war er ja nicht mal Priester. Als unsere Leute verhaftet wurden, hat er die Gestapo begleitet. Der wollte zugucken. Das hat ihm gefallen.«

»Mein Gott!«, sagt Suzanne.

»*Fuck*«, sagt er auf Englisch und lehnt sich zurück.

»Das war dumm von uns«, sagt Jeannine. Im Kerzenlicht ist ihr Gesicht eine weiße Maske. »Dass wir Freunde rekrutiert haben und Freunde von Freunden.« Zum ersten Mal sieht sie ihn aus ihren dunklen Augen an. »Denkst du nicht, dass es ein Fehler war, Ire?«

Das, woran er denkt, ist die Begegnung mit einem Priester: fleischiges Lächeln, schwarze Soutane und ein Geruch nach Zigarren, der so gar nicht dazu passt. Im Flur oder auf der Treppe in Alfys Mietshaus. Wie kommt ein Priester in Zeiten wie diesen an Zigarren? Schon Zigaretten sind schwer aufzutreiben.

»Du hast uns natürlich nicht verraten, verzeih mir«, sagt Jeannine in sein Schweigen hinein. »Ich bin noch nicht genau darüber im Bilde, wer überhaupt noch auf freiem Fuß ist und wer nicht. Ich wusste auch nichts über eure Situation, bis Monsieur mir gesagt hat, dass er eine Französin und einen Iren erwartet, die zusammen über die Grenze wollen. Wisst ihr, wo ihr hinkönnt, wenn ihr in der Freien Zone seid?« Sie hebt warnend die Hand. »Und keine Details bitte.«

»Freunde von Suzanne«, sagt er.

»Sie sagen, dass man da, wo sie sind, ganz vernünftig leben kann«, fügt Suzanne hinzu.

»Gut.«

»Und du?«

»Man nimmt jede Gelegenheit wahr, die sich bietet, und macht einfach weiter. Da fällt mir ein: Ich habe etwas für euch.«

Sie greift in ihre Tasche und nimmt einen braunen Umschlag heraus, in dem etwas Rechteckiges steckt. Die Kanten sind abgewetzt und eingeknickt. Sie öffnet den Umschlag, zieht einen Stapel Geldscheine heraus. Ohne die Scheine zu zählen, nimmt sie das obere Drittel herunter und schiebt den Rest wieder in den Umschlag. Dann hält sie ihnen das Bündel hin. Alle blicken auf das Geld. Niemand sagt einen Ton.

»Los, nehmt es«, bricht Jeannine schließlich das Schweigen.

»Das ist sehr nett von dir«, antwortet er. »Trotzdem: nein.«

»Was?«, sagt Suzanne.

»Ich bestehe darauf«, sagt Jeannine.

»Andere werden es dringender brauchen.«

»Bist du jetzt völlig verrückt geworden?«, fragt Suzanne. »Ist dir nicht aufgefallen, in welcher Lage wir sind?«

Er schaut sie nicht an.

»Dieser Priester hat einige Tausender dafür kassiert, dass er uns reingelegt hat«, sagt Jeannine. »Im Vergleich dazu ist das hier nichts. Nehmt es, ich bitte euch. Ich würde euch mehr geben, wenn ich könnte, aber ich brauche eine Reserve für die anderen.«

»Bei mir wär's auch gut aufgehoben«, sagt der *patron*.

»Hier.« Suzanne streckt die Hand aus. »Danke.«

Jeannine gibt ihr das Geld, und Suzanne stopft es in ihre Tasche. Er wendet unbehaglich den Blick ab.

»Vielen Dank«, sagt Suzanne.

»Also.« Der *patron* rückt einen Stuhl heran und legt seinen

Tabakbeutel auf das Weinfass. Richtung Teller nickend, sagt er: »Los, greift zu. Und dreht euch ein paar Zigaretten als Vorrat. Wir müssen planen, wie es weitergeht.«

Ihre Schritte hallen durch die leere Straße.

»Sie hat uns das Geld *angeboten*, und sie *wollte*, dass wir es nehmen. Wir *brauchen* dieses Geld, und du hast dich trotzdem geweigert, es anzunehmen.«

»Sei leise, bitte.«

Sie zieht an seinem Ellbogen. »Du weißt, in welcher Lage wir sind. Das musst du doch gemerkt haben. Alles ist schwierig. Nichts ist … gut.«

»Das war mir nicht entgangen.«

»Was soll das dann? Warum kannst du keine Hilfe annehmen? Warum haben andere Menschen deine Hilfe verdient, aber *dir* darf niemand etwas geben?«

Er atmet lange aus. »Was ist ihm deiner Meinung nach zugestoßen?«, fragt er.

Sie bleibt abrupt stehen. »Wie?« Doch er geht weiter, mit langen, ausholenden Schritten, und sie muss hinterhertraben, um ihn wieder einzuholen. »Wem?«

»Dem Jungen.«

»Welchem Jungen?«

»Dem Jungen im Zug.«

»Den beiden Knirpsen mit ihrer Mutter? Ich wüsste nicht, warum denen irgendetwas …«

»Nein, nein. Ich meine die Frau im Zug, die geredet hat – diese Frau, die gar nicht mehr aufgehört hat zu reden. Sie hat über ihn geredet. Über den Jungen. Ihren Sohn.«

Er bleibt so plötzlich stehen, dass Suzanne sich umdrehen muss. Seine Umrisse sind verschwommen. »Oh«, sagt sie, »der.«

»Glaubst du, er ist tot?«

Ihr Herz hämmert laut in die Dunkelheit hinein. »Ich weiß nicht.«

Sie geht zu ihm, zieht ihn an sich, hält ihn lange fest. Knochen, Fleisch, abgetragene Kleider, der Geruch ungewaschener Körper und die Kälte der Nacht an ihrer Haut und das düstere, müde Gefühl, nicht mehr jung zu sein, aber auch für einen kurzen Moment die Wärme zwischen ihnen. Schließlich löst er sich von ihr. Und sie gehen weiter.

»Bist du dir sicher?«

Er blickt auf die Uhr. Hält sie an sein Ohr, lauscht auf das Ticken. Er zieht sie trotzdem auf und schaut sich um. Die Sonne geht wieder unter; dort hinten leuchtet der Himmel orange, da muss Westen sein. Und es wird kalt.

»Sieht eher aus wie, ich weiß nicht, wie ein Strauch.«

»Es ist ein Baum. Es ist eine Weide. Er hat gesagt ein Baum, eine Weide.«

»Die ist halb abgestorben.«

»Ja, genau. Eine halb abgestorbene Weide.«

Der breite, unbefestigte Seitenstreifen geht in eine kleine Böschung über, auf der ein Zaun steht. Der Baum ist Teil dieses Zauns, er sieht aus wie ein Pfosten, der Wurzeln geschlagen hat und gewachsen ist; ausgebleichte Wurzeln, die sich in die Erde krallen. Der Stamm des Baums ist schlank, zwei schmale Äste bilden darüber die Form eines Y. An den Ästen ein paar dünne, kurze Zweige, eine Handvoll Blätter. Dieser Baum ist beileibe nicht imposant, doch er ist unverwechselbar. Genau die Art von Baum, die als Orientierungspunkt dienen kann. Ein Baum, von dem sich ohne Weiteres sagen lässt: *Den kann man nicht verfehlen.*

»Er ist ziemlich klein«, sagt sie, immer noch skeptisch.

»Er ist unauffällig.«

»Warum bist du dir so sicher, dass es eine Weide ist?«

»Das hat er doch gesagt. Der *patron*. Er hat gesagt, wir sollen an der Weide warten, dann würde jemand kommen und uns rüberbringen.«

»Aber das heißt nicht, dass dieser Baum auch die Weide ist.«

»Nun ja, nicht unbedingt.«

Müde quält sie sich die Böschung hoch und stellt sich vor den Baum. Sie starrt auf die beiden Äste, dann auf die Wurzeln. Sie tritt gegen den Stamm. Der Baum schwankt, und eins der letzten Blätter segelt herab.

»Tja«, sagt sie, »ich weiß nicht. Ich weiß gar nichts. Ich weiß überhaupt nicht, was wir hier tun.«

Er setzt sich an den Wegrand und beginnt seine Stiefel auszuziehen. »Diese Weidenart hat einen Namen.«

Sie schaut zu, wie er die Schnürsenkel löst. »Wenn du die jetzt ausziehst«, sagt sie, »glaubst du doch nicht etwa, dass du sie je wieder anziehen kannst, oder?«

»Wie heißen diese Weiden noch mal? Ich hab's vergessen.«

»Deine Füße werden aufquellen wie Kürbisse.«

»Jetzt fällt's mir wieder ein: Salweiden!« Mühsam zieht er einen Stiefel aus.

Sie setzt sich neben ihn und streckt die dünnen, nackten Beine von sich. Er zieht seinen zweiten Stiefel aus, dann die Socken.

»Das Wort habe ich noch nie gehört«, sagt sie.

Ein Brombeerzweig hat ihr das linke Schienbein zerkratzt. Ihre Damenstrümpfe existieren schon lange nicht mehr. Sie trägt jetzt alte, umgeschlagene Tennissocken, was schulmädchenhaft aussieht. Er stellt seine nackten Füße von ihr weg ins Gras, spreizt die knorrigen, mit Blasen bedeckten Zehen; den kleinen Stumpf, an dem das obere Glied samt Zehennagel fehlt. Sein Körper ist ein Schlachtfeld, totaler Auflösungszustand.

»Ist dir das nicht zu kalt?«

Er zuckt die Achseln. Nach einer Minute sagt er: »Mein Vater kannte die Namen aller Bäume und Pflanzen.«

Auf die Ellbogen gestützt lehnt er sich zurück. Die letzte Abendsonne scheint ihm warm ins Gesicht; der Boden unter ihm ist kalt. In einer nahegelegenen Baumgruppe haben sich unter lautem Gezwitscher Stare versammelt.

»Wenn wir in Roussillon sind, ist alles gut«, sagt sie.

Die Stare flattern auf. Er schaut zu, wie die Schwarmwolke über den Himmel tanzt.

»Wir werden dort ganz gut zurechtkommen«, fährt sie fort. »Wir werden Arbeit finden; und du kannst dir deine Zuwendungen schicken lassen. Die Lobs haben dort überhaupt keine Probleme.«

»Ich weiß. Hast du ja schon gesagt. Das ist gut.«

»Wir werden uns dort wohlfühlen.«

»Ja.«

»In Roussillon können wir warten, bis alles vorbei ist.«

Er nickt. Wenn das möglich ist. Wenn warten etwas ist, das man lange genug tun kann; wenn die Umstände es erlauben. Dann sagt er: »Was glaubst du, wie der Ort hier heißt?«

»Der Ort hier?«

Sie blickt über die weiten Felder, schaut auf die Böschung und die letzten Sommerblumen mit ihren vertrockneten Stielen und Samenhülsen. »Das ist doch kein richtiger Ort. Warum sollte er einen Namen haben?«

»In Irland hat jeder Strauch einen Namen.«

»Das wusste ich nicht.«

»Einen Namen und eine Geschichte darüber, wie es zu dem Namen kam. Eine Geschichte, die so lang dauert, wie es Zuhörer dafür gibt.«

»Also, in Frankreich würde das nicht funktionieren. Frankreich ist viel zu groß dafür. Wenn wir das hier auch machen würden – das würde ein richtiges Durcheinander geben.«

Irland ist bis in alle Winkel und Falten hinein schmuddelig, klebrig, tintenverschmiert. Frankreich ist sauber, frisch gewaschen, abgeseift.

»Du solltest deine Stiefel wieder anziehen«, sagt sie.

»Das sind Folterwerkzeuge.«

»Und wenn jemand kommt?«

»Dann ziehe ich sie an.«

»Nicht der Mann. Ich meine, jemand anders.«

»Wer denn?«

»Ich weiß nicht. Polizei, Grenzpatrouillen. Die Gestapo.«

»Die würden wir auf einen Kilometer Entfernung kommen hören.«

Er bohrt seine Fersen in die kalte Erde, zwischen seinen Zehen das Gras. Neidisch schaut sie ihm zu. Schließlich seufzt sie, beugt sich nach vorn und macht ebenfalls ihre Schnürsenkel auf. Dann zieht sie die Schuhe aus, erst den einen, dann den anderen.

»Dieser Kontaktmann«, sagt sie, während auch sie die Socken abstreift. Ihre Füße sind mit roten Flecken übersät, Blasen haben sich gebildet, sind geplatzt und abgescheuert worden, die Haut an diesen Stellen wund.

»Ja.«

»Woher sollen wir wissen, dass er es ist?«

»Wer sollte es sonst sein?«

»Aber das ist doch gerade das Problem! Das meine ich doch. Stell dir vor, wir sitzen hier und warten, und dann sehen wir, dass jemand die Straße entlangkommt, und schon ist er da, und es stellt sich heraus: Das ist gar nicht unser Kontaktmann, sondern die Gestapo.«

»Die Gestapo bewegt sich immer im Rudel, so wie … ich weiß nicht, Hyänen. Da ist nie einer allein unterwegs. Und unser Mann wird allein sein; definitiv allein.«

Sie nickt und blickt die Straße entlang über die offenen Felder, die nackten Bäume und den Himmel, der langsam verblasst.

»Mir gefällt es hier nicht«, sagt sie.

»Ist ja nur für eine kleine Weile.«

»Hier herumzusitzen, ist per se schon verdächtig. Es gibt nichts, wohinter man sich verstecken könnte, wo man untertauchen könnte.«

»Das stimmt. Aber wir können jetzt nicht gehen. Wenn wir gehen, verpassen wir unseren Kontaktmann, und dann haben wir überhaupt keine Hilfe mehr.«

Sie kramt in ihrer Tasche, holt eine zerdrückte Verpackung heraus, macht sie auf. Zwei Kekse.

»Ist das alles, was wir noch haben?«

Sie nickt.

Er nimmt einen. »Danke.«

Sie lehnt sich an ihn, ihren Keks in der Hand. Er legt einen Arm um sie. Sie rutscht näher. Ellbogen, Schulterblätter.

»Es gefällt mir nicht«, sagt sie. »Kein bisschen.«

»Es muss dir nicht gefallen. Du musst es nur durchstehen.«

Er spürt die Bewegung ihres Arms unter seiner Hand, dann ihre Kieferknochen an seiner Brust, als sie in den Keks beißt und zu kauen beginnt. Seiner wird erst staubig, dann klebrig in seinem Mund. Er schluckt und nimmt den nächsten Bissen.

»Ich bin müde«, sagt sie mit gedämpfter Stimme.

»Dann schlaf.«

»Und wenn er ausgerechnet dann kommt?«

»Wird er nicht.«

»Sehr witzig.«

»Wenn er kommt, dann wecke ich dich. Und wenn ich auch schlafe, weckt er uns. Ich verspreche dir, dass du es nicht verschlafen wirst, also schlaf. Aber zieh erst die Socken wieder an, sonst bekommst du Frostbeulen.«

»Ich habe Durst.«

»Wir haben nichts zu trinken. Willst du einen Lutschstein?«

»Nein.«

Suzanne wickelt sich in ihren Mantel und legt sich zusammengekauert auf die Seite. Über den Feldern jagen schreiend die Starformationen durch die Luft. Für einen Augenblick lassen sie sich in den Bäumen nieder, dann flattern sie wie auf ein geheimes Kommando hin kreischend wieder auf. Leise singt er auf Deutsch:

Nun merk' ich erst, wie müd' ich bin
Da ich zur Ruh' mich lege

»Was?« Sie dreht sich gereizt.

»Schubert«, sagt er. »*Rast.*«

»Aha«, sagt sie. »Sei still.«

Das Lied hallt weiter in seinem Kopf. Nach einer Weile verändert sich Suzannes Atmung. Er schnallt seine Tasche auf, zieht seinen Ersatzpullover heraus, legt ihn über sie. Der Mond geht auf. Er betrachtet ihn. Schließt die Augen und beschwört ein Bild herauf: Caspar David Friedrichs *Zwei Männer in Betrachtung des Mondes*. Der umgekippte, nackte Baum, der sich langsam dem Boden entgegenneigt mit bloßgelegten, pelzigen Wurzeln. Mächtige Felsen, verdorrtes Gras; am Himmel eine helle weiße Scheibe im Dunst. Auf ihre Stöcke gestützt, lehnen sich zwei Gestalten aneinander. Der uralte Mond, die uralten Felsen, der sterbende, schwindende, uralte Baum. Die beiden Männer haben nur für einen kurzen Moment innegehalten, als wollten sie der bedeutungslosen Natur durch ihr Hinschauen einen Sinn verleihen.

In seiner Tasche findet er den kleinen Kieselstein vom Strand in Greystones. Er steckt ihn sich in den Mund und lutscht daran, und tatsächlich bringt das harte kleine Ding den Speichel in Fluss.

Die Kälte weckt ihn. Als er die Augen öffnet, nichts als Schwärze, deren Sinn er zunächst nicht versteht. Dann sieht er die Sterne. Er spürt die Erde, die sich von unten gegen seine Fersen und Schulterblätter drückt. Seine Finger umschlingen kaltes Gras, seine Nägel graben sich in den Boden; alles dreht sich, und er sucht Halt gegen die vorbeiwirbelnden Sterne, die schwindelerregenden Entfernungen, den üblen Rausch eines rotierenden Fahrgeschäfts, das ihn an die kalte Erde presst. Plötzlich prasselt die Gegenwart auf ihn ein, die Zeit, das Jetzt. Er richtet sich auf, lässt den Stein aus dem Mund in seine Hand gleiten und würgt.

»Bist du das?«, fragt sie.

Er spuckt, er schluckt. »Ich denke schon.«

Im Dunklen tastet sie nach ihm; ihre kalte Hand auf seiner kalten Haut, dem Knorpel und den Sehnen an seinem Arm. Sie richtet sich neben ihm auf.

»Ist er da?«, fragt sie. »Ist er gekommen?«

Seite an Seite sitzen sie da, steif und klamm im Morgentau. Der Himmel ist nun etwas heller. Schemenhaft hebt sich der schmächtige Baum gegen das Blau ab.

»Ich glaube nicht«, sagt er.

Nach einer Weile fragt sie: »Wie viel Uhr ist es?«

Er hebt das Handgelenk und starrt darauf, ohne die Zeiger zu erkennen. Er hält die Uhr an sein Ohr, hört sie ticken. Gierig nach Wärme, rutscht sie zu ihm hin. Er steckt seinen Lutschstein wieder in die Tasche und gibt ihr einen ungeschickten, ziellosen Kuss, der auf schmutzigem, ungewaschenem Haar landet.

»Was sollen wir tun?«

»Wir gehen zurück zum Heuschober und versuchen, dort den Tag zu verschlafen.«

Er spürt ihr Nicken.

»Da sind wir ganz gut aufgehoben. Keiner braucht jetzt schon Heu.«

Sie schnüffelt.

»Und morgen wird er dann sicher kommen.«

»Morgen ist jetzt.«

»Ich weiß. Es tut mir leid. Irgendwann wird es ein Ende haben.«

»Ja. Wir werden es nach Roussillon schaffen.«

Beide schweigen; nach einer Weile sagt er: »Ich glaube, es wird hell.«

Sie dreht sich zum nächtlichen Himmel um, der langsam hinter ihnen erblasst.

»Dann kommen wir auch wieder an diesem Feld vorbei«, sagt sie. »Da können wir uns ein paar Möhren holen. Die haben dir geschmeckt.«

»Die waren besser als die Steckrüben.«

»Gleich.«

»Ja.«

»Sobald es hell genug ist.«

»Ja.«

»Dann gehen wir.«

»Ja. Ist noch ein bisschen Zeit.«

Plötzlich hören sie ein Geräusch.

»Pst.«

Schritte. Eine Bewegung im Schatten der Hecke. Gänsehaut.

»Sind Sie das?«, ruft er in die Finsternis. »Hallo! Sind Sie das, Monsieur?«

Eine Gestalt hebt sich vom noch nicht ganz dämmerigen Himmel ab. Es ist nur ein Junge. Die Socken sind ihm bis zu den Knöcheln gerutscht, und er trägt eine Jacke, die ihm zu groß ist. Er blickt ihnen vom Weg aus entgegen. »Kommt mit«, sagt er.

12

Überquerung

Oktober 1942

Aus dem grellen Tageslicht stolpern mehrere Gestalten herein, blind in der plötzlichen Dunkelheit. Kaum ist die Tür hinter ihnen zugefallen, beginnen sie im Glauben, sie seien allein, miteinander zu reden.

»Ich kann überhaupt nichts sehen. Bist du das, Sylvie?«

»Nein, ich bin Agnès. Hier, Pascale, nimm meine Hand.«

Aus Höflichkeit räuspert er sich. Die Frauen erstarren und blicken sich suchend um. Vergeblich.

»Guten Tag«, sagt Suzanne. Erleichtert, eine Frauenstimme zu hören, erwidern sie die Begrüßung zaghaft.

Als er und Suzanne zu dieser Scheune geführt wurden, brach der Tag schon an, und ihre Augen mussten sich weniger anpassen. Der Junge machte sich so schnell aus dem Staub, dass sie sich nicht mal bei ihm bedanken konnten. Den alten Mann, der schlafend im Heu lag, sahen sie sofort; er bewegte sich grummelnd, wachte aber nicht auf. Später kamen zwei junge Männer dazu, die sich ängstlich und wortkarg in einem der Melkställe verschanzten, wo sie nur miteinander sprachen, kurz darauf dann eine Bäuerin, die sich auf einem Heuballen niederließ, den Korb auf ihre Knie stellte, sich an die nackte Steinwand lehnte und sofort einschlief. Er hatte sich gefragt, ob immer derselbe Junge die Leute herbrachte und absichtlich so schnell wieder verschwand, dass man kaum einen Blick auf ihn erhaschen konnte.

Mittlerweile kommen sie sich vor wie erfahrene Zuchthäusler, deren Aufgabe es ist, die Neuankömmlinge zu begrüßen und zu beruhigen.

»Alles in Ordnung«, sagt Suzanne, steht auf und humpelt auf die jungen Frauen zu. »Kommt rein, macht es euch bequem.«

Sie setzen sich auf das gebündelte Viehfutter. Kleider rascheln, Jacken werden aufgeknöpft, Taschen auf den Boden gestellt, Schnürriemen aufgezogen; Füße quälen sich aus knirschenden Schuhen. Wie sich herausstellt, trifft der Krieg die Füße besonders schwer.

»Du kommst nie mehr in deine Schuhe rein, Pascale.«

»Umso besser. Ich hasse sie. Wenn's sein muss, laufe ich barfuß bis nach Avignon.«

»Das möchte ich aber sehen.«

»Wart's mal ab …«

Ein dumpfes Geräusch von Leder, das auf den Boden fällt, zwei Schläge. Ein Seufzen, dann das schmerzverzerrte Inspizieren von Blasen und wundgeriebenen Stellen.

»Jedenfalls sitzen wir sowieso für mehrere Stunden hier fest. So viel ist sicher. In dieser kostbaren Zeit lasse ich doch nicht die Schuhe an.«

Wenn man eingesperrt ist, vergeht die Zeit schleppend. Leise Gespräche, Kartenspiele, langsames Weg- und wieder Hochdämmern. Durch eine fehlende Dachschindel fällt ein greller Fleck Sonnenlicht auf den Boden, der gelber wird und schließlich blau.

Er muss eingeschlafen sein, denn ein Hauch von Nachtluft streicht über sein Gesicht, und er sieht einen breiten Streifen Sternenlicht, der gleich wieder schmaler wird und verschwindet. Er stützt sich auf die Ellbogen. Suchend starrt er ins Dunkle. Suzanne sitzt schon neben ihm, hellwach.

»Sind das …?«

»Pst«, flüstert sie. »Ich höre was.«

In der Dunkelheit ist etwas zu spüren, das vorher nicht da war. Tabakgeruch liegt in der Luft, und dann sieht er die rote Glut einer Zigarette und hört Stimmen, die im rollenden Dialekt der Gegend flüstern.

Ein Streichholz flammt auf; für einen Moment tritt eine Teufelsmaske aus der Dunkelheit hervor, faltig und mit buschigen Augenbrauen, dann wächst die Flamme, wandert in eine Laterne, und ihr Licht fällt auf weitere Gesichter. Es sind wirklich die *passeurs*. Sie haben keine Namen. Die Schleuser gehören dazu wie das hiesige Gestein.

Nach und nach lockt die Laterne alle aus der Dunkelheit: die Mädchen, von denen eins barfuß ist und humpelt; ihre Freundinnen, die sie mit bleichen Gesichtern stützen; den buckeligen Alten, der sich glotzend an der Leiste kratzt; die jungen Männer, die ebenfalls näher kommen, wenn auch zögernd wie zwei misstrauische Kaninchen. Suzanne steht auf, und auch er rappelt sich hoch, und sie humpeln lahm auf die Lampe zu.

»Das sind zu viele. Ich hatte keine Ahnung, dass es so viele sein würden«, sagt einer der Schleuser.

Um die Lampe herum ist die Missbilligung nicht zu überhören.

»Die können wir nicht alle auf einmal mitnehmen, nicht über die Felder.«

»Die Mädchen können ins Auto.«

»Das ist ja wohl nicht dein Ernst.«

»In den Kofferraum.«

»Alle drei?«

»Der ist groß. Die Hunde kommen da ständig rein.«

»Es sind aber keine Hunde.«

»Nein, aber es ist ja auch nicht Hochsommer. Die werden nicht ersticken.«

»Da hat er nicht ganz Unrecht. Es ist ja nicht weit.«

In ihren knielangen Röcken und kaputten Schuhen stehen die Mädchen am Rand des Lichtkreises. Das mit den nackten Füßen hält sich etwas schief. Sie haben ihre Jacken an, die Arme über den hohlen Bäuchen verschränkt.

»Hättet ihr was dagegen«, wendet sich einer der Männer an die drei, »in dem stinkenden alten Citroën von diesem Idioten hier im Kofferraum über die Grenze zu fahren?«

Mit ausdruckslosen Gesichtern blicken ihn die Mädchen an. Sie sind kaum älter als Schulmädchen. Schließlich sagt die Barfüßige: »Das wäre gut.« Daraufhin nicken auch die anderen.

Das Teufelsgesicht wendet sich seinen Gefährten zu. »Gut, dann wären wir so weit.« Er schaut die Mädchen an: »Und ihr Süßen solltet mal gleich eure Sachen zusammensuchen. Ihr geht mit ihm.«

Die Schleuser sind da und irgendwie auch nicht: hier ein Auge, in dem sich schimmernd das Mondlicht bricht, dort ein Profil, das sich gegen das Sternenlicht abhebt, oder der blasse Streifen eines Nackens über einem dunklen Mantelkragen. Auch die Gespräche sind nicht mehr als Wortfetzen, die verwehen wie Asche. Nichts davon – weder von dem, was er sieht, noch von dem, was er hört – kann er zu einem Ganzen zusammenfügen.

Wie von Hunden zusammengetriebene Schafe hat man sie in kleinere Gruppen aufgeteilt. Die Mädchen sind anstandslos in den Kofferraum des Citroën geklettert; eine andere Gruppe nimmt weiter westlich den Weg übers offene Gelände. Weil es auf den Straßen Kontrollposten und Patrouillen gibt, soll ihr Trupp durch die Felder laufen und die Grenze dort überschreiten, wo sie in erster Linie als abstrakte Idee existiert. Es entlastet, gesagt zu bekommen, was man tun soll. Eine Zeitlang keine Entscheidungen mehr treffen zu müssen. Erleichterung durch Druckverlagerung: Ein Unbehagen wird durch ein anderes, neues Unbehagen ersetzt.

An einem Weidetor bleiben sie stehen. Der Schleuser sagt etwas, doch es ist kaum zu verstehen: ein Aufblitzen von Zähnen und so etwas wie »Ducken, leise auftreten, Mund halten«.

Dann taucht der Schleuser in die Dunkelheit ein, und sie folgen ihm. Der Boden ist uneben. Ständig verschwindet der Mann und taucht wieder auf, als wäre dies Teil eines Zaubertricks: Jetzt siehst du ihn, jetzt siehst du ihn nicht. Sofort Herzrasen, alle Sinne angespannt, dann eine Bewegung, und da ist er wieder, vibrierende Nerven, Hitze im Gesicht. Und die ganze Zeit die bange, pochende Frage: Welche Gewissheit haben wir eigentlich? Dieser Mann kann uns überallhin führen, kann sich jederzeit in Luft auflösen oder uns geradewegs zur Gestapo bringen, wegen des Geldes und weil es Spaß macht, bei der Verhaftung zuzuschauen. Wenn *ein* Mann so etwas tun kann, kann es ein anderer auch. Inzwischen tun Menschen solche Dinge.

So denkt er, während er geduckt durch den Schatten einer Hecke schleicht. Suzanne ist vor ihm, auch sie eine lautlose geduckte Gestalt: Nicht einen Schritt kann er hören. Links von ihm breitet sich die helle Fläche eines Stoppelfeldes aus. Jedes Mal, wenn sein Fuß versehentlich den ausgetretenen Pfad verlässt, dringen die abgeschnittenen, spitzen Halme durch die Stiefelsohle. Eine eindringliche Mahnung, nicht vom rechten Weg abzukommen.

Am Ende des Feldes krabbeln sie durch ein Loch in der Hecke. Dahinter tut sich eine andere Welt auf: Dumpf flüsternd bewegt sich der Mais hier noch ungeschnitten im leichten Wind. Der Weg geht weiter, ein schmaler Pfad zwischen den hoch aufragenden Stielen.

»… ganz leise jetzt …«, sagt der Schleuser, »… sind nah dran …«

Er winkt sie an sich vorbei, um selbst die Nachhut zu bilden, und das macht es noch schlimmer – dieses Gefühl, sich blind durch die Dunkelheit zu tasten, durch die trockenen Pflanzenstiele ins Ungewisse.

Schritte. Das Geräusch von Stiefeln auf einer befestigten Straße. Das Licht einer Taschenlampe, das im Geflecht der Hecke zerfasert. Schwer atmend, aber stumm kauern sie sich zusammen; und dann setzen die Stiefel knirschend ihren Weg fort, und auch das Licht huscht weiter und verschwindet.

Sein Herz rast. Er atmet flach, und seine Brust tut weh. Der Schleuser gibt einen leisen, ungeduldigen Ton von sich, und sie schleichen weiter. Alles um sie herum scheint sich verdichtet zu haben, alles wirkt grimmig und bedrohlich. Die grauen Maisgrannen, das Knarren der Stiefel, die Nachtluft in seinem Gesicht, der Geruch nach Fäulnis, die Sterne über ihm. Seine Waden schmerzen, seine Oberschenkel brennen. Nachtvögel rufen, und oben am Himmel ballen sich Wolken zusammen, während sie sich hier unten im Matsch auf eine andere, tiefere Dunkelheit zubewegen.

Vor einem Zaun sammelt sich die kleine Gruppe. Äste knarzen im Wind. Anweisungen werden geflüstert: Nacheinander klettern sie über den Zaun und treffen sich auf der anderen Seite im Schutz der Bäume. Kein Mondlicht hier; kohlrabenschwarze Nacht. Mit einem Schnalzen fordert der Schleuser sie auf, ihm zu folgen, jetzt wieder aufrecht eine Linie entlang, in der sie instinktiv einen Weg erkennen. Es ist seltsam, wieder aufrecht zu gehen. Langsam passen sich die Augen an; er kann Äste und schlanke Baumstämme ausmachen, die sich gegen den Himmel abzeichnen.

Plötzlich bewegt sich links von ihm etwas. Er hört ein Geräusch. Erschrocken und mit angehaltenem Atem bleibt er stehen, doch es ist nur ein Rascheln und Schnüffeln: ein Dachs, vielleicht auch ein Igel, der sich durchs Laub wühlt. Und so geht es weiter durch die Dunkelheit, mit ausgestreckten Armen, um nicht von unsichtbaren Zweigen gepeitscht zu werden, immer weiter durch eine vollkommen andere Welt.

Allmählich beginnt sich das Dunkel zu lichten; Baumstämme heben sich grau vom Himmel ab, und in den ersten Ansätzen von Helligkeit sieht er die Gestalt des Schleusers und dann auch die von Suzanne wieder vor sich. Schließlich erreichen sie das Ende des Waldes. Ein Fluss murmelt leise vor sich hin; Mondlicht bricht sich darin. Sie folgen stromaufwärts seinem Lauf, zwischen Wald und Wasser im Gänsemarsch immer weiter. Auf der anderen Flussseite liegt das offene Land der Freien Zone.

Er sieht die Spiegelung des Mondes im Wasser. Langsam

zerfließt die weiße Scheibe, fügt sich wieder zu einem zitternden Kreis und fließt abermals auseinander. Er geht langsamer, bleibt stehen, schaut. Der Felsen, das Wasser, der Mond; er sieht sich dort stehen wie die Männer in Friedrichs Gemälde, die in ihrer Vergänglichkeit den uralten, ewigen, sich ständig wandelnden Mond betrachten. Nur dass sein Blick nach unten geht, ins Hier und Jetzt, anstatt zum Himmel hoch. Er schließt die Augen.

Das Schulmädchen, humpelnd auf wunden Füßen.

Der *patron,* der seinen Tabakbeutel öffnet.

Paul Léon, der langsam die Rue Littré hinuntergeht.

Der Priester, der sich im Treppenhaus an ihm vorbeischiebt.

Alfy Péron, der auf einen Fünfhundert-Francs-Schein tippt.

Mary Reynolds, die ihn ins Haus führt.

Marcel Duchamp, der seinen Springer hebt.

Jeannine Picabia, um deren Augen sich Falten gebildet haben.

Als er seine Augen wieder öffnet, sieht er immer noch den gespiegelten Mond, der sich auflöst, zusammenfließt, auflöst. Genau das ist doch die Lüge, die Selbsttäuschung: Es gibt nichts Ewiges. Es braucht nur Zeit – und Zeit hört nie auf zu vergehen –, dann endet sogar das hier. Wasser höhlt den Stein, Stein bröckelt, Wasser trocknet, und sogar der Mond zerfällt irgendwann zu Staub, und niemand mehr wird ihm dabei zuschauen.

»Pssst!«

Er blickt sich um. Suzanne wedelt wütend mit dem Arm: Er soll kommen. Mit großen Schritten schließt er zu ihr auf.

An den ausgerissenen Wurzeln eines umgestürzten Baums treffen sie sich. Der Stamm liegt quer über dem Fluss; wie Skistöcke ragen dicht an dicht die Äste empor. Auf der anderen Seite kann man wie mit einem Rechen gezogene Linien eines Weinbergs erkennen und dahinter eine Gruppe von niedrigen Häusern; die Siedlung liegt noch im Dunklen, doch an den Rändern des Himmels sammelt sich bereits Licht. Das gegenüberliegende Ufer ist die Freie Zone. Bis zum Sonnenaufgang haben sie dort noch eine Wegstrecke vor sich.

Suzanne schaut ihn nicht an. Sie schäumt vor Wut. Man wird doch wohl von ihm erwarten dürfen, dass er wenigstens jetzt, in dieser Situation, imstande ist, einfache Anweisungen zu befolgen. Mit hochgezogenen Schultern und schmalem Rücken balanciert sie über den Stamm, und für einen kurzen Moment fühlt es sich an wie Kindheit, wie Turnunterricht; auf der anderen Seite hüpft sie herunter. Nun ist sie in der Freien Zone, während er noch unter den Bäumen in der besetzten Zone steht. Genau beobachtet sie seine ersten, zaghaften Schritte auf dem Baumstamm und wie er mit den Händen Halt sucht. Er folgt ihr über den Fluss hin zu diesem neuen Ort. Und so wandern sie weiter, quer über die Felder, an Hecken und Wassergräben entlang, in der Kälte des anbrechenden Tages.

Seine Stiefel sind vom vielen Laufen zerfetzt. Das Leder von Suzannes Schuhen ist so dünn wie Haut. Die Herbstsonne steht zu niedrig, ist zu hell, und sie laufen direkt in sie hinein, blinzelnd und mit brennenden Augen. Er dreht den Stein in seinem Mund um und schiebt ihn in die andere Backe.

»Ich habe Durst«, sagt sie.

»Ich weiß.«

Kurz darauf wieder: »Ich habe solchen Durst.«

»Du solltest dir einen Lutschstein nehmen.«

»Ich will keinen Lutschstein.«

Am Wegrand treffen sie auf die Überreste eines Felsabbruchs. Suzanne bleibt stehen, lässt sich auf einen Felsen sinken, stützt die Ellbogen auf die Knie und den Kopf in die Hände. Sie bewegt sich nicht. Er steht da und wartet darauf, dass sie sich wieder erhebt; als sie sich immer noch nicht rührt, geht er neben ihr in die Hocke und wartet weiter.

»Alles in Ordnung?«, fragt er nach einer Weile.

Schweigen.

»Dann komm jetzt.«

Schweigen. Schließlich schüttelt sie den Kopf.

Immer noch in der Hocke, blickt er die Straße entlang, dann dreht er sich um und schaut in die Richtung, aus der sie gekommen sind. Mit den Fingerspitzen auf den Boden gestützt, um nicht umzufallen, betrachtet er ihre ausgelaugte, gebeugte Gestalt. Hier können sie nicht bleiben.

Er steht auf; seine Gelenke knirschen. Er hält ihr seine Hand hin.

»Los«, sagt er. »Hoch mit dir.«

Doch sie hebt nur den Kopf und sieht ihn an. Die letzten Tage haben sie verändert. Sie ist ein wandelndes Skelett.

»Ich dachte, du wolltest nach Roussillon?«, sagt er.

Ein kurzer Blick, mehr nicht. Sein Ansporn scheint Suzanne nicht mehr zu erreichen.

»Wenn du erst mal aufgestanden bist und weitergehst, wirst du die Schmerzen kaum noch spüren.«

»Jeder Scheißschritt tut weh. Und das soll ich nicht spüren?«

Wortlos nimmt er ihre Hand und zieht sie hoch. Sie protestiert zwar, kommt aber wankend auf die Füße. Er legt ihren Arm auf seinen, und gemeinsam tun sie einen Schritt.

»Sag mir, wo es wehtut.«

Mit den Zehen fängt sie an, den Qualen, die ihr der linke kleine Zeh bereitet, dieses wunde, geschwollene Ding. Dann weiter: Wie sehr ihre Schuhe drücken und scheuern und dass die Strümpfe an den Fußballen so fadenscheinig geworden sind, dass sogar da die Haut aufgeschürft ist; wie ihr die Knöchel wehtun; was für schreckliche Wadenkrämpfe sie hat und wie steif ihre Hüften durch das Schlafen auf dem nackten Boden geworden sind. Er murmelt zustimmend, und sie tun gemeinsam noch einen Schritt und dann noch einen, bis sie langsam weitergehen.

Bald beginnt die Straße anzusteigen, eine einzige, nicht enden wollende Schinderei, und sie schweigen wieder.

»Was ist mit dir?«, fragt sie nach einer Weile.

»Oh, ich«, sagt er, »das willst du nicht hören.«

Die beiden schleppen sich weiter, der Abend bricht an, und dann erzählt er es trotzdem, erzählt von seinen wehen Füßen und seinen klapprigen Knien und dem Ziehen im Bauch und seiner stechenden Narbe und den Rückenschmerzen und dem eingeklemmten Nerv im Genick und seiner Eiterbeule am Schulterblatt, die bis in die Schulter hinein pocht.

Sie nickt schweigend, und sie gehen zusammen weiter, ausgemergelt und zerlumpt, ein kaputtes, sich auflösendes Menschenbündel.

Quälend langsam entrollt sich die Straße vor ihnen wie ein von der Haut gezogenes Pflaster. Jeder Schritt ist eine Erlösung und eine Tortur, gegen die man sich wappnen muss. Das Licht schwindet, er starrt auf seine kaputten Schuhe, die sich schleppend vorwärtsschieben, starrt auf den schlingernden Boden darunter. Seine Stiefel sind mit Staub bedeckt, seine Stiefel sind blutig vor Staub, rotem Staub.

Im schwachen Licht blickt er auf und sieht die Böschung aus zerbröckelnder roter Erde. Adern aus Rost und Blut durchziehen die darüber aufragenden Felswände. Die Straße streckt sich diesen Felsen entgegen, und als sie sich steil hochzuschlängeln beginnt, beginnen auch die ersten Zikaden zu singen. Oben sprießt wie Flechte eine kleine Stadt aus den blutroten Felsen. Durch einen Rosenkranz von Tagen, eine Dekade von Wochen sind sie von einer Welt in die andere gereist. Roussillon. *Rousse*, rot: Natürlich ist Roussillon rot.

Sie steigen der Stadt entgegen.

Mit seinen eng aneinandergedrängten Häusern, kleinen Fenstern und geschlossenen Fensterläden wendet der Ort dieser Welt den Rücken zu. Während sich die beiden noch bergauf kämpfen, wird der Wind schärfer; er bläst bald in die eine, bald in die andere Richtung, weht ihnen ins Gesicht, reißt Suzanne die Haare aus dem Kopftuch, zerrt an ihren Jacken, wühlt in seinem Bart, wirbelt Blätter, Samen und Grasbüschel auf, pustet Staub in ihre trockenen Augen. Es ist zu viel, es ist einfach zu viel, jetzt auch noch damit kämpfen zu müssen, dass ihnen dieser Wind mit voller Wucht ins Gesicht bläst.

Eine Kirchturmuhr schlägt die Stunde; ihre Töne verwehen. Als Suzanne aufstöhnt, nickt er zustimmend.

Sie stolpern an der Fassade des ersten Hauses vorbei. Die stilisierten Menschenfiguren aus Eisen, die tagsüber die Fensterläden an den Hauswänden fixieren, sind schon für die Nacht nach unten gekippt, als hätten sie zu viel getrunken. Die Straße ist jetzt gepflastert. Es gibt stille, schlafende Geschäfte, und vor einer Wand spreizt sich ein Obstbaum; eine geisterhafte Clematis rankt sich um eine Tür. Aus einer Gasse trottet eine Katze, bleibt stehen und starrt die beiden an. Da ist ein Schild. Ein Hotel. Hôtel de la Poste. Er nimmt Suzannes Arm und deutet mit einer Kopfbewegung auf das Gebäude. Sie nickt. Über das Kopfsteinpflaster stolpern sie darauf zu.

»Wir sind da«, sagt sie.

»Gott sei Dank«, sagt er.

»Bau hier bloß keinen Mist«, sagt sie. »Bitte vermassel es nicht.«

13

Roussillon

Oktober 1942

Der Tag ist hell, überall Stimmen und Geklapper: Die Wände biegen und dehnen sich im Wind.

Die beiden liegen Seite an Seite, reglos wie Grabfiguren, ohne Schuhe und Strümpfe, die Füße stinkend, voller Schorf und blutverkrustet. Das Bett ist schmal, und ihre Schultern berühren sich.

Sie atmen. Für den Augenblick nehmen sie nichts wahr; weder das helle Licht noch der Lärm oder das Rütteln des Winds stört ihren Schlaf.

Als die erste Sonne durch die Schlitze der Fensterläden sickert, taucht Suzanne auf und spürt den Druck seiner Schulter an ihrer Schulter; sie dreht sich auf die Seite, schafft Raum zwischen ihm und ihr. Durch die dünnen Wände dringen Stimmen, Radioklänge, Schritte, ein Klirren von Gläsern und Porzellan. Unter den Holzdielen rascheln Mäuse; auch oben in der Decke des Zimmers huschen sie umher. Er liegt atmend neben ihr; sie schläft weiter.

Wie ein Fächer hat sich das Sonnenlicht über den Boden gebreitet; dann beginnt es sich langsam wieder zurückzuziehen. Die Schatten werden länger und dehnen sich aus wie das Wasser bei Flut.

Als sie am Abend aufwachen, liegen sie in einem blauen Zimmer, in das durch die Fensterläden Streifen von Mondlicht fallen.

Vorsichtig zieht er seine Stiefel an und humpelt durch den Hotelhof zum Außenklo, ein windiges, schwindelerregend am Rand einer Felsspalte errichtetes Häuschen, darunter das steile, stinkende Gefälle.

Unterdessen humpelt sie zum Marktplatz. Am Brunnen füllt sie den Krug, und das Wasser, das ihr dabei ins Gesicht spritzt, ist kühl und angenehm. In den Cafés brennt Licht, alte Männer in blauen Arbeitsjacken trinken Rosé und reden, während draußen Männer in schäbigen Stadtanzügen und Frauen mit verblichenen Federhüten spazieren gehen. Sie werfen ihr unauffällige, diskrete Blicke zu und gehen flüsternd weiter. Sie wissen, dass Suzanne neu hier ist und eine von ihnen, doch es könnte ja durchaus sein, dass sie nicht gegrüßt werden möchte. Und tatsächlich ist sie für den Augenblick einfach nur glücklich, allein zu sein.

Im Zimmer waschen sie sich nacheinander mit kaltem Wasser. Als sie fertig sind, nimmt Suzanne die Schüssel vom Waschtisch und taucht ihre Füße hinein.

»Wie findest du es hier?«, fragt er.

Sie kratzt sich an einem Flohbiss und schaut ihn an. »Wir wissen, dass wir hier in Sicherheit sind«, sagt sie. »Mehr oder weniger.«

»Eine Toilette, die diesen Namen verdient, scheint es hier nicht zu geben.«

Sie zuckt mit den Schultern. Ist das wichtig? »Wichtig ist, dass wir uns jetzt hier in der Mairie registrieren lassen. Wenn wir das getan haben, können wir wieder Lebensmittelkarten bekommen.«

»Wir sollen uns offiziell anmelden?«

»Ich denke, anders wird es nicht gehen, wenn wir Brot kaufen wollen. Wir sind ja hier in einem anderen Zuständigkeitsbereich, wir dürften also keine Probleme bekommen.«

Er atmet laut aus.

»Ich kann mir wirklich nicht vorstellen, dass die uns bis hierhin folgen, du etwa? So wichtig sind wir nicht.«

Er tritt hinter ihr in den Speiseraum des Hotels. Es ist brechend voll, lautes Stimmengewirr, die Leute sitzen dicht an dicht.

Madame führt sie zu einem winzigen Tisch und bringt ihnen einen Eintopf aus nicht rationiertem Wildfleisch, Gemüse und Gerste. An der Oberfläche schwimmt glänzendes Fett, das Fleisch zerfällt im Mund, und das Gemüse zerschmilzt auf der Zunge. Es ist köstlich. Ein Geschmacks- und Kalorienrausch.

Suzanne macht ihre Sache gut; er schaut ihr dabei zu. Die Leute an den Nachbartischen stellen sich vor, und es gelingt ihr, herzliche Gespräche über nichts zu führen. Er bewundert das so, wie man einen fingerfertigen Kartentrick oder eine aus dem Ohr gezauberte Münze bewundert. Er sieht die Qualität und weiß, dass er diesen Trick niemals beherrschen wird.

Suzannes Freunde, die Lobs, treffen ein, und Suzanne scheint überglücklich und fast erstaunt über ihre Existenz. Während sie mit Yvonne und deren Bruder Roger Küsse tauschen, beugt sich Yvonnes Mann Marcel zum Händeschütteln vor und zieht sich dann steif wieder zurück. Die Familie besitzt außerhalb der Stadt ein großes, altes Haus; dort schlagen sie sich gemeinsam durch. In kleinen Schlucken trinkt er seinen Wein, betrachtet die plappernden Münder, schnappt Gesprächsfetzen auf: Meinungen, Ratschläge und Anregungen über mögliche Arbeit, mögliche Unterkünfte – im Hotel können sie ja nicht ewig bleiben – und mögliche Kontakte. Die Körper bedrängen ihn, die Wände sind eng, es ist zu laut. Er hat zu viel Zeit in Stille und Einsamkeit zugebracht, zu viel Zeit auf der Straße.

Er trinkt seinen Wein. Pickt mit einer Fingerspitze Krümel vom Tisch. Nickt zustimmend, wenn Zustimmung erforderlich scheint.

Das Radio wird eingeschaltet, damit es sich warmlaufen kann. Madame stellt relativ leise Radio London ein, und die Menschen im überfüllten Speiseraum des Hôtel de la Poste verstummen, um die Nachrichten von anderswo zu hören, von Franzosen, die zu Franzosen sprechen.

Der Wind hat hier seinen eigenen Kopf. Er braust und tobt, bläst und peitscht: Nie weiß man, aus welcher Richtung mit ihm zu rechnen ist. Geduckt huscht er aus der staubigen Straße ins Postamt.

Die Vorsteherin spricht ein gepflegtes, lokal gefärbtes Französisch mit rollendem R. Sie ist attraktiv, dunkler Teint, dunkle Augen, an der Schläfe eine leuchtende graue Strähne. Sie lächelt über seinen Akzent, obwohl beide wissen, dass Fremde in dieser Gegend längst nichts Befremdliches mehr sind. Ohne ein Wort über die Adresse auf dem Brief zu verlieren, legt sie ihn auf die Waage und hantiert mit den kleinen, glänzenden Gewichten. Dann feuchtet sie den Daumen an und blättert in ihrem Briefmarkenbuch. Warum sollte es auch keinen unkomplizierten Postverkehr zwischen der Freien Zone und dem Irischen Freistaat geben?

Als er die Post mit dem unverhältnismäßigen Gefühl wieder verlässt, etwas vollbracht zu haben – einen Brief an seine Mutter mit der Versicherung, dass es ihm gut geht, und der Bitte um Überweisung seiner Zuwendungen –, schlägt ihm Gestank entgegen: Zeitungspapier wirbelt übers Kopfsteinpflaster, als Klopapier zugeschnitten und bereits kräftig in Gebrauch genommen. Angewidert geht er zwischen den Papierfetzen zur Mairie und muss an den Mann denken, der auf die Frage, ob er die Hand schütteln dürfe, die *Ulysses* geschrieben habe, die Antwort erhielt, dass diese Hand auch noch andere Dinge getan habe.

Im kühlen, unpersönlichen Zimmer der Mairie blättert er zögernd in den Seiten des Melderegisters, sieht den Strom französischer Flüchtlinge aus dem Norden und dazwischen die vielen ausländischen Namen. Sogar eine Irin hat sich hier niedergelassen; eine Miss A. N. Beamish.

»Die Straßen sind verdreckt«, erklärt er dem Angestellten.

»Ah, das liegt sicher am Wind«, erwidert der Mann. »Die Toiletten entleeren sich über den Felswänden. Manchmal bläst der Wind das Papier einfach wieder hoch.«

»Kann man nichts dagegen tun?«

Ein Schulterzucken. »Der Wind dreht irgendwann. Dann bläst er alles wieder weg.«

Zu diesem Ort, denkt er, wäre Freud das eine oder andere eingefallen.

Am nächsten Tag liegen stinkende Papierfetzen in den Ecken und Rinnsteinen wie Laub vom letzten Jahr. Seite an Seite sitzen er und Suzanne in ihren verschlissenen Socken auf der kalten Steinbank vor der Werkstatt des Schusters, während ihre Schuhe neue Sohlen bekommen. Bei Gulinis haben sie Gebäck gekauft, brechen kleine Stückchen davon ab, die ihnen auf der Zunge zergehen, und lassen die Rosinen zwischen ihren wehen Backenzähnen zerplatzen. Suzanne bekommt Schluckauf. Vom Schulhof wehen die Stimmen spielender Kinder herüber, aus der Werkstatt das Hämmern des Schusters und dazu der Geruch nach Brot, Leder und Latrinen. Im Stillen rechnet er durch, wie weit ihr Geld bei den derzeitigen Ausgaben reichen wird und wann wohl die Zuwendungen aus Irland kommen: Das Hotelzimmer, die Mahlzeiten im Restaurant, das Gebäck und die Schuhreparatur haben ihre Ausgaben massiv erhöht. Sie leben jetzt nicht mehr von geklauten Steckrüben und Möhren, schlafen nicht mehr in Heuschobern. Von ihren Geldscheinen sind nicht mehr viele übrig. Arbeit muss her, denkt er.

»Was ist los mit dir?«, fragt Suzanne.

»Nichts«, sagt er.

Als er wieder ein Bröckchen aus dem Gebäck löst, kommt eine stämmige, in Tweed gekleidete Frau, von ihren angeleinten Airedale-Terrieren gezogen, an ihnen vorbei. Sie nickt und lächelt. Das kann nur Miss A. N. Beamish sein. Noch nie hat jemand so unfranzösisch ausgesehen.

Tag für Tag treffen mehr Menschen ein; sie klettern aus vollgestopften Bussen, rutschen von Fuhrwerken herunter oder wanken zu Fuß die Straße hoch. Sie sind übernächtigt und von der

Reise erschöpft, tragen staubige, tief ins Gesicht gezogene Hüte und zerknitterte Kleider, und an der Art, wie sie gehen, erkennt man sofort, dass ihnen ihre Schuhe Höllenqualen bereiten. Sie jammern und nörgeln und klammern sich aneinander. Wenn ihr Bick auf ihn fällt, halten sie inne und nicken ihm zu. Ihm wird klar, dass er einer von ihnen geworden ist: Er ist der Gemeinschaft der Vertriebenen beigetreten.

Die Frau in Tweed begegnet ihm wieder, dieses Mal auf dem Marktplatz. Sie hat nichts Gehetztes oder Zerlumptes an sich. Schon allein durch die Hunde wirkt sie wie jemand, der Fuß gefasst hat. Hunde deuten auf Beständigkeit und Häuslichkeit hin, auf Entscheidungen, die getroffen wurden.

»Sie sind bestimmt neu hier«, sagt sie. Sie spricht ein förmliches Französisch, doch in ihrem Akzent klingt das Irische an. »Wir kennen uns noch nicht. Beamish. Anna.«

»Freut mich sehr.« Er geht in die Hocke, um ihre Hunde zu tätscheln.

»Ich nehme an, Sie wohnen im Hôtel de la Poste?«

Er nickt.

Sie beugt sich leicht zu ihm hin und sagt in lautem Flüsterton, immer noch auf Französisch: »Unter uns gesagt, dieser Ort hier ist ein Kaff.«

Einer der Hunde legt sich auf den Rücken. Er krault ihm die borstige Brust und verkneift sich ein Lächeln.

»Davon kann dieses bekloppte Vieh den Hals einfach nicht vollbekommen«, sagt sie.

Von unten blickt er auf das weiche Kinn der Frau, während sie auf ihn herabschaut. »Wir hatten Kerry-Blue-Terrier«, sagt er auf Englisch. »Meine Mutter jedenfalls.«

Es hat etwas seltsam Behagliches, hier in dieser Sprache diesen Satz zu sagen. Er passt genau zur Situation: zu der feuchten Schnauze, dem schiefergrauen Fell unter seiner Hand, diesem netten, alten, närrischen Hund. Und kaum hat er den Satz gesagt, macht sich ein erfreutes Lächeln im Gesicht der Frau breit.

»Ein Ire!«, sagt sie. »Auf mein Wort!«

Schwankend kommt er wieder hoch und hält ihr die Hand hin; sie schüttelt sie kräftig, zupackend.

»Na, so was.« Ohne seine Hand loszulassen, betrachtet sie ihn hocherfreut.

»Wir sind gerade erst angekommen«, sagt er. »Wir müssen noch Fuß fassen.«

»Oh, beim Fußfassen können wir euch helfen, meine Freundin und ich. Ihr werdet bald vergessen haben, dass ihr überhaupt Füße habt!« Sie lässt seine Hand los. »Und jetzt trinken wir einen«, sagt sie. »Auf geht's.«

»Was tun Sie hier?«, fragt er. »Ich meine, wie kommt man hier über die Runden?«

»Ich habe meine Tantiemen. Damit halten wir uns ganz gut über Wasser.«

»Oh, dann sind Sie also Schriftstellerin?«

Sie greift nach dem Wein. »Ja, das bin ich.«

»Ich glaube nicht, dass ich Ihre Bücher kenne.«

Sie schiebt den bloßen Gedanken, dass er sie vielleicht kennen könnte, energisch beiseite. »Ich schreibe Bücher, die nicht salonfähig sind. Ein gebildeter Bursche wie Sie …« Sie zuckt mit den Schultern. »Im Übrigen habe ich ein Pseudonym, die Leute denken, ich wäre ein Kerl.«

»Aber Ihre Bücher müssen sich verkaufen, wenn Sie von den Tantiemen leben können.«

»Ja, das tun sie auch.«

Er hebt ihr sein Glas entgegen. *»Félicitations.«*

»Dann sind Sie auch Schriftsteller?«

Auf der anderen Seite des Marktplatzes hängen die Blätter des Feigenbaums, an dem die Früchte schon abgepflückt sind, schwer und symbolträchtig über der Steinbank. Mit einem Mal fühlt er sich schuldig, entblößt.

»Woraus schließen Sie das?«

Sie lächelt. »Da war so ein verräterischer Ausdruck in Ihrem Gesicht …« Sie wedelt mit der Hand. »Als ich die Tantiemen erwähnt habe. Daraus und aus Ihrer Ausdrucksweise habe ich geschlossen, dass Sie Schriftsteller sein müssen.«

»Es kommt vor, dass ich schreibe«, räumt er ein.

»Ha!« Sie lehnt sich zurück, um ihn genauer ins Visier zu nehmen, dann schenkt sie ihm nach. »Erzählen Sie mir von Ihren Kümmernissen.«

»Ah. Nun ja, Sie wissen doch, wie das ist.«

In seinen Gedanken wandert er über den Père Lachaise, der mit den gewaltigen Denkmälern der toten Genies zugestellt ist; kein Fleckchen Gras, auf dem er sein kleines, verrottetes Zelt aufschlagen könnte. Und inzwischen auch keine Gewissheit mehr, ob er das überhaupt will.

»Nein, weiß ich nicht. Wie ist es?«, fragt Miss Beamish.

Er lehnt sich zurück. »James Joyce war ein Freund von mir.«

»Oh, nein!«

»Ich habe ihm bei seiner Arbeit geholfen. Eigentlich bei allem, wo er Hilfe gebraucht hat. Ich war sozusagen sein Sekretär.«

Sie schüttelt missbilligend den Kopf.

»Finnegans Wake«, sagt er. »Dabei habe ich ihm geholfen, und ich habe an der französischen Übersetzung gearbeitet.«

»Oh, Sie Ärmster.« Ihre Miene ist eine Parodie des Mitleids. Sie schüttelt den Kopf. »Befreundet mit einem Genie.«

Sie winkt den Kellner herbei und hält ihm den leeren *pichet* entgegen. Dann wendet sie sich wieder zu ihm und fragt, nun wieder auf Englisch:

»Aber was schreiben Sie denn, wenn es trotz Ihrer Schwierigkeiten mal vorkommt?«

»Da ist nie viel bei rausgekommen«, sagt er achselzuckend.

»So schlimm?«

Sie lächelt ihn an, und er weiß, dass er Suzanne später mit einer Alkoholfahne gegenübertreten wird, dass sie erbost sein, es jedoch abstreiten und dieser Zustand mehrere Tage anhalten wird. Doch es ist lange, sehr lange her, dass er sich so wohlgefühlt hat wie jetzt, und er ist bereit, den Preis dafür zu zahlen.

»Und jetzt«, sagt er, »sehe ich einfach überhaupt keinen Sinn mehr darin.«

»Wegen des Krieges?« Nachdenklich füllt sie die Gläser nach. »Der beste und älteste Grund zu schreiben existiert ja wohl noch. Sogar im Krieg – den gibt es immer, in jeder Lebenssituation.«

»Und der wäre?«

»Trotz«, sagt sie.

Er lacht auf.

»Nein, das meine ich ernst«, beharrt sie, nicht gerade ernst. »Man braucht immer ein bisschen Trotz, ein bisschen Rachsucht, um weiterzumachen. Besonders am Anfang, wenn sich kein Mensch für das interessiert, was man macht.«

»Kann schon sein.«

»Und außerdem kann man nicht darauf verzichten.«

»Verzichten?«

»Wenn man nicht schreibt, ist man doch gar nicht man selbst, finden Sie nicht?«

Er denkt nach: die schlaflosen, verschwitzten Nächte in Irland, das Herzrasen, die Atemnot, Franks freundliche Gesellschaft das Einzige, was ihn beruhigen konnte. Beides hängt miteinander zusammen: das Schreiben und die Panik. Eine Verbindung, die er bisher einfach nicht gesehen hat.

»Das ist wie bei den Schnecken, nur dass Schnecken nicht schreiben, sondern Schleim produzieren müssen«, sagt sie. »Man kommt nicht weiter und fühlt sich unwohl, wenn man nicht schreibt.«

Er lächelt leise.

»Da können Sie nichts dran ändern.« Sie zuckt mit den Schultern. »Damit müssen Sie leben.«

Er hebt sein Glas. Sie stoßen an.

»Auf den Trotz«, sagt sie.

»Und den Schleim.«

Sie trinken.

Hinter der Wand sind Stimmen; hinter allen Wänden sind Stimmen; auch über der Zimmerdecke und in den Nachbarzimmern, den Fluren und dem Foyer sind Stimmen. Das Hotel ächzt unter den vielen Leuten, die reden, reden, reden, kauen, schlucken, schwitzen, gehen, pissen, vögeln, schniefen und reden, reden, reden, reden, immer weiter, endlos und überall, Worte Worte Worte und zusammengepferchte Körper, über- und untereinander wie Insekten, wie Larven, die reden schlucken kauen schniefen, immer weiter und weiter und weiter. Dieser Ort ist ein Ameisenhaufen, in dem es wimmelt und krabbelt und bebt und summt, und jeder tritt mit den Füßen die eigene Scheiße auf dem Boden fest. Der Wind heult und reißt an den Fensterläden, hebt klappernd und rappelnd die Dachziegel an, und wenn sonst nichts ist, wenn das alles für einen Moment innehält, was nur um drei Uhr morgens geschieht, wenn das pechschwarze Grauen die Seele erfasst, dann gibt es immer noch die raschelnden Mäuse und die Kakerlaken, die unter den Fußleisten knacken, und Suzanne, die neben ihm atmet, atmet und atmet. Er sehnt sich nach Abstand, nach Raum, nach Stille, nach seiner kleinen Wohnung in der Rue des Favorites. Da herrschten Einsamkeit und Ruhe, und sie gehörte ihm allein.

Nun starrt er auf die drei Wörter, die er geschrieben hat. Sie sind vollkommen lächerlich. Das ganze Schreiben ist lächerlich. Ein Satz, jeder Satz ist absurd. Überhaupt auf so eine Idee zu kommen: Wörter nebeneinanderzustellen, Schulter an Schulter, Kopf an Kopf, und dann mit Satzzeichen so festzuzurren, dass sie sich keinen Millimeter mehr bewegen können. Und das alles dann auch noch einem anderen Menschen zu geben und zu hoffen, dass irgendwas ankommt, irgendwas verstanden wird. Es ist nicht nur sinnlos. Es ist ethisch fragwürdig.

Und trotzdem braucht er das. Es ist genauso, wie Miss Beamish gesagt hat. Wie eine Schnecke muss er den Schleim produzieren, mit dessen Hilfe er sich durchs Leben bewegen kann.

Er sammelt liegen gebliebene Kartoffeln und von Karren

gefallene Äpfel. Derweil trifft sich Suzanne mit Bekannten. Sie redet mit Madame vom Hotel und mit den Frauen im Ort. Findet Sachen heraus. Auch das ist natürlich nützlich. Auf einigen Höfen gibt es Arbeit. Holz hacken, Feldfrüchte ernten, Weinreben pflegen. Würde er das machen? Er will nicht. Er fragt, wann er anfangen kann.

Dreimal am Tag läuten die Kirchenglocken zum Angelusgebet. Um zehn schließen die kleinen Cafés. Es wird kalt. In dem kühlen, dunklen Zimmer der Mairie ist die blaue Tinte seiner Unterschrift fest zwischen den Seiten des Fremdenregisters verwahrt. Nachts liegt er wach, während sich die verlorenen Seelen murmelnd im Schlaf winden. Ein kleines Auskunftsersuchen würde genügen. Eine einzige Kontrolle. Es würde genügen, dass die Gestapo weiter nach ihm sucht oder auf der Suche nach anderen über Suzanne und ihn stolpert. Er selbst braucht jetzt nichts mehr zu tun, um die Katastrophe heraufzubeschwören. Sie ist bereits Teil ihres Lebens hier. In einem Atemzug könnte alles in Trümmer fallen.

Er stakst zum Frühstückstisch, wo Madame die Morgennachrichten eingeschaltet hat. An seinem Ersatzkaffee nippend, starrt er über Suzannes Schulter hinweg auf die scheußliche grüne Tapete, während Suzannes Blick über der Tasse auf den im Zimmer versammelten Leuten ruht; alle verstummen, alle lauschen. Sie erfahren, dass sie nicht mehr in der Freien Zone sind: Aus der Freien Zone ist die Südzone geworden. Die Achsenmächte haben ihre Militärverwaltung über die Demarkationslinie hinweg ausgedehnt. Der Stacheldraht wurde jetzt um ganz Frankreich ausgerollt. Sie sind gefangen wie Hühner in einem Korb.

Suzannes scharfer Blick richtet sich auf ihn. Er stellt die Tasse ab und streckt den Arm zu ihr hin, doch sie nimmt seine Hand nicht.

»Es besteht durchaus die Chance, dass sie nicht hierherkommen«, sagt sie.

Eine ziemlich dürftige Chance. Die Gäste im Speiseraum

bleiben ruhig. Madame stapft zum Radio und schaltet es mit einer harschen Bewegung aus, als wäre der Apparat schuld.

»Wir sitzen alle im selben Boot«, sagt Suzanne. »Es ist nur eine Frage des Wartens. Der Krieg kann ja nicht ewig dauern.«

Er nickt. Vielleicht, denkt er und sagt: »Ich muss arbeiten gehen.«

Der Boden ist weiß gefroren, und in seinen dummen Stiefeln sind die Zehen taub. Er geht den weiten Weg zum Weinberg.

Die Reben sind nackt, die Blätter abgefallen. Fernand, der halb so alt ist wie er, zeigt ihm, wie alles geht. Das Licht blendet; es ist einfach zu hell. Bilder von van Gogh: die trüben, schlammigen Schauplätze im Norden, der Schmutz und das Elend der Industrie; doch dann überwältigt den Maler das Licht des Südens, das sonnengetränkte Gelb, das scharf umrissene Blau. Kunst schenkt so viel Trost. Wenn er doch selbst malen könnte – aber er kann nicht malen. Er schlägt den Mantelkragen hoch: sogar jetzt noch ein schwacher Hauch von Cheroot-Zigarren und Zitrone. Mit einem Korb, einer Kordelrolle und einem Messer bewaffnet, marschiert er im Mantel eines Toten den Weinberg hinunter, während die deutsche Armee an den Straßen und Bahnstrecken entlang ins Land hineinsickert wie Gift ins Blut, und dabei träumt er mit offenen Augen von van Gogh, anstatt irgendetwas zu tun.

»Kommen Sie, ich zeig's Ihnen«, sagt der Junge. »Sie müssen gut aufpassen, das Messer ist scharf.«

Das Siezen zeigt, dass der Junge wohlerzogen ist, zumal sein derzeitiges Erscheinungsbild diese höfliche Anrede kaum rechtfertigt. Am Fuß des Hangs gehen sie in die Reben hinein. Fernand bückt sich, und seine jungen Finger betasten einen kräftigen, waagerecht gewachsenen Trieb.

»Schauen Sie.«

Er zückt ein kurzes, robustes Messer, dessen Stahlklinge vom Wetzstein zerschrammt und eingekerbt ist. Dann führt er einen schnellen, schräg angesetzten Schnitt aus und wirft den Rebzweig in seinen Korb.

»Die hier, die haben im Sommer Früchte gebracht. Die müssen weg.« Wieder ein Schnitt, und er entsorgt den nächsten Zweig.

»Gut.«

Der Bursche rollt ein Stück Schnur ab, biegt die übrig gebliebenen Triebe nach unten und bindet sie an einem der Drähte fest.

»So«, sagt er, »einer links, einer rechts, damit sie Platz haben. Verstehen Sie?«

»Ich glaube schon.«

Der Junge lächelt. Gegen die braungebrannte Haut sind seine Zähne weiß. Mit dreißig werden sich tiefe Falten in dieses Gesicht gegraben haben. Er wendet sich der nächsten Rebe zu, und mit drei flinken, geschickten Schnitten, die er am linken, rechten und mittleren Trieb ansetzt, ist sie fertig. »Am mittleren Trieb zählen Sie drei Knospen ab, und dann schneiden Sie.«

Die beiden Weinreben präsentieren sich jetzt genauso wie die Rosen in Cooldrinagh im Herbst: sauber, gestutzt, in ihre Schranken verwiesen.

»Jetzt Sie – nehmen Sie die hier. Ich schaue zu.«

Mit dem abgenutzten Messergriff in der rechten Hand, greift er nach den Sommertrieben. Er imitiert Fernands schräg angesetzten Schnitt. Der Junge nickt anerkennend.

Er bindet die äußeren Zweige herunter, kürzt sie und schneidet den mittleren Trieb.

»Gut. Wenn Sie mich brauchen – ich bin dort hinten in der nächsten Reihe.«

Er macht sich an die Arbeit. Er schneidet, biegt, bindet und wirft den Grünschnitt in seinen Korb. Schneidet, biegt, bindet, wirft den Grünschnitt in seinen Korb. Er knöpft den Mantel auf. Etwas später zieht er ihn ganz aus und legt ihn ins Gras, wo er vergessen liegen bleibt.

Im Rhythmus der Arbeit lösen sich seine Gedanken und beginnen wegzugleiten. Er ist nicht mehr da, wo er ist. Die Zeit vergeht anders: ein leerer Bahnhof, das Brennen einer wunden Ferse, ein milder Abend, jemand, der beobachtet, und jemand, der beobachtet wird. Und während seine Gedanken so dahintreiben, rutscht die Klinge ab, schert aus und schneidet anstatt in den Weinstock tief in seinen Daumenballen.

Zwischen dem Moment der Verletzung und dem Schmerz hält die Zeit für einen Moment inne. Er zieht das Messer aus dem Fleisch. Schaut zu, wie die Wunde aufgeht wie ein kleiner Mund: Blut quillt, Blut läuft, Blut tropft. Es rinnt über seine Hand und fällt auf das verdorrte Wintergras. Erst dann beginnt er, nach einem Taschentuch zu tasten, und ihm wird schwindelig.

Der Junge schaut herüber. Das Taschentuch ist bereits stramm, aber nutzlos über die Wunde gelegt, längst rot und blutgetränkt. Der Junge kommt angerannt.

In der halbdunklen Küche, wo es warm ist und nach Holzrauch und Zwiebeln riecht, setzen sie ihn auf einen Stuhl. Madame macht große Umstände, trägt Alkohol auf, legt Streifen von Heftpflaster an, um die Wunde zu schließen, und verbindet die Hand mit Mull. Er zuckt vor Schmerz. Sein Arm pocht bis in den Ellbogen. Es blutet immer noch, wenn auch nicht mehr so stark.

Der Bauer stellt ein Glas vor ihn hin; eine Daumenbreite Weinbrand ist darin, und seine Frau lässt ein Stück Zucker hineinfallen, das sie zerdrückt und verrührt. Sie hat ein rundes Gesicht, rote Wangen, und ihr Kinn ist mit weichem Flaum bedeckt.

Monsieur rückt einen Stuhl heran und setzt sich zu ihm. Er schenkt sich ebenfalls ein. »Es gibt viele hier, denen ein Finger fehlt oder auch zwei.«

Er nickt, was er sofort bereut, denn ihm wird wieder schwindelig.

Der Bauer zieht eine alte, verbeulte Dose aus seiner Brusttasche und hält sie ihm hin. »Zigarette?«

»Danke.« Mit der gesunden Hand nestelt er eine Zigarette heraus und steckt sie sich zwischen die Lippen. Es ist eine industriell gefertigte. So eine hat er lange nicht mehr geraucht.

Der Bauer hievt sich vom Tisch hoch, um einen Holzspan am Feuer zu entzünden.

»Und? Ist sie gut?«, fragt er, als beide Zigaretten brennen.

Der Geschmack ist weich und würzig.

»Das ist amerikanischer Tabak.«

Er nimmt die Zigarette aus dem Mund und dreht sie um. Natürlich.

»Ich habe so meine Kontakte«, sagt der Mann. »Dadurch können wir einiges auftreiben.«

»Herrgott noch mal«, schaltet sich seine Frau ein. »Siehst du denn nicht, wie erschöpft der arme Kerl ist? Das sind sie alle, die armen Juden, völlig ausgelaugt.«

»Er ist kein Jude. Oder sind Sie Jude, Ire?«

»Nein, damit kann ich nicht dienen.«

Madame wedelt mit der Hand. »Pff, ist doch egal. Lass ihn einfach in Ruhe.«

Sie stellt für die Asche einen Unterteller zwischen die beiden. Dann geht sie geschäftig zum Ofen und macht sich daran zu schaffen, rüttelt am Rost, klappert mit den Töpfen, knallt die Ofentür zu.

Langsam trinkt er seinen Weinbrand und lässt den anderen reden.

»Ich frage mich, warum Sie hierhergekommen sind. Wo Sie doch gar kein Jude sind. Außerdem kommen Sie aus einem neutralen Land, aus Irland, da dürften Sie in Paris doch eigentlich nicht schikaniert werden. Eigentlich müssten Sie dort zurechtkommen. Ich denke nicht, dass Sie homosexuell sind?«

Er hebt die Schultern. »Das denke ich auch nicht.«

»Deshalb frage ich mich, was Sie da eigentlich so gemacht haben, da oben im Norden.«

»Dieses und jenes«, sagt er.

Der Bauer nickt. »Ein umtriebiger Mann. Sie werden sich langweilen hier.«

»Ich habe ja Arbeit.«

»Aber vielleicht wollen Sie andere Arten von Arbeit.«

Er reibt sich über den Nacken. Er ahnt, was unausgesprochen im Raum steht, doch ganz sicher ist er sich nicht. Die Zigarette muss der Schlüssel sein: Schmuggelware, mit der die Alliierten den Maquis versorgen. »Ich glaube, meine Lebensgefährtin wäre nicht einverstanden.«

»Also, denken Sie darüber nach.«

»Werde ich.«

»Und dann sagen Sie Ihrer Lebensgefährtin, was Sie tun werden.«

»So läuft das?«

Der Bauer lacht und legt seine Zigarette auf dem Unterteller ab. Auf der anderen Seite der Küche hört man seine Frau schnauben.

»Nein.« Der Bauer hebt das Glas, und sie stoßen an. Bis auf den letzten Tropfen leeren sie ihre Gläser. Sein Weinbrand ist sämig und knirscht vor Zucker.

Um möglichst nah am Licht zu sein, hat Suzanne einen Stuhl zwischen Bett und Fenster gezwängt. Ein dicker grauer Wollstoff liegt über ihren Knien und dem Bett. Es ist eine Decke, aus der sie einen Mantel machen soll. Das ganze Ding näht sie mit der Hand. Was nicht nur für die Hände ermüdend ist, sondern auch für die Augen. Als er hereinkommt, blickt sie auf, sagt guten Abend, sieht den Verband und verzieht das Gesicht.

»Was hast du denn jetzt schon wieder gemacht?«

»Ist nichts Schlimmes. Die Bäuerin hat es verarztet, und …«, von Suzannes Seite kommt keinerlei Kommentar, »… das wird bald wieder gut.«

Mit schmerzverzerrtem Gesicht öffnet er seine Tasche und legt aufs Bett, was er ergattert hat. Im Zimmer ist es stickig und kalt, und durch die Wand zum Nachbarzimmer dringen Stimmen. Sie steht auf, legt den Stoff zusammen und steckt die Nadel hinein. Langsam zwängt sie sich am Bett vorbei, um die Ausbeute zu inspizieren, und massiert dabei mit einer Hand ihre Schulter.

Mit seiner unverletzten Hand faltet er ein Stück Wachspapier auseinander, in dem ein Häufchen Oliven liegt. Dann breitet er ein Tuch aus, und ein frischer Ziegenkäse mit einem Würfel Quittengelee kommt zum Vorschein. Als Letztes holt er eine Weinflasche aus seiner Tasche, nicht etikettiert und bereits entkorkt. Er zieht den zur Hälfte hineingedrückten Korken heraus, füllt ein Zahnputzglas und gibt es ihr. Er setzt sich. Die Matratze senkt sich unter seinem Gewicht. Das Olivenhäufchen fällt in sich zusammen, der Käse rutscht auf ihn zu, und er muss ihn zurückschieben. Sie gibt ihm das Glas zurück. Als er beim Trinken den Ellbogen hebt, muss sie ihm ausweichen. Kein Platz, um seinen Hintern zu parken, kein Platz, um einen Ellbogen zu heben, keine Ahnung, ob er überhaupt noch das eine vom anderen unterscheiden kann. Sein Kopf ist blockiert, so viele Wochen schon, die Zahnräder in seinem Hirn eingerostet, verklemmt, kann sie nicht bewegen, kann nicht denken in dieser Enge, diesem Gedränge, alles rückt einem auf den Leib und trotzdem nichts in Griffweite, überall Bündel, Boxen, Behälter, die einem in die Quere kommen.

»Am Samstagabend sind wir bei den Bonnellys zum Essen eingeladen«, sagt er und reibt sich die Augen.

»Oh. Gut.« Sie nimmt ihm das Glas wieder ab und trinkt einen Schluck.

Er verteilt die Oliven, den Käse und das Quittengelee auf zwei Servietten. Als eine Olive übrig bleibt, teilt er sie ihr zu; den Käse bricht er in ungleiche Stücke und legt die größere Portion auf ihre Serviette. Dann reicht er ihr die Mahlzeit. Wortlos essen sie; nur gelegentlich halten sie inne, um einen Olivenkern in die Hand zu spucken. Als der letzte klebrige Bissen verschluckt ist, herrscht wieder Stille zwischen ihnen.

Er hält die Flasche hoch; sie streckt ihm das Glas hin. Der Wein schwappt hinein.

»Das sind sehr sympathische Leute«, bringt er heraus.

»Oh ja«, sagt sie.

»Und auch großzügig.«

»Gut.«

»Für einen Nachmittag Arbeit war das viel.«

Sie schaut ihn an. »Weißt du, ich tue, was ich kann.«

»Ich weiß.«

»Ich werde wahnsinnig hier – die ganze Zeit mit diesem Zeug in diesem Zimmer zu hocken. Mir tun die Hände weh.«

Er nickt. Er weiß das.

»Typisch, wie du dich verhältst.« Ihm war gar nicht aufgefallen, dass er sich »verhält«.

»Nie geht dir irgendwas nah.«

Ihr Gesicht hat sich gerötet. »Ungelogen, ich glaube wirklich, dir ist das alles egal. Ob wir in Paris bleiben und sterben oder uns hier in diesem Loch verkriechen und dabei wahnsinnig werden und am Ende auch sterben. Du nimmst es gar nicht wahr.«

»Ich finde nicht, dass es leicht ist, Suzanne.«

»Pff.«

»Was?«

Sie sieht ihn an, ihr Blick ist hart, kühl und enttäuscht. Sie könnte sagen: Ich habe in deiner Wohnung in Paris in dein Notizbuch geschaut und den ganzen Quatsch darin gesehen. Du verbringst deine Zeit damit, Männchen zu malen und Sachen, die du geschrieben hast, wieder durchzustreichen. Genauso bist du. Du wirst rein gar nichts zustande bringen.

Stattdessen sagt sie: »Und jetzt hocken wir in diesem grässlichen Loch wie Ratten in der Falle. Der Weg war mühsam und anstrengend – und trotzdem sind wir nicht in Sicherheit.«

»Wir leben. Also müssen wir uns auch mit dem Rest herumschlagen.«

»Was dir nichts auszumachen scheint.«

»Was willst du, findest du, wir sollten aufhören?«

»Aufhören?«

»Ja, aufhören – aufgeben.«

Sie zieht mit zusammengepressten Lippen die Mundwinkel herunter, was bei ihr manchmal eine Form von Achselzucken ist.

Er könnte sagen: Ich weiß, wie aufhören aussieht. Es sieht aus wie ein Mann, der in den Himmel hinaustritt. Es sieht aus wie Boden, der einem entgegenrast. Es sieht aus wie ein schwarzes Komma auf dem Kopfsteinpflaster. Es sieht aus wie eine Pfütze Blut.

Stattdessen fragt er: »Ist das dein Vorschlag?«

»Ich schlage gar nichts vor«, antwortet sie.

»Nein.« Er nimmt einen Schluck Wein, stellt den Zahnputzbecher zur Seite und pickt ein letztes Krümelchen Käse auf. Die verletzte Hand liegt schlaff in seinem Schoß. »Das sehe ich.«

Sie starrt ihn an, unwirsch und unglücklich. Auf ihrer Reise hat sie dem Erreichen des Ziels einen zu hohen Wert beigemessen. Das Ankommen jedoch, der eigentliche Aufenthalt – daran hat sie kaum einen Gedanken verschwendet. Doch nun sind sie gefangen in diesem Alltag, tagaus, tagein, so lange und weit, wie das Auge reicht, und es könnte sogar für die Ewigkeit sein. Ein ineinander verschlungenes Knäuel sind sie geworden, das nur noch aus Füßen, Ellbogen und Krallen besteht.

»Haben die Lobs draußen in Saint-Michel vielleicht ein Klavier?«, fragt er plötzlich.

»Kann sein.«

»Vielleicht könntest du dort spielen. Das würde dir guttun. Sie hätten nichts dagegen.«

Sie nickt.

»Vielleicht könntest du sogar wieder unterrichten. Bestimmt gibt es hier Kinder, die sonst darauf verzichten müssten. Und du hast es immer gern getan. Es würde helfen.«

Sie schaut ihn an. Schließlich sagt sie: »Du kannst das einfach viel besser als ich.«

»Nein«, erwidert er, »nein, das stimmt nicht.«

Doch sie nickt. »Vielleicht können wir etwas Abgelegeneres finden«, sagt sie dann. »Ein Haus außerhalb des Orts. Wo wir nicht so auf dem Präsentierteller sitzen, wenn wirklich eine Razzia kommt.«

»Ich höre mich mal bei Freunden um.«
Suzanne atmet hörbar aus.
»Was ist?«
»Bei Freunden.«
»Was?«
»Du.«
»Was?«
»Du und deine Freunde.«
»Was soll das heißen, ich und meine Freunde?«
»Karnickel kriegen Junge, du kriegst Freunde.«
Er runzelt die Stirn. Was meint sie damit? Dass er wahllos Freundschaften schließt? Oder geht es hier vielleicht doch eher um die Freund*innen*? Er fragt nicht nach. Anna Beamish wird sicher die eine oder andere Idee haben, wo sie nach einer abgelegeneren Unterkunft suchen können. Das verstörende Gespräch mit dem Bauern erwähnt er nicht. Diesen Ärger kann er sich später aufhalsen, wenn es so weit ist.

14

La Croix

Januar 1943

Das ist es: ein kleines Haus am Ortsrand. Er steigt die knarrenden Stufen hoch. Die verriegelten Fensterläden klappern im Wind. Er trägt Shems alten Mantel und hat sich einen Schal vor Mund und Nase gezogen, der vom Atmen feucht geworden ist.

Das Zimmer im Obergeschoss ist groß und dämmerig, die Decke schräg, in jedem Giebel ein Fenster. Ein Bettgestell, ein Schrank, ein kleiner Tisch und ein Stuhl. Der Putz an den Wänden ist rosa gestrichen. Hinten geht ein Fenster auf windgeschüttelte Äste und Amseln, die durch die Luft jagen. Durchs Vorderfenster blickt man jenseits der Straße auf steil abfallendes Gelände, und er kann über die Baumkronen und das Tal hinweg in der Ferne die Berge sehen. Wenn man sich rechts hält, ist man in zehn Minuten zu Fuß in der Stadt. Wenn man sich links hält, ist das nächste Haus das von Miss Beamish, hinten an der Kreuzung, gerade noch in Sichtweite.

Hier gibt es Weite und Raum; hier gibt es Stille in solchen Mengen, dass man darin baden kann. Wenn Schreiben in Zeiten wie diesen überhaupt möglich ist, dann nur an einem solchen Ort. Vielleicht kann er hier ein bisschen von dem Schleim produzieren, der ihm durchs Leben helfen wird.

Vom Garten her hört er Stimmen. Die von Suzanne und die

von Marcel und Yvonne Lob. Der Professor hat mit seinem Stück Land in Saint-Michel Großes vollbracht; es gelingt ihm nicht nur, damit die eigenen Bedürfnisse zu decken, sondern mit dem Verkauf der Überschüsse in Apt sogar Gewinne zu machen, die sich sehen lassen können. Natürlich sollten auch sie hier Nutzen aus dem Garten ziehen. Allerdings beunruhigt ihn die Zeit, die das erfordert. Das Warten. Warten darauf, dass die Jahreszeiten vergehen, dass aus dem Winter Frühling wird, dann Sommer und wieder Herbst, und dass sie dann immer noch hier festsitzen, Erbsen und Tomaten aus dem Garten essen und mit ihren eigenen Zwiebeln Eintöpfe kochen. Dass bis dahin vielleicht nicht das Schlimmste eingetreten ist, aber auch nichts anderes.

Dieses Warten; dieser *attentisme*. Das Warten ist eine Haltung geworden. Alle warten auf das Hereinbrechen großer Ereignisse, um dann Position zu beziehen und überhaupt irgendetwas zu tun. Es ist eine Politik der Passivität, die vielleicht vernünftig ist. Doch sie ist unerträglich.

Er wendet sich vom Fenster ab und poltert die Treppe hinunter. Im gleichen Augenblick kommt Suzanne mit roter Nase und unter die Achseln geschobenen Händen durch die Hintertür ins Haus. Sie strahlt eine Heiterkeit aus, die er lange nicht mehr an ihr gesehen hat.

»Es gefällt dir?«, fragt er.

»Ja«, sagt sie. »Es ist sehr gut geeignet.«

Yvonne und Marcel Lob treten hinter ihr aus dem Licht des Türrahmens.

»Allerdings müssen Sie dafür sorgen, dass Sie einen großen Vorrat an Heizmaterial haben«, erklärt der Professor. »In so einem freistehenden Haus wird es kalt. Jetzt im Winter können Sie hier glatt crfrieren.«

Der Wind ist bitterkalt. Blinzelnd betrachtet er die kleine Gruppe von Steineichen. Verglichen mit anderen Vertretern ihrer Art sind diese Eichen ziemlich dünne Stängel. Ein halbes Dutzend davon soll gefällt, das Holz zersägt, gespalten und auf einen Karren geladen werden. Einen Tag wird er vermutlich dafür brauchen. Als Gegenleistung für seine Arbeit wurde ihm die Hälfte des Holzes versprochen. Dieses kleine Wäldchen bedeutet für die kommenden Monate Heizen, Kochen und Warmwasser.

In Paris haben sie Dielen geklaut und in den Parks Holz gesammelt und Äste abgebrochen. Aber einen Baum hat er noch nie gefällt.

Trotzdem. So schwer kann das nicht sein.

Er hievt die Axt hoch und holt aus; schwer prallt sie gegen den Stamm. In seinen Händen vibriert der Griff, der Stoß geht durch den Arm bis in seine Schultern, und die Zweige des Baums erzittern. In der Rinde hat sich ein schmaler Spalt aufgetan; mehr nicht.

Er stellt die Axt mit der Klinge nach unten ab, spuckt in die Hände und reibt sie aneinander.

Wieder hievt er die Axt hoch und holt aus. Die Rinde klafft nun ein bisschen weiter auf.

Er zieht den Mantel aus und legt ihn auf den Boden.

Bald zieht er auch die Jacke aus und lässt sie auf den Mantel fallen.

Dann folgen Pullover und Hemd, die er beide in Richtung Kleiderhaufen wirft. Im Unterhemd arbeitet er weiter, die Augen zusammengekniffen gegen die Wintersonne und den Wind.

Sein Arm tut weh. Seine Schultern tun weh. Sein Rücken tut weh.

Es ist ein anderer Schmerz als sonst. Nicht der steife Nacken und die müden Augen von früher, nicht der Krampf geistiger Arbeit und Versäumnisse. Langsam wird sein Kopf frei; seine Gedanken glätten sich und beginnen zu fließen. Keine Knoten mehr. Kein Gewirr. Kein plötzliches Sichverhaken. Nur der Schwung der Axt, das Dehnen und Spannen der Muskeln und das Ein- und Ausatmen, so tief, dass er es bis in die Narbe hinein spürt.

Er arbeitet.

Er ist in Cooldrinagh, hoch oben im schwankenden Wipfel eines Baums, und sieht, wie unter ihm seine Mutter über die Wiese geht und die Schienbeine gegen die Segel ihres Rocks schlagen. Er ist im College, in der Dunkelheit seines Zimmers, zusammengekauert auf einem Stuhl, frierend und absichtlich allein. Er schwebt im schimmernden Morphiumlicht durch wogende weiße Vorhänge an der Leine eines Schmerzes entlang, den das Messer ihm zugefügt hat, und wenn er aufwacht, blickt ihm mal das beunruhigende, ergreifende Gesicht von Shem entgegen, mal das neue, wohltuende Antlitz von Suzanne und mal die verkniffene Miene seiner Mutter. Er ist in dem kleinen Café in der Rue des Vignes und lauscht Shem, der redet, als wäre der Zerfall der Welt ein großes Komplott allein gegen seine Person. Seit zwei Jahren ist er nun tot, vielleicht sogar auf den Tag genau – es tut weh zu merken, dass alles langsam verschwimmt: Er hat den Überblick verloren, er weiß das Datum nicht mehr. Wenn Shem nicht gestorben, nicht in die Schweiz, sondern in den Süden geflohen und jetzt hier wäre, würde er ein Taschentuch auf die Bank legen und sich setzen, die Augen hinter der Sonnenbrille verborgen, ein Knöchel auf dem Knie und die gefalteten Hände auf dem Knauf seines Gehstocks, mit fest sitzendem Hut, um seine Schultern der gute Mantel, und so würde er ihm beim Arbeiten zusehen. Und jammern würde er. Dieses kleinstädtische Leben, du lieber Gott, wie soll man das aushalten! Die Hunde, die ihm auf Schritt und Tritt folgen, und das Essen und der Zustand seiner Stiefel auf diesen schauderhaften Straßen. Kommen Sie schon, los, kommen Sie mit auf ein Glas Wein und einen kleinen Happen und ein paar Lieder, warum denn nicht? Sogar hier wird es doch irgendwo einen Ort geben, wo sein Name noch etwas bedeutet, wo ihm ein Freund einen ausgibt und er in die Tasten eines Klaviers greifen und ein paar alte Lieder singen kann.

Er blickt auf seine Handflächen, die Blasen, die verschwitzten Schmutzränder und die wulstige Narbe, wo das Messer abgerutscht ist. Niemals würde man Mr James Joyce dabei ertappen, dass er sich die Hände rau und schmutzig macht. Jedenfalls nicht mit dieser Art von Schmutz.

Bei Einbruch der Dunkelheit ragt ein Baumstumpf aus der roten Erde, der seine Wurzeln tief in den steinigen Boden getrieben hat.

Den zweiten Baum hat er in Angriff genommen; er hat einen saftigen Brocken aus dem Fuß des Stamms geschlagen. Mit jedem neuen Schlag geht ein Zittern durch den Baum.

Er hackt Holz. Die Arbeit hat ihren Rhythmus. Sein Atem dampft und verfliegt, dampft und verfliegt.

Im Haus ist es still; Suzanne ist zum Klavierspielen nach Saint-Michel gegangen. Das Licht wird weniger, die Schatten länger, und von der Straße nach Apt ist ein fernes Motorengeräusch zu hören. Er lässt die Axt sinken und lauscht. Das Brummen wird lauter; es ist mehr als nur ein Motor. Dieselfahrzeuge, wuchtig und immer näher. Er rammt die Axt in den Hackklotz und wischt sich die Hände an der Hose ab. Er spürt die Gänsehaut an seinen Armen.

Weil Straßen heutzutage eigentlich ein Ort der Stille sind. Autos gammeln in Scheunen vor sich hin, Traktoren dienen Hühnern als Schlafplatz, und Lieferwagen sind rar. Dafür werden Fahrräder wertgeschätzt wie erstgeborene Söhne, denn es gibt kein Benzin, jedenfalls nicht für normale Menschen. Benzin gibt es nur für die Regierung, die Armee und die Gestapo.

Er geht ums Haus und blickt die Straße entlang. Das Rattern der Motoren wird immer lauter, auch knirschende Reifen sind inzwischen zu hören. Dann an der Kurve ein Licht: In schroffen Linien wird der Zaun darin sichtbar. Die verdunkelten Scheinwerfer zeigen nach unten. An der Abzweigung halten die Fahrzeuge nicht an, sondern rollen mit brutaler Selbstverständlichkeit auf ihn zu. Als sie auf seiner Höhe sind, bebt die Erde unter seinen Füßen, und er weicht noch weiter ins Halbdunkel zurück; die Wagen donnern vorbei Richtung Stadt.

Er rennt hinters Haus, um seinen Mantel anzuziehen. Denkt an Suzanne, deren Finger sich in diesem Moment mit sanftem Druck über die Tasten bewegen – unmöglich, sie zu benachrichtigen. Und er denkt an die Neuankömmlinge im Ort, die sich verstecken werden, sobald die Wagen auftauchen; Menschen, die in Gassen verschwinden, Treppen hocheilen, durch Gartentore schlüpfen. Und was ist, wenn die Wagen vor dem Hotel anhalten, wenn Soldaten aussteigen, Türen aufstoßen und Papiere verlangen? So viele Menschen sind dort gefährdet.

Und was erst, wenn die Soldaten zurückgeschickt werden, hierher, um den Iren zu finden? Ein Wort würde genügen.

Er läuft in den Wald und kraxelt auf allen vieren über Felsen und abgefallene Kiefernnadeln den Hang hoch. Links von ihm gleiten weiter die Scheinwerfer dahin. Die Bäume verzerren und dämpfen die Geräusche, mal scheinen die Wagen nah, dann fern und plötzlich wieder direkt vor ihm zu sein. Über Wurzeln und wackelndes Geröll kämpft er sich den Felshang hoch, bis er ganz oben ist. Der Schmerz des Atmens greift auf seine Narbe über. An einen Baum gelehnt, rutscht er in die Hocke und starrt in Richtung Stadt. Er zündet sich eine Zigarette an, schüttelt das Streichholz aus, presst die angebrannte Spitze zwischen Daumen und Zeigefinger, bis sie kalt ist, und legt das Streichholz in seine hohle Hand: Die Wälder sind trocken wie Zunder, selbst noch in dieser Jahreszeit. Während er mit zitteriger Hand an seiner Zigarette zieht, verfolgt er die verschwommen durch den Ort zuckenden Lichter. Dann schlängeln sie sich davon, die Straße entlang, die sich steil ins Tal hinabwindet, immer weiter, bis sie sich in der Ferne verlieren. Er tippt ein Stück Asche in seine Hand und reibt mit der Zigarette im Mund die Handflächen aneinander. Dann steht er auf und schlittert unbeholfen wieder hinunter.

Wie ein Reiher kauert er vor seinem Manuskript. Mit schwieligen Fingern hält er den Füller.

Auf dem Bett ist die Decke zurückgeschlagen, die Kissen von

ihren beiden Köpfen noch eingedrückt. Die wenigen Kleider, die er nicht am Leib trägt, hängen über einem Stuhl. Draußen gräbt Suzanne für die erste Aussaat den Garten um.

Er hat den alten Mantel an, mit hochgeschlagenem Kragen, dazu die Handschuhe, die Suzanne ihm gestrickt hat, und seinen Schal, den er sich bis über die Nase gezogen hat. Das Zimmer, das direkt über dem holzbefeuerten Ofen liegt, ist oben der wärmste Raum, doch wenn der Wind bläst, fegt er die ganze Wärme fort, und dann ist es sogar hier kalt. Was ihm immer erst hinterher auffällt.

Denn inzwischen kommen die Wörter. In Bögen, Schleifen und Strichen. Sie reißen nicht ab, und anstatt zu sehr über ihr Kommen nachzudenken, lässt er es lieber geschehen. Am Ende jeder Seite bläst er auf die nasse Tinte, dreht das Blatt um, streicht die Rückseite glatt, und die Worte fließen weiter, Bögen, Schleifen, Striche, seit einigen Wochen nun schon. Auf seinem Schreibtisch wächst ein Turm aus Notizbüchern.

Hin und wieder ertönt der Schrei einer am Himmel kreisenden Krähe, oder er hört die Geräusche eines Pferdewagens, der vor der Kreuzung sein Tempo verlangsamt. Selten kommt ein Kraftfahrzeug, dafür ab und zu Menschen, die am Haus vorbeigehen, und dann werden unten Worte gewechselt, doch das ist schnell vorbei und stört den Fluss seiner eigenen Worte nicht.

Es interessiert ihn nicht: weder das Kommen und Gehen noch der weite Himmel hinter seinem Fenster oder die Maserung der Holzplatte unter seiner Hand; dabei hat das alles die stille Alchimie, die hier plötzlich vonstattengeht, erst möglich gemacht.

Das Schreiben erlaubt ihm, einen Schritt zur Seite zu treten, und dann fließt die Zeit ohne ihn weiter. Er nippt an der Tasse mit dem frisch aufgebrühten Getreidekaffee, und der Kaffee ist eiskalt; er blickt von seinem morgendlichen Schreibtisch auf, und das Tageslicht ist nicht mehr da. Seine Schultern schmerzen. Sein Nacken ist verspannt. Mit einem Mal kleckert Scheinwerferlicht in die Dunkelheit, und er steht auf, doch er ist zu langsam, um den vorbeifahrenden Wagen noch zu sehen, und so erfährt er nicht, ob es eine Patrouille war oder einer der letzten noch betriebenen Lieferwagen, die man umgemodelt hat, damit sie auch mit Gas, Holzabfällen oder altem Speiseöl laufen.

Dann hörst du also doch nicht auf? Das Grauen nimmt zu. Und aus Trotz machst du weiter mit dem, was du tust.

Er wendet sich vom Fenster und dem Schreibtisch ab; fröstelnd schlingt er die Arme um seinen Oberkörper und steigt die Treppe hinunter. Suzanne ist nicht da. Er öffnet die Hintertür und wirft einen Blick nach draußen: In der kalten, abendlichen Frühlingsluft betrachtet sie ihr umgegrabenes Stückchen Land. Von der Erde sind ihre Hände rot.

»Bist du das?«, fragt sie und dreht sich um. Auch ihr Gesicht ist rot verschmiert.

»Ja«, sagt er, »ich habe geschrieben.«

»Wir haben fast kein Brennholz mehr.«

Immer noch treffen Neuankömmlinge in der Stadt ein. Sie stolpern aus Bussen und verkriechen sich im Hotel. Er gewinnt Freunde dort, einzeln oder in Paaren, aber nie wahllos. Henri Hayden wird ihm beim Schach zum Weggefährten; er ist ein Künstler und ein Segen. Abends treffen sie sich bei Miss Beamish – Henri und seine Frau Josette, er und Suzanne, Anna Beamish und ihre Lebensgefährtin, die auch Suzanne heißt. Sie hören Radio.

Es ist wieder eine Blase, mehr nicht. Ein Blase, die schon im Schrumpfen begriffen ist.

Ein Bauer wurde erschossen. Mit einer Kugel, glatter Kopfschuss. Auf der roten Erde trocknet das Blut. Wer ihn getötet hat, ist bekannt; darüber gesprochen wird nie. Den Mann, der es getan hat, umhüllt ein Nebelschleier. Denn der Tote war ein Nachbar; jemand, den alle seit vielen Jahren kannten, die Familie sogar seit Generationen. Er hatte eine Kiste mit Zigaretten gefunden an einem Ort, wo keine Zigarettenkiste hätte sein dürfen. Er hatte es gemeldet. Hatte zugelassen, dass die Information durch die entsprechenden Kanäle floss, anstatt sie aufzuhalten.

Dass er nun allein an seinem Tisch sitzt und schreibt, dient dazu, die schrumpfenden Wände der Blase zurückzudrängen. An den Seiten lässt sie sich ausbeulen, wenigstens ein kleines bisschen; dann spürt er, dass er Luft bekommt. Wenn er blinzelt, schmirgeln die Lider über seine Augen. Er ist immerzu müde.

Die Prosa kriecht voran. Notizbücher füllen sich. Ein milder Abend in Irland, eine Backsteinvilla, Alte, Lahme, Syphilitiker. Im ersten Stock ein unsichtbarer Mann, der willkürlich seltsame Nahrung, Lob und Schmach austeilt.

Auch seine Handschrift schrumpft, wird akkurater. Alles verdichtet sich. Nur das Eigentliche, den Kern bringt er zu Papier. Alles Weitere wäre Verschwendung.

Wenn er wieder auftaucht und die verkrampfte Hand spürt, den steifen Nacken, die schmirgelnden Lider, wenn er das über den Boden gewanderte Sonnenlicht sieht, weiß er, dass schon das bisschen, das er geschrieben hat, ein Überschuss ist, ein Ausufern, ein Zuviel. Zu viele Worte. Es gibt einfach zu viele Worte. Niemand will sie, niemand braucht sie. Und trotzdem kommen immer mehr, mehr, mehr.

Wenn sie sich abends treffen – er, Miss Beamish und die beiden Suzannes, manchmal auch die Haydens –, um im Haus der irischen Freundin Radio zu hören, fällt ihm auf, dass sich die codierten Durchsagen auf Radio London häufen. Sie nehmen immer mehr Sendezeit ein. Ums Radio versammelt, spitzen alle die Ohren, um zwischen den Störgeräuschen surrealistische Fragmente und dadaistische Häppchen aufzuschnappen, die irgendwo für irgendwen eine Bedeutung haben. *Der Elefant hat eine Barrikade durchbrochen. Ich wiederhole, der Elefant hat eine Barrikade durchbrochen … Das blaue Pferd läuft am Horizont … Giraffen tragen keine falschen Kragen … Tante Amélie fuhr in kurzen Hosen Rad.* Einige klingen so seltsam, dass sie in Miss Beamishs Wohnzimmer Kopfschütteln auslösen; manchmal begegnen sich Blicke, und ein Lächeln wird erwidert. Die Poesie dieser Sätze ist faszinierend. Es sind Geheimpakete, die einen Sinn transportieren, den nur der Empfänger sehen kann.

Die Sonne scheint, die Blätter sprießen, und unter den Bäumen wird das Blau der Schatten tiefer. Die Trauben an den Weinreben werden prall, die Fische in den Bächen träge und dick, und in den Sträuchern hüpfen wie jedes Jahr die Vögel von Ast zu Ast; in Schwärmen segeln sie auch über den Dächern der Stadt, wo sie von geübten Jungen mit scharfem Blick abgeschossen werden. Die Frauen rupfen die Körper, die so leicht sind wie Motten, und kochen sie, bis das Fleisch von den zarten, weichen Knochen fällt.

Er ist ein Wesen aus Seil und aus Draht geworden: Muskeln spannen sich über Knochen, Sehnen bewegen sich unter Haut, die so braun wird wie Tee. Versunken in den Automatismen der körperlichen Arbeit, bewegt er sich frei und so unbefangen wie noch nie, seit er Kind war. Während der Stein in seinem Mund von einer Backe in die andere wandert, verschieben und überlagern sich seine Gedanken in der Einsamkeit und Stille der Arbeit. Muster bilden sich; aus den Augenwinkeln nimmt er sie wahr. Den Blick direkt darauf zu richten, ist nicht gut: Dann treiben die Stücke wie Eisschollen davon. Wenn er aber später an seinem Schreibtisch sitzt, seinen Füllfederhalter nachfüllt und auf den weißen Seiten des Notizbuchs alles genau nachzeichnet, kann er die Muster wieder heraufbeschwören. Schreiben bedeutet, auf der Scholle dahinzutreiben; es bedeutet, die Scholle durch sich hindurchziehen zu lassen.

Mit Henri geht er raus, und sie trinken auf der Terrasse eines Cafés eine Flasche Wein.

Nachts taucht er in einen pechschwarzen Schlaf, aus dem er einigermaßen reingewaschen erwacht.

Wenn die Tage ruhig und hell sind, wenn kein Mistral weht, die Sonne warm ist und die Luft lau, wenn die Abende Raum, Licht und Zeit fürs Schreiben lassen, kann man leicht vergessen, dass dieses Glück nur das Glück einer Krähe im Wald ist, nur das Glück derer, die übersehen wurden.

Fie on't! O fie! 'tis an unweeded garden.
That grows to seed ; things rank and gross in nature
Possess it merely.

Henri Hayden hört man, bevor man ihn sieht: Shakespeare rezitierend kommt er die Straße entlang, und die englischen Verse sind bei ihm von irischen und französischen Klängen durchsetzt, wie auch das Polnische, seine Muttersprache, in seinem Akzent mitschwingt.

Er steht auf und späht aus dem Fenster. Sein Freund hat sich einen Shakespeare-Band unter den Arm geklemmt und marschiert mit großen Schritten und dem plumpen Selbstvertrauen daher, das nur der Alkohol verleiht. Er kommt von einer Englischlektion bei Miss Beamish, die keine besonders methodische Lehrerin ist, aber großzügig, was ihr Honorar betrifft. Er winkt ihm zu, und Henri bleibt etwas schwankend stehen. Sie unterhalten sich über die Fensterbrüstung.

»Nicht so laut, mein Freund«, sagt er auf Französisch. »Man kann nie wissen.«

Henri wischt seine Bedenken weg. »Aber ich muss doch Englisch üben, damit ich die Amerikaner angemessen in ihrer Sprache begrüßen kann, wenn sie kommen. Wie es sich gehört.«

Er ist sich nicht sicher, wie viel ein GI mit Shakespeare-Englisch samt irischem Einschlag anfangen kann. »Wäre es nicht klüger, Deutsch zu lernen?«, fragt er, die Stimme weiter gesenkt.

»Oh, die Deutschen, das war gestern. Die sind erledigt.«

»Sei vorsichtig, Henri.«

»Das liegt am Papierkram, verstehst du? Jedes Mal, wenn sie in ein neues Land reinstolpern, bringen sie Waggonladungen von Papierkram mit, Formulare, Karteikarten, der ganze Kram.« Er grinst. »Aber in Russland haben sie sich übernommen, merk dir meine Worte. Die eigene Bürokratie wird die Nazis in die Knie zwingen.«

»Vielleich mögen sie Papierkram ja«, sagt er. »Kann doch sein, dass sie das lieben.«

»Scheiß drauf.« Henri verzieht ernüchtert das Gesicht. »Jede Wette, dass die das lieben.«

Wenn einem unter solchen Bedingungen bewusst wird, dass man im Getriebe des Lebens immer noch funktioniert, immer noch einen Fuß vor den anderen setzt, immer noch ein- und ausatmet, während so viele andere damit aufgehört haben, dann ist das kein gutes Gefühl. Warum, fragt er sich, sollte seine Person die Mühe wert sein?

Er stößt die Tür zum Postamt auf, die Klingel läutet, und ihm schlägt der typische Postgeruch nach braunen Umschlägen, Tinte und Kleber entgegen. Er erhascht einen Blick auf das erschrockene Gesicht der Vorsteherin, die sich im Hinterzimmer zu ihm umdreht. Da ist auch ein Mann, der gerade ein Bündel Briefe in die Innentasche seiner Jacke schiebt. Ein rascher, leiser Wortwechsel, und dann kommt sie geschäftig lächelnd aus dem Zimmer; der Mann zwängt sich um die Theke, nickt ihm kurz zu und geht in einer Wolke aus Schweiß-, Wein- und Viehgeruch an ihm vorbei. Wieder läutet die Klingel, und der Mann ist fort.

Nachdem sie ein paar Höflichkeiten ausgetauscht haben, geht die Vorsteherin die Postfächer durch. Mit einem Brief seiner Mutter verlässt er das Amt.

Während er ihn liest, kommt er am Schulhof vorbei, wo Kinder schreien und toben, und dann an zwei kleinen, mit Murmeln und Kreide spielenden Mädchen, die innehalten, den staksigen Riesen mit aufgerissenen Augen anstarren und prusten, als er vorbei ist. Er nimmt den Scheck, faltet ihn und steckt ihn ein.

Der Brief enthält allerlei Neuigkeiten von den Hunden und der Hausangestellten Lily, von Cooldrinagh, inzwischen verkauft und das neue Haus zur Hälfte fertiggestellt – sie will es sogar so nennen, New Place, worüber er lächeln muss –, von Frank und Janet, von Kartenspielabenden, Frühstückseinladungen und Kirche. Von Mollie, die damals in Greystones mit ihm an der Küste entlangspaziert ist, die wehenden Haare im Mund. Von Sheila und den Mädchen, jetzt in Sicherheit und gut eingelebt in Wales, sie schicken Postkarten, es geht allen gut. Sind nur in Sorge um ihn.

Er dreht das Blatt um und liest weiter bis zu ihrer Unterschrift, dann faltet er es zusammen und steckt den Brief weg. Er ist herzlich, er ist freundlich, und er ist besorgt. Anscheinend können sie sich nur nah sein, wenn sie weit voneinander entfernt sind, wenn ganz Europa im Krieg zwischen ihnen steht. Er sollte ihr das nicht zumuten, all diese Sorgen. Sie ist alt, es geht ihr nicht gut; sie ist seine Mutter. Das ungute Ziehen der Nabelschnur, er stemmt sich immer noch dagegen.

Am Haus geht er weiter, vorbei an Miss Beamishs Haus durch den Wald die Straße entlang, die sich unter Zypressen ins Tal windet. Als das Rot der Straße zu einem Rosa verblasst und schließlich der Kalkstein überhandnimmt, geht er immer noch weiter, die Straße eine durch Weingärten gezogene weiße Linie. Weiß wie Schneekuppen leuchtet auch das kahle Gestein auf den fernen Hügeln. Weiß legt sich der aufgewirbelte Staub auf seine Stiefel.

Im Gehen zieht er seinen Mantel aus und legt ihn sich über den Arm.

Er hätte in Irland bleiben können. Um ihr das hier zu ersparen. Einsam alt zu werden in der Sorge um ihn.

Erst als er die alte Brücke hochgeht, fällt ihm auf, wo er ist. Hinter dem Geländer geht es sechs Meter steil nach unten, wo schäumendes Wasser Felsen umstrudelt. Er späht hinunter: Als echten Fluss kann man diesen schmalen Wasserlauf eigentlich nicht bezeichnen; da ihm einmal solch eine Brücke zuerkannt wurde, muss er sich im Lauf der Zeit wohl um einiges verkleinert haben.

Wenn sie tot ist, überlegt er, wird es ihn dann nicht mehr nach Hause ziehen, sondern selbst ins Grab?

Sein Freund hat einfach einen Schritt ins Leere getan.

Unten gräbt das schäumende, strudelnde Wasser Mulden in den weißen Fels. Zwischen seinen harten Handflächen zerbröselt dieses Gestein wie Würfelzucker.

Einfach und schnell sah dieser Schritt aus dem Fenster aus. Doch jeder Moment, der dazu geführt hat, muss für sich eine Entscheidung gewesen sein.

Er löst sich vom Brückengeländer. Mit großen Schritten überquert er die Brücke, um nicht den direkten, sondern den Umweg nach unten zu nehmen; er klettert über den Zauntritt und kraxelt zum Wasser hinunter. Ein Watvogel stelzt durch den Schlamm, taucht den Schnabel hinein und durchsiebt den Schlick nach Futter.

Im gebogenen Schatten des Brückengewölbes zieht er Stiefel und Socken aus und stellt seine Füße ins Wasser: Es ist Eis, es ist Leben, und es verschlägt ihm den Atem. Seine Füße in diesem brodelnden Wasser sind nur noch Knochen, Frostbeulen, Blasen, zerklüftete gelbe Nägel und dann dieser Zeh mit dem fehlenden Gelenk, der so hässlich ist wie die Sünde und genauso menschlich. Seine Füße tun ihm leid; er weiß, was sie durchgemacht haben.

So stellt man also fest, dass man weiterlebt. Man produziert weiter Schleim und schleppt sich weiter durch diese Welt. Denn Leben ist jetzt eine bewusste Entscheidung. Ein Akt des Widerstands. Und darin liegt eine gewisse Befriedigung. Man lebt, so hart der Kampf auch sein mag, um den Arschlöchern zu trotzen, die einen tot sehen wollen.

Schweigend geht er die öden Kilometer zum Haus zurück, geht an der zwischen Bohnenstangen gebückten Suzanne vorbei und steigt die Stufen zu seinem Schreibtisch hoch. Er ist schon woanders. Später poltert sie unten im Haus herum; noch später riecht er Suppe. Er wird gleich hinuntergehen. Doch sein Füller wandert über die Seite, und zwei Männer sind von Stacheldraht eingeschlossen; sie gehen auf und ab, parallel, getrennt voneinander und doch nah. Kontakt, menschlicher Kontakt: Sie sehnen sich danach, und sie schrecken davor zurück.

Sein Füller zieht Schleifen und Spiralen über das Papier.

Die Sonne geht unter. Dann hört er Stimmen. Gedämpfte, eindringliche Stimmen.

Als er mit trockener Kehle und brennenden Augen nach unten kommt, ist es dämmerig im Zimmer, die Lampe ist noch nicht an. Es dauert einen Moment, bis er Suzanne am Tisch sitzen sieht, ihr gegenüber zusammengekauert mit dem Rücken zu ihm ihre Freundin Yvonne; in der offenen Hintertür steht Yvonnes Bruder Roger und raucht eine Zigarette.

»Der Professor«, sagt Suzanne.

Yvonne dreht sich zu ihm um. Ihr Gesicht ist verschmiert und vom Weinen verquollen. Der Professor ist Marcel. Ihr Mann.

»Was ist passiert?«

Schweigen. Luft anhalten. Es muss gesagt werden, doch keiner will es ein zweites Mal hören. »Er ist verhaftet worden.«

Er rückt einen Stuhl heran und setzt sich zu ihnen. Ihn überkommt Mitleid mit Yvonne, den Kindern und ihrem Mann, den er nie wirklich mochte.

»Was können wir tun?«

Yvonne trocknet ihre Wangen. »Ich weiß nicht, ob wir überhaupt etwas tun können. Er hat ja weder den Stern getragen noch Papiere bei sich gehabt. Insofern …«

»Aber woher wussten sie es dann?«

»Er ist denunziert worden.«

Rogers Stimme klingt ruhig. »Wir überlegen uns etwas, Yvonne, mach dir keine Sorgen.«

»Was soll man sich da überlegen?«, antwortet sie.

»Wer hat ihn denunziert?«, fragt er.

Yvonne zuckt heftig mit den Schultern. »Wir liefern Obst und Blumen nach Apt – ich hätte darauf bestehen sollen, das für ihn zu übernehmen. Wir haben uns zu sehr in Sicherheit gewähnt. Wir haben einfach damit gerechnet, dass alles gut geht. Aber irgendjemand muss geahnt oder vermutet haben, dass … und dann …« Sie schüttelt den Kopf.

Es ist spät, als die beiden aufbrechen; man geht traurig auseinander. Zu einem befriedigenden Ergebnis sind sie nicht gekommen. Eine Unschuld wird sich nicht beweisen lassen, denn der Professor ist nun einmal Jude. Yvonnes einziger Plan besteht darin, auf ihre weiterhin geltenden Rechte als nichtjüdische Französin zu pochen; sie muss denselben Aufstand machen wie um einen Hund, der ihr gehört und fälschlicherweise als Streuner aufgegriffen wurde. Ihr Mann darf keinesfalls deportiert werden. Wenn er schon interniert werden muss, dann in Frankreich. Vielleicht kann sie die Deportation durch lästige Briefe, Appelle und Gesuche hinauszögern, sie im Papierkram versanden lassen, bis etwas geschieht und die Dinge sich wieder ändern. Der Krieg kann ja nicht ewig dauern. Das sagen doch alle. Im Moment ist das die größte Hoffnung, so seltsam es ist, sich daran festzuhalten. Ein französisches Lager wie Drancy mit seinen offenen, unverglasten Fenstern und nackten Betonböden als etwas Positives zu betrachten. Und dass es das Schicksal des Professors sein soll, dort zu warten, bis dieser flammende Krieg langsam erlischt.

Als Yvonne und Roger gegangen sind, macht er alle Handgriffe, die er jeden Abend macht, doch plötzlich sind sie nicht mehr automatisch. Beim Schließen und Verriegeln der Fensterläden schaut er auf seine alten, knotigen Finger, und sie sind ihm fremd. Die Unzulänglichkeit dieser Läden wird ihm bewusst und auch die Beliebigkeit des Raums, den sie umschließen. Er denkt an andere Räume, denkt an die Straße, auf der Paul Léon kleiner wurde, bis er nicht mehr zu sehen war, denkt an plattgetrampeltes Gras und Beton hinter Stacheldraht und an Alfred Péron, der zum Himmel hochstarrt; denkt an einen dunklen Würfel im Innersten der Santé, an Wände mit Ketten, an einen klappernden, mit Deportierten vollgestopften Waggon, der Richtung Osten rattert, an seinen eigenen Totenschädel und das Dunkel darin und an den Schauder, der ihm bis in die Haarspitzen läuft.

Bevor er den letzten Fensterladen zuzieht, beugt er sich noch einmal in die weite Nacht hinaus, wo ihn Stille umfängt. Er fühlt sich beobachtet. Geht zur Tür, um den Riegel davorzuschieben. Er weiß, dass sie hier noch nie in Sicherheit waren; sie haben die Gefahr nur nicht bemerkt. Ein paar Pistolen, ein paar Hunde, und schon wären die Krähen erledigt. Komplett aus dem Wald entfernt.

Er steigt die Treppe hoch und reibt sich über den kribbelnden Nacken.

»Ich dachte, du würdest uns hören«, sagt sie.

»Ich habe gearbeitet.« Er knöpft sein Hemd auf, zieht es sich über den Kopf. Seine Schultern tun weh.

»Ich dachte, du würdest runterkommen.«

»Ich bin doch runtergekommen.«

Sie verzieht den Mund.

»Du hättest mich auch rufen können«, sagt er. »Wenn du mich gerufen hättest, wäre ich gekommen.«

Sie schaut blinzelnd weg.

»Entschuldige«, sagt er.

»Nicht jeder hat Ausreden wie du. Nicht jeder kann sich trösten wie du.«

Kopfschüttelnd hängt er seine Hose über die Rückenlehne des Stuhls. Er versteht das nicht.

»Stundenlang einfach so zu verschwinden.«

»Ich verschwinde doch nicht.«

»Sogar wenn du hier bist, bist du nicht richtig da.«

Sie dreht den Docht herunter, bläst die Flamme aus. Im Dunklen steigt er neben ihr ins Bett. Sie rutscht auf ihre Seite, weg von ihm und zerrt die Decke zu sich hin. Er hört sie atmen.

»Was können wir tun?«

»Der Krieg wird aufhören«, sagt sie. »Und darauf warten wir.«

»Wir müssen doch etwas tun.«

Sie gibt nur einen dumpfen Ton von sich. Er sieht ihren dunklen Kopf auf dem Kissen.

»Ich kann nicht einfach nur warten«, sagt er, »und schauen, was passiert.«

Sie zieht sich die Decke über die Schultern. »Hast du seit dem letzten Mal immer noch nichts gelernt? War die Katastrophe nicht groß genug?«

Er wartet, dann steht er auf und raucht am Fenster eine Zigarette. Anna Beamishs Haus ist nicht erleuchtet, und auf die Fenster fällt Mondlicht. Jenseits der Straße bewegen sich Bäume im Wind, und in der Ferne, hinter den Baumwipfeln, auf der anderen Seite des Tals leuchtet trotz vorgeschriebener Verdunkelung ein Licht. Es flackert und zuckt, es könnten auch Äste sein, die sich in einem Fenster spiegeln. Es könnte aber auch sein, dass dort draußen in der Dunkelheit eine Nachricht blinkt und eine Botschaft in die Nacht entsendet wird.

15

Vaucluse

April 1944

Ostersonntag. Zu beiden Seiten der langen, aufgebockten Tischplatte sitzen Bauern, müde Frauen, bedächtige Landarbeiter und schläfrige Kinder. Es war ein warmer, angenehmer Tag, an dem man sich der Illusion hingeben konnte, alles sei wie früher. Eine Schweinekeule wurde gegrillt und verspeist; auf der Servierplatte liegen die Reste, und von Zeit zu Zeit nimmt sich jemand ein Stück knusprige Schweinehaut oder einen Fetzen Fleisch. Um ihn herum dreht und windet sich das Gespräch, es geht um praktische Dinge und Leute, die er nicht kennt. Auf seinem Stuhl rückt er etwas vom Tisch zurück, das Weinglas achtsam in der Hand. Suzanne sitzt mittendrin; das Kinn auf die Hände gestützt, ist sie quer über den Tisch ins Gespräch mit einer Frau vertieft.

»Kennen Sie die Familie in Saint-Michel?«

Der Mann hat sich weit zurückgelehnt, um ihn hinter dem Rücken des Dörflers, der zwischen ihnen sitzt, anzusprechen. Er kommt ihm bekannt vor, aber hier auf dem Land ist das bei allen so. Eine Handvoll Menschen, die ständig umeinander kreisen wie Treibgut in einem Strudel. Der Mann hat die Ärmel hochgekrempelt; seine Jacke hängt über der Stuhllehne.

»Ja«, antwortet er.

»Schlimme Sache.« Der Mann streckt ihm die Hand hin. »Ich heiße Bonhomme«, sagt er. »Bin ein Freund von Ihrem Chef.«

»Die Familie scheint zu glauben, dass die Denunzierung aus Apt gekommen ist«, sagt er leise. Sie sind hier in guter Gesellschaft, doch man sollte nichts als selbstverständlich voraussetzen.

Der Mann schaut ihn direkt an. »Muss sie.«

Er wundert sich über die Deutlichkeit dieser Reaktion. Und dann fällt ihm ein, wo er den Mann schon einmal gesehen hat: im Hinterzimmer des Postamts, mit einem Briefbündel, das er gerade in seine Jacke schob, daneben das erschrockene Gesicht der Vorsteherin. Er war dort, um die Post durchzusehen. Und wahrscheinlich Denunziationen auszusortieren, Anzeigen, Verrat. Die Behörden hätten vermutlich noch sehr viel häufiger informiert werden können, wenn alle Botschaften ihr Ziel erreicht hätten.

»Dann sind Sie wohl sehr beschäftigt, oder?«, fragt er.

»Es gibt immer viel zu tun«, sagt Bonhomme.

Eine Motte prallt gegen das Lampengehäuse mit der flackernden Kerze darin. Er denkt an die vielen heimtückischen Briefe, die abgefangen wurden. So viele Flammen, rechtzeitig erstickt.

Suzannes argwöhnische Blicke bemerkt er nicht.

Bonhomme vertreibt die Motte, öffnet die Lampe, um seine Zigarette anzuzünden, und macht das Türchen schnell wieder zu, ehe sich die Motte in die Flamme stürzen kann. Seine Stimme klingt beiläufig, aber er spricht leise. »Suchen Sie mehr Arbeit?«

»Ich habe genug, um damit über die Runden zu kommen.«

»Über die Runden kommen«, sagt Bonhomme, »ist nur die eine Seite.«

»Und die andere Seite?«

»Man muss etwas geben. Etwas beitragen.«

Er nickt nachdenklich.

Bonhomme sieht ihn an, ein langer, prüfender Blick. »Und ich glaube, das werden Sie«, sagt er.

Als sie nach Hause gehen, steht der Mond hell und hoch am Himmel. Die Zikaden veranstalten ein Höllenkonzert. Den Hügel hinauf folgen sie dem Weg durch die Weinreben. Sie gehen durch ein Wäldchen und dann in die Wiesen hinaus. Im hohen Gras stehen Kühe und starren sie an. Der Himmel über ihnen ist weit und von Sternen übersät. Zwischen den Gräsern flattern in gespenstischen weißen Spiralen aufgescheuchte Motten empor. Alles ist schön; Gänsehaut erfasst Suzanne und ein Gefühl von Leichtigkeit angesichts dieser Schönheit und ihrer Zerbrechlichkeit.

Er ist betrunken, es hat also keinen Sinn, mit ihm zu reden. Mit in die Taschen gestopften Händen wankt er gebeugt neben ihr her, als müsste er sich gegen einen kräftig blasenden Wind stemmen. *Schh, schh*, macht das Gras, das seine Hosenbeine streift. Sie weiß, dass Reden zu nichts Gutem führt.

»Du bist betrunken«, sagt sie trotzdem.

Darüber denkt er nach. »Ja«, sagt er schließlich.

Nie reicht es, einfach mal nur einen Schluck zu trinken oder vielleicht auch ein Glas, oh nein. Und dabei den ganzen Abend mit dem Maquis-Anführer die Köpfe zusammenstecken. Immer dieser Leichtsinn, dieses Risiko; sie spürt, wie Wut in ihr aufsteigt. Wie kann er es wagen, ihnen das jetzt schon wieder anzutun, wo die Lage doch gerade so gefährlich ist. Sinnlos, mit ihm darüber zu sprechen. Aber trotzdem.

»Du hast mit diesem Mann geredet«, sagt sie. »Das habe ich gesehen.«

Auch er bleibt stehen und dreht sich zu ihr um. »Ach ja?«

»Er ist Maquisard.«

»Glaube ich auch.«

»Und ich habe auch gesehen, *wie* ihr miteinander geredet habt.«

»Bist du eifersüchtig?«

»Großer Gott.«

»Vielleicht haben wir ja übers Wetter geredet.«

»Tss«, macht sie, »du weißt doch gar nichts, du kennst dich doch gar nicht hier aus. Du hast keine Ahnung.«

»Er sagt, ich kann das.«

»Was?«

Er zuckt mit den Schultern. »Alles, was nötig ist.« Er geht weiter.

Resigniert lässt sie die Schultern hängen. Die Nacht ist kühl, doch ihr ist heiß, und sie ist unglücklich und verärgert und hat das Gefühl, in dem ganzen Schlamassel, der sich über ihr auftürmt, dermaßen festzustecken, dass sie keinen Finger rühren kann, ohne Gefahr zu laufen, dass ihr alles auf den Kopf fällt. Und jetzt macht er den Berg noch größer.

Plötzlich spürt sie etwas anderes – ein Kribbeln zwischen den Schulterblättern, wie wenn man beobachtet wird, und sie fährt herum und starrt in die Dunkelheit. Er stolpert weiter, bis ihm auffällt, dass sie stehen geblieben ist.

»Was ist?«

»Schh.« Suchend geht ihr Blick über die verkrüppelten Bäume und weiter durch die diesige Nacht.

»Was guckst du so?« Er schwankt ein wenig, fängt sich aber. Noch während sie in die Dunkelheit starrt, denkt sie: *Diese Nacht wird er schnarchen wie ein Schwein.* Doch dann hört sie ein anderes Geräusch, erst so schwach, dass es sich eigentlich nur erahnen lässt.

»Ich weiß nicht, warum du so einen Aufstand machst …«

»Psst«, sagt sie, »sei still.«

Es ist ein leises Summen, das immer deutlicher wird, bis kein Zweifel mehr daran besteht, was es ist.

»Ein Flugzeug.«

Das Geräusch ist jetzt ohrenbetäubend.

»Oh Gott …«

Mondlicht wird von Acrylglas reflektiert, Mondlicht glänzt auf dem grauen Kreis verschwimmender Propellerflügel. Sie ducken sich ins Gras. Von sandigen Windstößen umtost, kann sie den

Boden riechen, ihren Körper, seine Alkoholfahne, das saftige zerdrückte Gras und die Abgaswolke, die wie aus einer anderen Welt auf sie niedergeht. Und dann ist das Flugzeug über sie hinweggeflogen und braust davon, und das Geräusch wird wieder leiser.

Sie rappeln sich auf; sie zieht ihren Rock glatt.

»War das ein Flugzeug der Alliierten?«

»Ich denke schon«, sagt er.

Inzwischen ist es nur noch ein surrender, dunkler Klecks, der vor dem Sternenhimmel kleiner und kleiner wird.

»Irgendwo im Tal muss ein Abwurf geplant sein«, sagt er. Er klingt schon fast wieder nüchtern. Ihre Kehle ist wie zugeschnürt, sie könnte losheulen. Wirklich, wenn sie sich gehen lassen würde, könnte sie heulen, heulen und nochmals heulen. Sieht er denn nicht die verdammten Strapazen, die sie hinter sich haben? Und jetzt will er das alles einfach wieder zunichtemachen.

»Herrgott noch mal, bitte«, sagt sie. »Bitte. Warte einfach noch.«

Prüfend blickt sie ihm ins Gesicht. Mondlicht fällt in seine Augen. Das wunderbare Tier in den weißen Tennissachen, der verwundete Mann, von Krankenhauslaken ans Bett gefesselt. Er war schön, er war talentiert, und er hatte sie gebraucht. Das hatte sie jedenfalls geglaubt. Sie hatte geglaubt, es sei Liebe.

»Tja«, sagt sie, »das war's, denke ich.«

Sie schlingt die Arme um ihren Oberkörper, dreht sich um und geht steif weiter. Er folgt ihr. Wenn er wollte, könnte er sie mit zwei Schritten einholen. Er könnte ihre Hand nehmen, ihren Arm auf seinen legen und sie sogar jetzt noch besänftigen. Doch was gibt es noch zu sagen? Er hat sie enttäuscht; und er hat sich selbst enttäuscht. Und so folgt er ihr einfach weiter durch die zerrissene Nacht.

Schweigend geht er mit Bonhomme die schmale Straße entlang, die sich über mehrere Kilometer in engen Serpentinen dahinwindet; dann biegen sie unauffällig in einen Försterpfad ein, vorbei an gestapelten Holzblöcken und kahlen Lichtungen voller Morast,

Baumstümpfen und wucherndem Gestrüpp. Sie gehen weiter, immer tiefer in den Wald hinein, bis der Pfad plötzlich aufhört. Vor ihnen ist nur noch ein Wirrwarr aus rostfarbenen Baumstämmen, dazwischen unberührte Flächen, die mit abgefallenen Kiefernnadeln bedeckt sind, und auch wenn er sich umdreht, sieht er nur die kleine, zerfurchte Schneise, durch die sie gekommen sind. Links scheinen sich im Unterholz zwischen den Zweigen eher zufällig mehrere kleine Öffnungen aufzutun, vielleicht doch ein Pfad? Eindeutige Hinweise fehlen zunächst – hin und wieder vielleicht ein zurückgebogener Zweig oder ein platt getrampeltes Stück Erde, doch als der Boden ansteigt, zieht sich eine ausgetretene Linie durch die abgefallenen Nadeln, und an manchen Stellen sind die Steine wie von Füßen blank poliert. Als er sich das letzte, felsige Stück Steigung hochkämpft, leuchtet das rote Gestein in der Sonne wie glühende Kohlen. Die Felsen sind warm und zerbröckeln unter seinen Händen, die sich rot färben.

Bonhomme bringt ihn zu den Maquisards, die oben auf einem steilen Hügel zwischen Bäume geduckt ihr Lager aufgeschlagen haben. Feiner Rauch steigt hoch und wird rasch von den Baumkronen verschluckt. Ein Junge blickt argwöhnisch von dem Feuer auf, das er hütet. Unter einem Schutzdach aus Ästen und Segeltuch liegen regungslos ausgestreckte Gestalten. Drei Fahrräder lehnen an einem Baum. Wie bei den Pfadfindern, denkt er, genauso ist das hier: ein im Wald aufgeschlagenes Sommerlager.

Bonhomme nickt dem Jungen zu, dessen Gesicht rauchverschmiert ist und erschöpft aussieht.

»Wir waren letzte Nacht unterwegs«, sagt Bonhomme. »Die Jungs sind müde.«

Sie gehen weiter durch das Lager, das zwischen niedrigem Gestrüpp unter Bäumen in einer flachen Mulde liegt, auf einem Teppich aus Kiefernnadeln.

»Wenn der Pflichtarbeitsdienst die Jungs nicht erwischt, kommen sie zu uns. Nach Hause können sie dann nicht mehr.«

Ihm wird klar, dass er den Jungen irgendwo schon einmal

gesehen hat. Wahrscheinlich im Ort, vielleicht hat er in einem der Cafés gearbeitet. Bonhomme biegt ein paar Zweige zur Seite: Dahinter tauchen Holzkisten auf, übereinandergestapelt und vor Nässe geschützt. Er hievt eine heraus, öffnet sie und holt eine Waffe daraus hervor.

»Also, das hier«, sagt Bonhomme, »ist die Ausbeute der letzten Nacht.«

Geschickt hantiert er mit dem Ding, lässt Teile ineinanderrasten und hält ihm ein Gewehr hin.

»Hier, nimm. Ist nicht geladen.«

Das Gewehr ist erstaunlich leicht. Er wiegt es in der Hand, blickt in die Öffnung für das Magazin und den grauen Lauf, durch den sich die Züge winden; der Schaft ist nur ein Metallrahmen. Er testet den auf- und zuschnappenden Sicherungsbügel. Selbst in nicht geladenem Zustand ist dieses Ding beunruhigend. Es ist kalt, simpel und brutal.

»Im Studium gab es bei uns auch ein Training an der Waffe, aber von diesen Dingen habe ich mich damals lieber ferngehalten.«

»Schäm dich. Das ist eine Sten Gun«, erklärt Bonhomme. »Hässliche Scheißdinger, aber sie funktionieren. Außer wenn sie mal nicht funktionieren. Manchmal klemmt was. Verdammt lästig. Ach ja, und dann haben wir noch das hier …«

Bonhomme hebt den Deckel einer anderen Kiste, die auf den ersten Blick randvoll mit Obst gefüllt zu sein scheint. Verwirrt starrt er auf die vielen stahlgrün schimmernden Ananasfrüchte. Vorsichtig nimmt Bonhomme eine heraus, und es ist – natürlich – eine Handgranate.

»Du ziehst den Splint hier«, sagt er, »und dann wirfst du das Ding. Zeit verplempern geht nicht, du hast vier Sekunden.«

Im Geist zählt er die Sekundenschläge.

»Genau vier Sekunden, nicht mehr und nicht weniger, denn sonst hat der Kerl auf der anderen Seite noch Zeit, das Ding aufzuheben und zurückzuwerfen. Insofern …« Bonhomme hält ihm die Granate hin. »Hier.«

Mit spitzen Fingern nimmt er sie entgegen.

»Keine Angst«, sagt der andere. »Wir haben aufgepasst, du kannst sehen, dass sie in gutem Zustand sind. Bis du gleich den Splint ziehst, ist sie einigermaßen sicher.«

»Das heißt, wir werfen sie?« Ungläubig starrt er Bonhomme an.

»Nein. *Du* wirfst sie.«

»Ist das nicht Verschwendung?«

»Beim ersten Mal wirst du froh sein, dass es nicht so drauf ankommt.«

Der Schießplatz liegt ein ganzes Stück vom Lager entfernt unten in einer Schlucht, die nach Osten weist und deren steile Wände einen natürlichen Schalldämpfer bilden. Wie ein rohes Ei legt er die Handgranate auf den Boden. Dann lässt er sich von Bonhomme den Mechanismus zeigen, mit dem sich die Sten Gun auf Halbautomatik einstellen lässt. Er nimmt das kalte Metallding in die Hand, und als er zielt und auf den Abzug drückt, fliegt eine grüne Glasflasche in tausend Stücke zersplitternd in die Luft. Der Krach ist gewaltig, das Gewehr bäumt sich in seinen Händen auf, und der Schaft stößt gegen seine Schulter. Es ist unangenehm und effizient.

Er gibt Bonhomme die Sten zurück. Dann blickt er auf die Handgranate und bückt sich, um sie aufzuheben. Wie einen Kricketball hält er sie in Hüfthöhe, von seinen Fingern fest umschlossen.

Sie ist schwer.

Nach einer Weile sagt Bonhomme: »Du musst nicht, weißt du?«

In seiner verschwitzten Hand spürt er die Kälte des Metalls und die Rillen in der Oberfläche. Er spürt die schlummernde, geballte Gewalt.

»Du musst das alles nicht tun.«

»Man zieht den Splint, sagst du, und dann vier Sekunden?«

»Genau.«

»Und … wohin? Da drüben?« Er zeigt auf einen Haufen Geröll, das von der Felswand abgegangen ist; ein struppiger Wacholderbusch wächst zwischen den Steinen.

»Siehst du den Busch dort? Stell dir vor, der hat ein Maschinengewehr.«

Die Granate fest umklammert in seiner schweißnassen Hand, presst er die Lippen zusammen, dreht sich abrupt um und geht weg.

Stirnrunzelnd blickt ihm Bonhomme hinterher. »Was ist?«

»Ich brauche Anlauf.«

Den Drang, die Granate an seinem Hosenbein zu reiben, unterdrückt er. Als er sich wieder umgedreht hat, fixiert er den Wacholderbusch, dann nestelt er mit zitternden Fingern am Splint. Da, das Ding ist raus. Er rennt los – eins –, drei Schritte – zwei –, er holt aus – drei –, wirft die Granate in die Luft – vier … Regungslos verfolgt er ihren trudelnden Flug Richtung Wacholderbusch. Als stünde er vor den Netzen von Portora oder auf den Kricketfeldern des Trinity Colleges.

Als er sich kurz nach Bonhomme umschaut, ist von dem Mann nur noch eine Staubwolke zu sehen.

Ach, ja, stimmt, weglaufen …

Nach fünf großen Schritten gibt es eine gewaltige Detonation, und ein Luftstoß schlägt gegen seinen Rücken und schubst ihn nach vorn. Er prallt gegen Bonhomme, und die beiden kommen stolpernd zum Stehen. Sie drehen sich um. Die Luft ist gesättigt von rotem Staub; Steine und Schotter fallen auf die Erde zurück. Alle Geräusche dringen wie durch Watte, von einem feinen Fiepen unterlegt.

»Habe ich vergessen, dir zu sagen«, brüllt Bonhomme gegen seine Taubheit an. »Wenn du's schaffst, ist es eine gute Idee, dir die Ohren zuzuhalten!«

Auf anderen Wegen wird er zurückgebracht – an der Rückseite des Hügels hinunter durch eine ausgetrocknete Schlucht, die sich im Winter in einen reißenden Fluss verwandelt. Ihre Schritte hallen über die scharfkantigen Felsen.

»Erst einmal wirst du dich um ein paar Lieferungen kümmern und ein paar Sachen für uns verstecken. Im Moment sind wir in der Vorbereitungsphase.«

Er nickt.

»Aber wenn die Kampfhandlungen anfangen«, sagt Bonhomme, »erstattest du sofort im Lager Bericht. Warte nicht darauf, dass dich jemand holt, denn wir müssen uns dann direkt an die Arbeit machen.«

»Und woher bekomme ich die Information?«

»Kennst du Verlaine?«

»Ein bisschen.«

»›Das Herbstlied‹?«

»Das kenne ich.«

»Auf Radio London werden sie daraus zitieren. Wenn du das hörst, kommst du zu uns. Du benutzt das Kennwort *Violinen*.«

»Verlaine«, wiederholt er. »Violinen.«

»Und *Der Sieg*.«

Er reibt sich die Arme.

Sie erreichen eine schmale Fußgängerbrücke, die in Kopfhöhe über die kleine Schlucht führt; auf der anderen Seite geht es steil hinunter zu einem Zaun, hinter dem Dächer zu sehen sind.

»Ich gehe jetzt zurück«, sagt Bonhomme leise. »Du überquerst die Brücke und folgst dem Pfad bis zur Straße. Ab da müsstest du den Weg wissen.«

Ein Handschlag, und er klettert die Böschung hoch. Oben angekommen nimmt er sich einen Moment Zeit, um sich die Stelle einzuprägen, die kleine Brücke, den schiefen Baum. Bonhomme ist schon weg; weiter oben noch eine kurze, verschwommene Bewegung, und das war's.

Er dreht sich um und steigt den schmalen, langsam breiter werdenden Pfad entlang den Hügel hinab. Er erreicht die Häuser, geht an einem Garten vorbei, dann durch ein Tor weiter bis zu einem Sträßchen, auf dem er sich immer am Rand hält, denn er hat das unbestimmte, etwas benommene Gefühl aufzufallen, dasselbe Gefühl, das er hat, wenn es mit dem Schreiben gut läuft, oder vielleicht auch dann, wenn er verliebt ist.

Eine der codierten Durchsagen auf Radio London wird nun also für ihn bestimmt sein. Eine Gedichtzeile, die etwas völlig anderes bedeuten wird als das, was sie eigentlich sagt.

Als das Sträßchen in eine breitere Straße mündet, sieht er, dass es die Hauptstraße nach Apt ist. Bis nach Hause ist es allenfalls noch ein halber Kilometer. Er wühlt in seinen Taschen, findet den Lutschstein und schiebt ihn sich in den Mund. Er biegt in die Hauptstraße ein und setzt seinen Weg durch die Dämmerung fort.

Versteckt sitzen sie zwischen den grünen Trieben einer Weidengruppe. Auf der einen Seite der Kreuzung zieht sich die Straße in römischer Geradlinigkeit durch die Talebene; auf der anderen ist sie eine weiße Linie, die sich hinter ihnen von den Hügeln herabschlängelt, um sich in der Ferne wieder in die Berge hochzuwinden. An der Kreuzung selbst gibt es keine Häuser, nicht einmal Schilder, nur ein dreieckiges Stück Wald und dann offenes Weideland, Weinberge und eine Eule, die wie ein Geist an ihnen vorbeischwebt, sich auf einem Ast niederlässt und dann davonflattert.

Sie warten darauf, etwas abzuholen. Doch niemand kommt.

Sie sind weit gelaufen, gemessen am Tempo und der Dauer ihrer Wanderung sicher dreizehn oder vierzehn Kilometer durch die Weingärten und Wiesen jenseits von Roussillon. Zunächst schien es Richtung Cavaillon zu gehen. Er hat sich dem gleichmäßigen, routinierten Schritt angepasst, mit dem der andere die Wege, Pfade und Feldränder entlangmarschiert ist. In der Dunkelheit gab es plötzliche Richtungswechsel – Umwege zur Vermeidung von Höfen, wo unruhige Hunde in ihren Zwingern mit den Ketten rasselten. Sie sind über Zäune geklettert und durch Hecken gekrochen. Bald war er sich nicht mehr sicher, ob sie wirklich unterwegs nach Cavaillon waren. Es gab keine Schilder, keine Wegmarken, keine Orientierungspunkte mehr. Wenn er einmal glaubte, einen umgeknickten Baum oder eine Scheune erkannt zu haben, wirkten die Umrisse im Vorbeigehen aus der veränderten Perspektive doch wieder anders, und er verlor jede Gewissheit.

Auch als er jetzt in der Dunkelheit kauert und wartet, scheint sich das Gelände ringsum ständig zu verändern, vor seinen Augen zu schrumpfen, anzuschwellen und unterschiedliche Formen anzunehmen, während er sich zu orientieren versucht.

Es ist verwirrend.

Sein Begleiter wirkt jedoch zuversichtlich, dass sie am richtigen Ort sind. Er scheint sich wirklich absolut sicher zu sein.

»Wir sind zu früh.« Der Mann hält ihm eine zerbeulte Wasserflasche vors Gesicht. »Du gehst übrigens schneller, als ich gedacht hätte.«

Dankbar nimmt er die Flasche, beginnt gierig zu trinken, rechnet mit Wasser, bekommt Weinbrand und muss husten; er nimmt noch einen Schluck und gibt dem anderen die Flasche zurück.

Als um Mitternacht in der Ferne eine Kirchenglocke schlägt, kommt auf der Straße ein Karren auf sie zugerumpelt. Unbeleuchtet. Der Mann steht auf, tritt aus dem Dickicht. Er folgt ihm mit knackenden Knien. Sie klettern die Böschung zur Straße hoch. Das dunkle Gefährt rollt auf sie zu.

Doch dann verändert sich etwas: Plötzlich kann er das Profil seines Begleiters erkennen – die kantigen Wangenknochen, die zusammengekniffenen Augen –, und er fragt sich, wieso er das alles auf einmal sieht. Woher kommt das Licht? Er schaut sich um und entdeckt – oh Gott – Frontscheinwerfer auf einer Straße weiter unten im Tal. Gelbe, schwache, zur Verdunkelung abgedeckte Frontscheinwerfer von Militärfahrzeugen. Während sie um die Kurven gleiten, zählt er drei Scheinwerferpaare. Er fasst seinen Begleiter am Arm und zeigt in die Richtung.

»Scheiße!«

Da ist der Karren, beladen mit Nachschub aus der Luft. Und da sind sie, die um diese Uhrzeit nicht einmal draußen sein dürften, sie hängen mit drin, es ist zu spät. Der Kutscher klettert von seinem Sitz: Er ist ein kleiner, dünner Mann, nichts als faltige Haut und Knochen. »Schnell!«

Sofort beginnt ein hektisches, ungeschicktes Hantieren, und es geht so langsam, und da ist dieses dünne Licht, in dem Bewegung zu Bildern erstarrt: die faltenzerfurchte Schläfe des Kutschers, der sich konzentriert an einer Schnalle zu schaffen macht; das silbrige Maul des Esels und seine Augen, so dunkel wie Kaffee; die Maserung verwitterter Holzkisten in kalten rosa Händen.

Gemeinsam gelingt es ihnen, den Karren die Böschung hinunterzurollen. Sie hieven die Räder über Wurzeln, schieben und zerren den sperrigen Wagen, der zu einem widerspenstigen Ungetüm wird, zwischen die Büsche. Inzwischen ist der Konvoi in die Talebene eingebogen. Er kommt jetzt direkt auf sie zu.

»Achtung!«, zischt der Kutscher, der mit dem Esel kämpft.

Vorsichtig kippen sie die Ladefläche Richtung Boden; die Kisten rutschen ineinander.

Der Esel brüllt und reißt am Halfter. Fluchend zerrt der Kutscher das störrische Tier zwischen die Weiden.

In der Zwischenzeit hat der andere Mann oben an der Straße damit begonnen, die Spuren zu verwischen und das am Wegrand zertrampelte Gras aufzurichten.

Das Rattern der Dieselmotoren ist unerträglich. Im Halbdunkel hat das Gesicht des Kutschers etwas von einem Totenkopf: Er zerrt noch immer am Halfter des Esels, der steif und mit gesenktem Kopf die Beine gespreizt hat. Der andere Mann kommt dazu, greift nach dem Halfter, legt dem Tier einen Arm um den Hals und zwingt es zu Boden, wo der Esel weiterkämpft, bis er endlich, als der Mann sein ganzes Gewicht auf ihn legt, stillhält.

»He!«, sagt der Kutscher. »Was machen Sie da?«

»Runter!«

Die schmalen, flimmernden Lichter sind da. Mit einem Arm über dem Kopf und einer Wange im Mulch liegt er da und spürt, wie beim Atmen seine Brust gegen den Boden drückt.

Das Scheinwerferlicht zuckt über sie hinweg. Plötzlich sind die Blätter grün, aus den Gräsern werden Silhouetten, aus den Zweigen ein Flechtwerk. Der Boden erzittert. Es ist laut. Licht trifft die Flanke des Esels. Er sieht ein rotes Halstuch, einen blauen Ärmel und das trübe Grau von handgeschliffenem Stahl. Er kennt diese Art von Messern. Es ist ein Rebschnitt-Messer. Sollte der Esel versuchen, sich aufzurichten, wird der andere ihm die Kehle durchschneiden.

Unter den Reifen spritzt Schotter hervor. Er schließt die Augen, dreht das Gesicht zur Seite. Der Lärm ist enorm. Rot zuckend tanzt das Licht über seine geschlossenen Lider. Und dann lässt der Lärm nach, die Wagen sind weg, es ist vorbei.

Als er die Augen aufmacht, sieht er noch die roten Rücklichter des letzten Fahrzeugs. Die Zeit läuft weiter, die Lichter werden kleiner. Es ist vorbei. Wie sich herausstellt, werden sie also weiterleben.

»Du bist ein Dreckskerl«, sagt der Kutscher.

Der Mann richtet sich auf. Auch der Esel kämpft sich wieder hoch, klappt wie ein Kartentisch seine Glieder auf, schüttelt die abstehende Mähne, tut ein paar Schritte, wendet ihnen den Rücken zu und kackt auf den Waldboden. Das Messer ist bereits zusammengeklappt und weggesteckt.

»Wer hätte meinen verdammten Wagen gezogen? Ich wäre erledigt gewesen.« Der Kutscher klopft sich die Erde von der Hose, während der Mann den Fahrzeugen nachschaut.

»Die fahren Richtung Norden«, mutmaßt er stirnrunzelnd. Weich wie Tinte schwappt die Dunkelheit über die roten, schrumpfenden Lichter, bis sie darin ertrinken.

Der Kutscher geht brummelnd zu seinem Esel, um ihm gut zuzureden. Der Mann wendet sich dem Karren zu, und er, der alles schweigend beobachtet hat, folgt ihm. Als er sich übers Gesicht wischt, stellt er fest, dass seine Hände zittern.

»Also dann«, sagt sein Begleiter. »Holen wir uns den Sprengstoff und dann nichts wie weg.«

Fluchend rumpelt der Kutscher davon. Sie bahnen sich ihren Weg durch die Bäume, zwischen ihnen die Holzkiste. Sie ist schwer, anders schwer als etwa Ziegelsteine oder Äpfel oder Mehl. Dann geht es raus auf die Felder, über denen der Mond aufgegangen ist; die blaue Landschaft ist wunderschön. Doch sein Blick klebt unverwandt an der Kiste, die wie ein kleiner Sarg vor ihm hin und her schaukelt.

Diese Kiste könnte sie beide in die Luft jagen. Als Blutregen würden sie wieder runterkommen. Ein beklemmendes, schwindelerregendes Gefühl.

Zurück in dem kleinen Haus, verstauen sie die Kiste im dunklen Flur. Am nächsten Morgen wird er einen besseren Ort dafür finden, bis dahin muss es so gehen. Er wischt die Hände an seiner Hose ab. Als der andere Mann in der Dunkelheit verschwindet, schließt er die Tür hinter dieser seltsamen Nacht.

Drinnen schafft er es immerhin noch, seine Stiefel auszuziehen. Wie einen Steilhang erklimmt er in Socken die Treppe. Er fällt ins Bett. Sie bewegt sich, ist wohl aufgewacht.

»Wo warst du?«

»Schlaf weiter.«

»Aber wo warst du?«

»Nirgendwo.«

»Tss.«

»Nein, wirklich, ich weiß es nicht.«

Sie dreht sich auf die Seite und schläft wieder ein. Auf dem Rücken liegend schaut er zu, wie die Dunkelheit langsam dem Morgen weicht.

Suzanne hat aus Ablegern, die ihr Anna Beamish gegeben hat, in Töpfen Geranien herangezogen. Die Blumen sind weiß wie Oblaten, rot wie geronnenes Blut, rosa wie offene Blasen, und ihre Blätter, die sich ausbreiten wie Zauberhände, haben begonnen, die Terrasse zu erobern. Er hebt einen Geranientopf hoch, stellt ihn vorsichtig auf die Kiste und schiebt ein paar Töpfe davor. Um das Ergebnis zu begutachten, tritt er zurück, bis sein Rücken gegen das Geländer stößt. Es ist immer noch ganz eindeutig eine Kiste; daran lässt sich nicht rütteln. Die Frage ist, ob sie wie eine harmlose, unschuldige alte Holzkiste aussieht, jene Art von Kisten, die gern als Untersatz für hübsche Topfpflanzen-Arrangements benutzt werden, oder ob sie trotz der Geranien immer noch so aussieht wie das, was sie ist: eine Kiste, randvoll mit Gewalt, schwer bepackt mit Abscheulichkeiten und beladen mit dem Potenzial, ihn und Suzanne auf einen Schlag in die Luft zu sprengen.

Er reibt sich mit Daumen und Zeigefinger übers Kinn. Überlegt. Wohl doch eher Letzteres, entscheidet er.

Aber vielleicht auch nur, weil er es weiß.

Drinnen übt eine durchdringende, klare Kinderstimme die Tonleitern. Sie hat eine gute Singstimme, die Kleine aus der *quincaillerie*, so rein, dass man Gänsehaut davon bekommt. Sie müsste weggehen, wenn sie etwas daraus machen wollte. Aber wohin sollte sie in Zeiten wie diesen gehen? Paris? Berlin? London?

Es ist ein Jammer, dass Suzanne ihren Unterricht nicht in Saint-Michel geben kann, wo das Klavier steht. Aber Yvonne erträgt das Kommen und Gehen nicht mehr. Ihre Nerven liegen blank.

Mit dem Fuß schiebt er noch einen Topf vor die Kiste, dann geht er in die Hocke und fängt an, Geranienblätter zu entwirren.

»Was machst du da?« Suzanne späht durch die Terrassentür zu ihm hinaus, sieht die Blumentöpfe und die neue, verdächtige Kiste. »Was ist los?« Sich selbst überlassen, hält das Kind erst noch den letzten Ton, wird dann leiser und verstummt. »Du interessierst dich für *Geranien*?«

»Nein.«

Sie kommt zu ihm auf die Terrasse und zieht die Glastür hinter sich zu. Auf der Straße starrt eine alte Frau mit Kopftuch und Korb zu ihnen hoch. Suzanne hebt eine Hand. Die Frau winkt gezwungenermaßen zurück und geht weiter. Dann richtet sich Suzannes Blick wieder auf ihn; das Lächeln ist verschwunden.

»Erzähl mir nicht den üblichen Mist. Was ist in der Kiste?«

»Nichts.«

»Nichts?«

»Nichts. Und sie bleibt auch nicht lange hier.«

»Wenn nichts drin ist, warum muss sie dann überhaupt hier sein?«

»Ich wollte sie unters Bett schieben, aber ich dachte, das hättest du nicht so gern.«

»Warum?«

»Hör zu, mach dir keine Gedanken. Es ist kein Problem. Und es ist auch nur für ein paar Tage.«

»Ich habe dich nicht gefragt, wie lange die Kiste hierbleiben soll. Ich habe dich gefragt, was drin ist und warum sie auf der Terrasse steht.«

»Sie muss sicher und im Trockenen verwahrt werden.«

Suzannes Miene erstarrt. Zwischen den Vorhängen taucht der Kopf des Mädchens auf. Suzanne fuchtelt wütend in seine Richtung: Das Kind lässt den Vorhang wieder los, der Kopf verschwindet.

»Herrgott noch mal!« Ihre Stimme ist leise und erbost, die Augen schmal, der Blick hart. »Bist du jetzt von allen guten Geistern verlassen? Was ist in der Kiste?«

»Die brauchten jemanden, der sie aufbewahrt.«

»Weißt du überhaupt, was drin ist?«

In diesem Moment kommt Henri, der wieder bei Miss Beamish Unterricht hatte, am Haus vorbeigeschlendert. Suzanne wendet sich ab, um ihren Zorn zu verbergen, doch sie geht nicht weg, während er grüßend die Hand hebt. Henri bleibt stehen, und schon fliegen die ersten Sätze zwischen Straße und Terrasse hin und her. Suzanne rührt sich nicht vom Fleck, mit verschränkten Armen wartet sie, bis es vorbei ist. Munter verspricht Henri, dass sie bald einen heben werden, und spaziert winkend weiter.

»Hier wirst du sie nicht stehen lassen«, sagt Suzanne, als Henri weg ist.

Am Ende des Gartens gibt es eine Böschung mit einer tiefen Mulde darin, fast wie eine Höhle. Dort wird er die Kiste zwar nicht unter Beobachtung haben, doch dafür ist es ein einigermaßen gutes, trockenes Versteck. Er bückt sich, um die Topfpflanzen wegzuschieben. Dann hievt er die Kiste hoch und wankt seitlich an ihr vorbei ins Haus.

»Muss nur eben durch«, sagt er, als sie ihn empört anfunkelt.

Stumm und mit großen Augen steht das Kind da, die Hände auf der Tischkante gespreizt. Mit hochgezogenen Augenbrauen starrt er das Mädchen an. »Sing weiter!«, blafft Suzanne und schiebt ihn zur Hintertür, die sie für ihn aufmacht. Das Kind öffnet den Mund, füllt seine Lunge mit Luft und arbeitet sich wieder an der Tonleiter hoch.

Vorsichtig manövriert er sich und die Kiste durch den Türrahmen. Wegen des Kindes spricht Suzanne jetzt Englisch mit ihm. Ihr Englisch ist wackelig und schwach; weit kann sie damit nicht kommen.

»Und was ist jetzt in der Kiste?«, fragt sie.

»Sprengstoff«, sagt er leise. »Tut mir leid.«

Suzanne reißt die Augen auf; ihr Mund öffnet sich.

»Ich glaube, es ist dieses formbare Zeug«, fügt er hinzu. »Sie machen diese würstchenartigen Dinger daraus. Diese Sprengsätze.«

Suzanne holt gefährlich tief Luft. Um wenigstens diese Explosion zu verhindern, schlüpft er rasch in den Garten.

Suzanne tastet nach den Nadeln in ihrem Haar, doch die andere Suzanne, Miss Beamishs Suzanne, hat auch schon damit begonnen, und als sich die Hände der beiden Frauen berühren, überlässt sie es der anderen, mit ihren mandelförmigen Fingerspitzen die Nadeln herauszuziehen. Ihr Geschick hat etwas Wohltuendes, und das Entfernen der Nadeln nimmt Druck von Suzannes Hinterkopf – wie ein Problem, das einfach verschwindet. Gelöst fällt das Haar über ihren Rücken, und die andere Suzanne kämmt mit den Fingern durch die Strähnen. Sie atmet tief aus, und ihre Schultern senken sich.

»Mir war gar nicht bewusst, dass sie so lang geworden sind«, sagt sie.

Die andere Suzanne lächelt und steckt ein Handtuch in ihrem Kragen fest; sie winkt sie zum Waschbecken.

Im muffigen Geruch ihrer ungewaschenen Haare beugt sich Suzanne über das Steinbecken und spürt, wie das auf dem Herd erwärmte Wasser über ihre Kopfhaut fließt, wie die Hand der anderen Frau die Nässe behutsam verteilt und den Fluss des Wassers verlangsamt, um nichts davon zu verschwenden.

»Gut so?«

»Ja, danke.«

Sie hört, wie der Deckel von einem Gefäß gehoben und eine Handvoll Seifenflocken herausgenommen wird. Eine gewölbte Hand taucht vor Suzannes Gesicht auf, um sie daran riechen zu lassen.

»Lavendel«, kommentiert sie den unerwarteten Duft.

»Mm.«

Die andere Suzanne nimmt ihre Hand wieder weg, verteilt die Flocken auf beiden Handflächen und reibt sie zu Schaum, den sie auf dem nassen Haar verteilt und einzumassieren beginnt.

Über das Steinbecken gebeugt, ihr Gesicht von den herabhängenden Strähnen umrahmt, spürt sie die Finger der Frau; sie ziehen an ziependen Knoten, reiben über die Kopfhaut, angenehm und unangenehm zugleich. In ihrem Nacken kribbelt auf Abwege geratenes Wasser auf einem Stück entblößter Haut. Sie denkt daran, was diese Hände, diese Fingerspitzen sonst noch tun; woran sie sonst noch reiben, was sie sonst noch massieren. Der Körper der anderen Frau ist nah an ihrem, sie spürt ihren Atem, spürt den Schenkel an ihrer Hüfte, spürt die Brust der anderen, die ihre Schulter streift. Plötzlich kommt ihr in den Sinn, dass die andere Suzanne keinen Büstenhalter trägt, und ihre Gedanken werden warm und beginnen zu schweifen.

Wie gierig ich danach bin, denkt Suzanne, als sie wieder in die aufrechte Position gebracht und ihr Haar behutsam trockengerieben wird, als sie wieder zum Stuhl geführt und darauf abgesetzt wird wie ein verletzliches, zerzaustes Vogelküken. Ich bin richtig ausgehungert.

Vor dem Fenster rauschen leise die Zypressen, die Vögel singen, und drinnen bewegt sich die andere Suzanne um sie herum und kämmt die verfilzten Stellen aus, ihr Atem dicht an Suzannes Ohr, ihren nackten Armen, dem vom häufigen Waschen durchsichtig gewordenen Stoff ihrer Bluse. Ihr Kopf gibt dem Kamm nach und neigt sich mal in die eine, mal in die andere Richtung. Zu einem Vorhang glattgezogen, hängt das Haar um ihre Schultern. Als die andere Suzanne mit dem Schneiden beginnt, schließt sie die Augen.

In der Sommersonne glühen ihre Lider rot. Nur noch die Wärme und den Atem der anderen Frau nimmt sie wahr, nur noch das Knirschen der Scherenblätter, den Gesang der Vögel, das Wispern der Bäume und die Stimmen auf der Straße. Als Suzanne die Augen wieder öffnet, liegt ihr abgefallenes Haar im Halbkreis auf dem Kachelboden. Die andere Suzanne geht um sie herum, stellt sich vor sie, beugt sich zu ihr hin; sie teilt das Haar, das Suzanne ins Gesicht hängt, und lächelt sie an. Noch drei rasche, geschickte Striche mit dem Kamm, und dann sagt sie: »Ich glaube, so ist es gut.«

Suzanne erwidert ihr Lächeln. Einen Moment lang verharren sie so, Auge in Auge, lächelnd, die Lippen der anderen groß und weich, und dann sagt die andere Suzanne: »So …«, wendet sich ab und macht sich gläserklirrend an der Kommode zu schaffen. »Haarfestiger haben wir im Moment leider nicht«, sagt sie lachend über die Schulter hinweg.

Sie schenkt ihnen Wein ein, und Suzanne bewegt den Kopf nach links und nach rechts, was sich leicht und kühl anfühlt, betastet die frischgeschnittenen Haarspitzen, und auch ihr Körper fühlt sich leicht an, weich und warm, und für einen kurzen

Moment ist sie entspannt, ja glücklich. Dann kommt Anna aus dem Garten, von ihren kleinen, schnüffelnden Hunden umringt.

»Ach«, sagt Anna. »Sehr schön.« Sie nimmt das Weinglas, das ihr die andere Suzanne hinhält. »Wirklich sehr schön.«

Die beiden gehen ungezwungen miteinander um, entspannt berühren sich ihre Hüften, ihr warmes, weiches Fleisch. Sie passen zusammen, und das zu sehen, tut Suzanne weh.

»Danke«, sagt sie. »Es fühlt sich auch sehr schön an.«

Die andere Suzanne gibt ihr ein Glas, doch ihre Aufmerksamkeit gilt nun in erster Linie Anna, so wie es sein sollte. Suzanne nimmt einen Schluck Wein. Was sie eben empfunden hat – diese Wärme, dieses Glück –, ist die Dankbarkeit eines streunenden Hundes für eine beiläufige Freundlichkeit, ein kurzes Kraulen, einen hingeworfenen Happen.

Einfach mal einen Arm um sich spüren – das wünscht sie sich mehr als alles andere. Dieses unkomplizierte, entspannte Zusammensein. Einen Kuss.

»Also dann«, sagt sie, nimmt noch einen Schluck Wein und stellt das Glas ab. »Das war sehr nett von dir.« Sie steht auf, um zu gehen. »Wirklich sehr nett von dir.«

Am selben Abend, als sie gerade ans Schlafengehen denken, klopft es leise an der Hintertür. Ehe Suzanne reagieren kann, ist er schon aufgesprungen. Die Männer tragen blaue Arbeitshosen und ausgebeulte Tweedjacken, um in der Dämmerung nicht aufzufallen. Zwei weitere tauchen aus der Dunkelheit auf, mit Fahrrädern, die neben ihnen herrollen.

»Hast du das Zeug?«

»Hier lang.«

Vorsichtig gehen sie durch den Garten zum Versteck. Die Zikaden singen. Er hockt sich hin, zerrt die Kiste heraus und reibt den Dreck von seinen Händen, während die anderen das Ding bereits hochhieven.

»Irgendwas Neues?«, fragt er.

Kopfschütteln, aufeinandergepresste Lippen. »Warte einfach«, sagt jemand. »Hör genau hin. Kann nicht mehr lange dauern.«

Anna Beamish steht gebückt vor dem Radio und dreht am Sendersuchknopf wie ein Safeknacker, die Augen schmal vor Konzentration; ein Nebel aus Störgeräuschen, dann ein Kreischen, das durch Mark und Bein geht.

Der letzte Rest eines gleißenden Junitags ist angebrochen. Im Zimmer stehen Weinflaschen herum; Zigarettenrauch hängt in der Luft. Eigentlich sollte er nichts trinken, nicht jetzt, da es jeden Moment losgehen kann; andererseits könnte es noch ewig jeden Moment losgehen, und er sieht dem, was kommen wird, eher mit Grauen als in gespannter Erwartung entgegen. Wenn es so weit ist, müssen Dinge getan werden. Ein beunruhigender Gedanke. Und weil es sehr viel einfacher ist zu trinken als nicht zu trinken, ist ihm schon schwummrig von dem derben Wein, als Beethovens Fünfte das atmosphärische Rauschen und die Störgeräusche durchbricht, mit denen deutsche Sender versuchen, feindliche Signale zu unterdrücken. Gierig nach der Musik, lauscht er mit betäubten Sinnen angestrengt auf die verzerrten Radioklänge, lauscht auf die morseähnlichen Rythmen der Melodie. *Ta ta ta tum*. Er spürt ein Kribbeln im Genick. Dreimal kurz, einmal lang, das entspricht doch einem V, oder? Ja, im Morsealphabet ist das ein V. V wie Victory.

Hier ist London; die Franzosen, die zu den Franzosen sprechen.

Henri und Josette Hayden horchen mit gesenkten Köpfen. Auch Suzanne sitzt schweigend da. Jedes Mal, wenn er sich nachschenken ließ, hat sie ihn durchdringend angesehen. Sie will nach Hause, doch er ignoriert es, weil sie kein Radio haben, und entweder hat sie es aufgegeben, oder ihm selbst gelingt es mit steigendem Alkoholpegel besser, ihre Blicke zu übersehen.

Ehe wir beginnen, hören Sie hier bitte einige persönliche Durchsagen.

Anna sitzt auf der Armlehne eines Sessels; ihre Suzanne hat sich an sie gelehnt, der dunkle Kopf weich an Annas Hüfte.

Rätselhaft und eindringlich schweben die seltsamen Botschaften durch den Raum.

Es ist heiß in Suez.

Einer der Hunde schiebt den Kopf unter seine herabhängende Hand, und er streichelt über seinen struppigen runden Schädel und krault ihm die Backen.

Die Würfel liegen auf dem Tisch.

Der Hund legt sich hin und dreht sich auf den Rücken; er müsste den Arm ausstrecken, um ihn zu streicheln, doch dazu kann er sich nicht durchringen.

Jean hat einen langen Schnurrbart.

Der Hund streckt sich wohlig und gibt leise, zufriedene Geräusche von sich. Draußen zirpen die Zikaden.

Und zwingt mein Herz in bangem Schmerz zu schweigen.

Das ist es. Seine Hände graben sich ins Polster des Sessels. Das ist die Zeile von Verlaine. Das Startsignal für den Maquis, die Kampfhandlungen einzuleiten. Er hat Gänsehaut. Jetzt kommt es: das Chaos aus zersplittertem Holz, zertrümmerten Ziegeln und explodierenden Granaten, aus Kugeln, Staub, Blut und gebrochenen Körpern. Die Befreiung.

Zu spät wird ihm bewusst, dass er aufgesprungen ist und alle ihn anstarren.

Suzanne blickt zu ihm hoch, ihr Gesicht ist grau.

Sein Herz rast. Hoffnung, denkt er, das ist Hoffnung, und es ist schrecklich. Er setzt sich wieder in den Sessel. Hoffnung steht für zusammengerollten Stacheldraht, für Sichtbarmachen: die Krähen im Wald, die Hühner im Korb, die Wildhüter mit ihren Gewehren und Hackblöcken – sehen, was in der Zwischenzeit aus ihnen allen geworden ist. Das Radio spuckt weiter Wörter aus, und er weiß nicht, was er tun soll. Sein Sessel knarrt, der Hund steht auf, schiebt wieder die Schnauze in seine Hand, und er streichelt ihn.

Als die Übertragung vorbei ist, geht Anna zum Radio und schaltet es aus; Stille legt sich über den Raum.

»Nun ja, das war aufschlussreich.«

Sie nimmt die Flasche, geht gemütlich von Gast zu Gast und lässt frischen Wein in die Gläser schwappen.

»Steht es dir frei, uns zu sagen, was das alles zu bedeuten hat, alter Knabe?«

»Hm?«

»Was deine gespitzten Ohren gerade aufgeschnappt haben?«

Josette und Henri blicken ihn unverwandt an, die andere Suzanne ebenfalls. Nur seine Suzanne inspiziert ihre Schuhe.

»Oh, nichts«, sagt er. »Eigentlich gar nichts.«

Einer der Hunde beginnt zu winseln, und dann gibt es noch ein Geräusch. Es dauert einen Moment, bis sie es hören, und dann noch einen Moment, bis sie begreifen, was es ist: ein Flugzeug, diesmal nicht in ihrer Nähe, sondern weit weg auf der anderen Seite des Tals. Das Motorengeräusch wird etwas lauter und verhallt langsam, ohne sich genähert zu haben.

»Hier geht es ja wirklich zu wie in einem Taubenschlag«, sagt Henri auf Englisch, und Anna lächelt ihm zu, stolz auf diese Redewendung aus seinem Mund.

»Also gut«, sagt sie, »dann trinken wir eben auf nichts und wünschen wem auch immer viel Erfolg und viel Glück für gar nichts.«

Sie hebt das Glas an ihre Lippen, die schon gerötet vom Wein sind.

Er leert sein Glas in einem Zug und stellt es ab. Dann dreht er sich zu Henri und Josette um. »Könnte Suzanne ein paar Tage bei euch bleiben?«

Als die beiden sofort freundlich ihre Gastfreundschaft anbieten, sagt Suzanne mit ruhiger Stimme: »Warum sollte ich das tun?«

»Hier bei uns bist du auch jederzeit willkommen.« Anna beugt sich mit etwas verschwommenem Blick zu ihr hin und tippt gegen Suzannes Knie. »Wir haben jede Menge Platz.«

»Danke, aber ich fühle mich zu Hause eigentlich ziemlich wohl.«

»Weißt du, ich will dich nicht allein lassen«, sagt er.

Endlich sieht sie ihn an. »Dann tu es nicht.«

Hinaus in die herrliche Juninacht, die Straße nach Apt entlang, die eilig gepackte Schultertasche schaukelnd an seiner Hüfte: Zigaretten, eine Schachtel Streichhölzer, ein Notizbuch, ein Bleistift und seine fingerlosen Handschuhe. Für einen Krieg hätte er wahrscheinlich deutlich besser packen können. Bei genauerer Überlegung sind diese Dinge alles andere als soldatisch. Er nimmt das Sträßchen, das den Berg hochführt und dann in den Pfad übergeht, vorbei an dem dunklen Haus mit dem Garten. Als er das Flussbett erreicht und hinunterschlittert, schürft er sich an einem Felsen den Knöchel auf. Die Arme in der Dunkelheit weit vor sich ausgestreckt, stolpert er über klappernde Steine die kleine, ausgetrocknete Schlucht hoch. Unter den Bäumen ist es noch dunkler, um ihn herum wogt die Nacht. Vielleicht hat er ja doch keinen so klaren Kopf, wie er dachte.

Lange bevor er das Lager erreicht, sogar noch bevor er am Fuß des steilen Hügels angelangt ist, wird er von einer Stimme angehalten.

»Wer da?«

»Violinen?«, sagt er zögernd.

Jemand tritt hinter einem Pinienstamm hervor. Es ist der Junge aus dem Lager.

»Dachte ich mir doch, dass du das bist«, sagt der Junge. »Du hörst dich an wie eine ganze Elefantenherde. Sei mal nicht so laut!«

Als er etwas geknickt an dem Jungen vorbei weitergeht, weht ihm der durchdringende Geruch nach Lagerfeuern und ungewaschenen Körpern entgegen. Er bemüht sich, leise aufzutreten. Und das sind doch letztlich genau die Dinge, die getan werden müssen – damit der Junge aufs Fahrrad steigen, nach Hause zu seiner Mama fahren und wieder Kind sein kann, als wäre das Ganze wirklich nur ein Sommerlager gewesen, ein kleiner Spaß und keine Sache auf Leben und Tod. Auch das ist Hoffnung.

16

Vaucluse

Sommer 1944
Aus dem Dunkel des Äthers zaubert Bonhommes Radio knisternde Codes hervor. Er stellt es auf Dachböden, in Scheunen, Werkstätten oder unter Bäumen auf, die Antenne lose über Dachziegel oder Äste gelegt, um rasch alles abbauen und wieder verschwinden zu können.

Anschließend macht sich die Zelle daran, diesen Wörtern Leben einzuhauchen.

Die alliierten Streitkräfte sind in der Normandie gelandet. Offenbar ist das die Wahrheit, nicht einmal die kollaborierenden Zeitungen und Radiosender dementieren. Allerdings ist es noch eine halbe Weltreise entfernt.

Nachts wandern sie die langen Feldwege und stillen Straßen entlang. Im Juni scheint es nie ganz dunkel zu werden. Munition und Sprengstoffe werden aufgeteilt, und dann heben sie im Wald, an Feldrändern und neben der Straße im Tal Gruben aus, um ihren Anteil darin zu verstecken. Den Rest schleppen sie zu den in der Landschaft verstreuten Lagern, den Waldlichtungen, stillgelegten Steinbrüchen und Höhlen oben an den Berghängen, wo hagere Männer auf sie warten und die Lieferung mit beifälligem Nicken begrüßen.

Auch Vorräte für die finsteren, dünnen Ehefrauen sind dabei, die hungrigen Kinder, die zähen Alten – all die Familien, die diese Männer zurückgelassen haben.

Die alliierten Streitkräfte landen in der Nähe von Fréjus. Das ist keine halbe Weltreise entfernt, sondern nur ein paar Autostunden.

Draußen im Einsatz wird alles lebendig und drängend. Ausgehungert macht er sich über das angebotene Essen her und fällt in einen totengleichen Schlaf, sobald ihm ein Bett zugeteilt wird oder etwas, das dem nahekommt. Er schläft, bis ihm die Sonne ins Gesicht scheint oder jemand ihn wachrüttelt. Dann zieht er ganz gleich zu welcher Tages- oder Nachtzeit seine ramponierten Stiefel über die stinkenden Socken und steigt aus dem, was ihm als Unterschlupf gedient hat, um weiterzutun, was er tun muss.

Denn hier und jetzt findet sichtbares Leben statt, in den Gehöften und Scheunen, in den Wäldern, Wiesen und Schluchten: Gras streckt sich der Sonne entgegen, Weinranken winden sich um Spaliere. Schüsse peitschen. Vögel zwitschern sich aufgebracht zu. Milchpralle Kühe strahlen Frieden aus. Lämmer hüpfen und springen, und eins von ihnen hängt tropfend, schlaff, mit eingeschlagenem Schädel über dem Feuer im Wald, wo es später zu gleichen Teilen zerlegt wird, das Fleisch fettig zwischen Fingern und Lippen und dann ungut im Bauch, Übelkeit. Köpfe schrecken hoch, als ein dumpfes Donnern durch die Nacht hallt, dann noch eins und noch eins. Das sind die Sprengsätze, die sie beschafft und an die andere Zelle, die jetzt die Bahntrasse sprengt, weitergeleitet haben. Himmelhoch lassen sie das Ding in die Luft fliegen.

Hoffnung. Er hat die Nase voll davon, hat es satt zu hoffen. Und doch wird jetzt der Stacheldraht zerschnitten, Stück für Stück.

In der Küche des leeren kleinen Hauses trinkt er becherweise Wasser, das er sich aus dem schwitzenden Tonkrug einschenkt. In der Kanne sieht das Wasser tintenschwarz aus, doch beim Eingießen fängt es das Licht ein und schimmert und glitzert.

Ein fernes Dröhnen von Bomben hallt durch die Nacht. Und nach Süden hin glüht der Himmel.

Er findet einen trockenen Brotkanten, taucht ihn in den Becher und beginnt umständlich, daran herumzukauen, möglichst ohne die schlimmsten Zähne zu beteiligen, die wehtun, die pochen, und den, der zu wackeln begonnen hat. Draußen fahren mit ratternden Motoren Kleinlaster vorbei, und das schwache Licht ihrer verdunkelten Scheinwerfer wandert durch den kleinen Raum.

Er duckt sich außer Sichtweite.

Als er seine Stiefel auszieht, sind sie getrocknet und steif, wie aus Holz. Die Socken kleben an seiner Haut. Er weiß, dass er stinkt. Manchmal kann er sich selbst riechen, ein beißender Geruch wie von einem Tier. Auf nackten, wundgelaufenen Füßen steigt er die Treppe zum leeren Schlafzimmer hoch und legt sich auf die Decke. Langsam die Augen schließen und wieder öffnen. Er ist allein. Irgendwo in der Ferne knallen Schüsse. Augen schließen und wieder öffnen. Sein Knie tut weh. Seine Füße tun weh. Seine Muskeln werden auf der Matratze weicher. Augen schließen, und die Lider flattern, aber heben sich nicht mehr. Und ausnahmsweise hat er einmal das befriedigende Gefühl, etwas Nützliches getan zu haben; das Gefühl, dass etwas im Gange ist.

17

La Croix

1944

Mit ihrem Bellen könnten die Hunde, die in Anna Beamishs Spülküche eingesperrt sind, Tote zum Leben erwecken. Aber nicht die Hunde haben ihn auf die Anwesenheit der Soldaten aufmerksam gemacht; es waren die Schüsse.

Die ersten Schüsse haben ihn aus dem Schlaf gerissen; mit der zweiten Salve wurde ihm klar, was seinen Schlaf zunichtegemacht hatte. Die Schüsse klangen nah, doch weil Geräusche wie diese zwischen den Steilwänden, Felsen und Tälern hin und her springen, war es schwer, die Richtung zu bestimmen, aus der sie gekommen waren. Jedenfalls hätte er darauf gewettet, dass es eine Sten Gun war, auf Automatikbetrieb gestellt. Da ging jemand äußerst großzügig mit seiner Munition um. Er streckte den Arm nach Suzanne aus, doch Suzanne war nicht da; natürlich, sie war ja bei Josette und Henri. Also blieb er einfach liegen, lauschte schwitzend und hellwach auf das Krächzen der aufgeflatterten Vögel und die hohlen Echos aus dem Tal und wartete darauf, was als Nächstes geschehen würde.

Als Nächstes geschah nichts.

Schließlich stand er doch auf, ging zum Fenster und öffnete die Läden. Im Blau der ausklingenden Nacht sah er nur die fahle Straße, die dunklen Bäume und die Vögel, die wie verbrannte

Papierfetzen wieder zu ihren Schlafplätzen herabschwebten. Er machte die Fensterläden wieder zu und zog sich Hemd und Hose an.

Er war schon unten, als in ungewöhnlich hohem Tempo der Milchwagen vor dem Haus vorbeirumpelte. Er stieg in seine Stiefel, schob die Türriegel zurück und trat auf die Straße. Er blickte nach links und nach rechts, doch da war nichts, und so ging er müden Schrittes Richtung Stadt, unter gestutzten Limonenbäumen, im Schatten ausladender Wildrosen immer am Straßenrand entlang. Einmal huschte eine Ratte an ihm vorbei, und er fuhr zusammen, doch mehr geschah nicht.

Auch im Ort war alles friedlich und still: Gerade machten die ersten Geschäfte ihre Fensterläden auf, die Backstube glühte, und vom Geruch nach Brot begann sein Magen zu rumoren. Also kehrte er um, ließ die Stadt wieder hinter sich und ging am kleinen Haus vorbei weiter zum Haus von Anna Beamish, doch auch dort war im nun schon helleren Morgenlicht nichts zu sehen, nur die staubige Straße, die Bäume, das trockene Gras und die Böschungen, in denen Schlangen raschelten. Dann also wieder ins Bett. Doch in diesem Moment kam ein Ackerwagen an Annas Hausseite um die Ecke gerollt, das Pferd scheute, wich aus, und der Kutscher hatte alle Mühe, seinen kleinen, gedrungenen, alten Gaul in der Spur zu halten. So klapperten sie an ihm vorbei, ohne dass ihn der stur geradeaus starrende Mann auch nur grüßte.

Prüfend blickte er noch einmal die Straße entlang, und da sah er sie: Soldaten.

Wie ein grauer Haufen lagen sie vor Annas Zaun, und es kostete ihn Überwindung, darauf zuzugehen. Dann roch er das Blut. Er starrte auf Füße in Socken, auf eine im Staub gekrümmte Hand, auf das dunkle Innere eines aufgerissenen Mundes. Blassblaue Haut, schwarzes Blut, nur ein Knopf schillerte im Morgenlicht.

Da steht er nun und starrt, und die Zunge drückt gegen seine Zähne, und ein Zahn gibt nach und tut weh, und er steht und starrt und steht und starrt, und die Hunde bellen.

Dann kommt jemand aus Annas Haus. Er hört, wie die Tür aufgeht. Mit ihr stürzen die aufgeregten Hunde hinaus. Die Tür fällt zu.

»Bist du das?«, ruft sie.

Er nickt. Ihm ist übel. Jetzt haben sie ein Problem.

Sie kommt den Weg entlang auf ihn zu, und die bellenden Hunde springen um ihre Beine, während sie den Gürtel ihres schottengemusterten Morgenmantels zuknotet.

»Himmelherrgott, seid still!«, sagt sie, pflückt eins der Tiere vom Boden und drückt es an sich.

»Wir haben alles gehört«, sagt sie. »Aber wir hielten es für besser, nicht rauszugehen. Man denkt natürlich, dass man jemanden anrufen sollte. Aber wen soll man heutzutage anrufen?«

»Es sind zwei ...« Das Wort bleibt ihm im Hals stecken, als hätte es sich darin verhakt. Er dreht sich wieder zu dem grauen Haufen um. »... Leichen.«

»Ganz sicher tot?« Sie späht über das Gartentor. Die Frage beantwortet sich von allein. Sie stellt den Hund wieder auf den Boden, tritt durchs Tor, lässt die kläffenden, jaulenden Tiere auf der anderen Seite. »Verdammt, verdammt, verdammt.«

Mit gerunzelter Stirn blickt sie in beide Richtungen die Straße entlang. Der Tod ist ansteckend geworden, auch sie könnten ihn sich einfangen. »Wir müssen etwas tun.«

»Den Priester holen?«, schlägt er vor.

»Wenn sie nach Roussillon gebracht werden, wird der ganze Ort mit reingezogen.«

Schweigend stehen sie da.

»Wir sind mal durch eine Stadt gekommen«, sagt er, »in der Vergeltungsmaßnahmen stattgefunden hatten.« Die Frau mit den gefrorenen Augen. Der Mann mit dem Loch in der Wange und dem bloßgelegten Kieferknochen.

»Wir können sie nicht einfach hier liegen lassen«, sagt Anna.

»Nein.«

Plötzlich tatkräftig, geht sie wieder durchs Tor, schreit ihre

Hunde an und marschiert den Weg hoch, während er bei den Toten bleibt. An der Tür versucht die andere Suzanne, die Hunde ins Haus zu holen. Stimmen übertönen das Gebell: *Was ist passiert? Großer Gott, was sollen wir tun?* Er schaut auf einen bestrumpften Fuß und den Zehennagel, der sich durch die Wolle gedrückt hat. Ein Stück weiter liegen die Stulpen des Soldaten schlaff im Staub. Die Mörder haben seine Stiefel mitgenommen.

Es ist noch früh. Die Straße ist ruhig, hier gehen kaum Leute vorbei. Sie könnten unbeschadet aus der Sache rauskommen.

Anna ist wieder bei ihm. Sie hat eine lange Hose und ein Polohemd angezogen und trägt zwei Gartenschaufeln über der Schulter. Auch eine Flasche hat sie mitgebracht.

»Meine Freundin hat uns das hier empfohlen.« Sie hält die Flasche hoch. Weinbrand.

»Deine Freundin ist sehr klug.«

»Ja, das ist sie wirklich.«

Sie betrachten die Männer. Slawische Gesichter mit hohen Wangenknochen, das eine weicher und jünger als das andere und ganz mit Sommersprossen besprenkelt. Seine grauen Augen sind geöffnet, und weil sie auszutrocknen beginnen, ist die Hornhaut etwas zerknittert; die Feuchtigkeit lockt Fliegen an. Die Armée de l'Est, die hier ihren Dienst leistet, wurde in den eroberten Ländern rekrutiert; die beiden waren Kriegsgefangene.

»Arme Kerle.«

Sie gibt ihm die Flasche. Er entkorkt sie, nimmt einen kräftigen Schluck, gibt ihr die Flasche zurück.

»Wo sollen wir …«

Sie blicken sich um.

»Dahinten.« Er deutet mit dem Kinn auf eine Stelle neben der Straße, wo der Randstreifen ziemlich breit ist. Breit genug für ein Grab.

Sie gehen an den Leichen vorbei.

»Glaubst du, es sind Russen?«, fragt er.

»Vielleicht. Oder Polen. Die haben's drauf ankommen

lassen – wollten wohl nicht ins Arbeitslager. Man kann sich vorstellen, warum.«

Der andere, der etwas älter und abgehärteter aussieht als sein Kamerad, hat dunklere Haut. Sonnenverbrannte Haut.

Anna wendet ihr Gesicht ab. Er folgt ihr zu dem verwahrlosten Stück Randstreifen vor dem Wald. Er will etwas Tröstendes, Sinnvolles sagen. Es gibt nichts Tröstendes, Sinnvolles zu sagen.

Er hört sie schlucken. »Hier?« Ihre Stimme klingt trocken.

»Hier oder sonstwo, egal«, sagt er.

Sie rammen ihre Spaten in die Erde. Sie beginnen zu graben.

Es braucht Zeit, ein Grab auszuheben. Während sie sich tiefer und tiefer in die Erde hineingraben, werden die Innenwände blutrot, feucht und geädert. Rostfarbener, hellerer Oberboden rieselt auf sie herab. Er dreht den Lutschstein in seiner Backe und schiebt ihn hinter einen Zahn; die Nerven vibrieren wie Drähte.

Nach etwa einer Stunde klettert Anna ohne jede Rücksicht auf ihre Kleidung aus dem Loch und geht zum Haus. Niemand kommt vorbei. Niemand taucht auf, um den nächtlichen Schüssen auf den Grund zu gehen. Ihre beiden Häuser sind so isoliert, so abgeschottet, dass die wenigen Nachbarn Distanz halten; dafür ist er dankbar.

Als Anna zurückkommt, wird sie stirnrunzelnd und besorgt von der anderen Suzanne begleitet, die zwei Flaschen Bier und eine Keksdose mitgebracht hat. Im Staub kauernd, essen sie schweigend und trinken das Bier. Die andere Suzanne bietet ihnen Hilfe beim Graben an, doch in der Grube ist ohnehin kein Platz mehr, und sie winken ab. Je weniger Leute beteiligt sind, desto besser. Sie trinken noch mehr Weinbrand, verscheuchen Fliegen und machen sich wieder an die Arbeit.

Sie graben, während die Sonne am Himmel hochsteigt. Es wird heißer; die Fliegen summen laut, der Geruch nimmt zu. Er ist in Schweiß gebadet.

»Das wird reichen«, sagt sie schließlich außer Atem. »Oder?«

Sie klettern heraus.

Als er dem Jungen unter die Achseln greift und ihn hochzieht, dreht er das Gesicht weg. Er ist viel schwerer, als er aussieht. Fliegen summen um ihn und den Toten herum, doch er hat keine Hand frei, um sie zu verscheuchen. Anna bückt sich schnaufend nach den Füßen, und gemeinsam schleppen sie den Soldaten zum Rand der Grube und legen ihn daneben ab.

»Wie machen wir es?«, fragt sie.

»Ich weiß nicht.«

»Werfen oder rollen?«

Weder das eine noch das andere scheint angemessen. Keiner rührt sich.

»Gut«, sagt Anna schließlich und bückt sich wieder, um nach den Füßen zu greifen. »Los, mach schon.«

Er bewegt sich nicht.

»Was ist?«

»Ich mag das nicht.«

»Nein, ich weiß. Ich auch nicht.«

Er geht in die Hocke. Die Hände in den festen graugrünen Stoff gegraben, zerren sie an den Gliedern, drücken und schieben. Der Körper kippt auf die Seite; eine Hand baumelt herab. Sie schieben weiter, Erde rieselt, der Körper fällt und rutscht an der Grubenwand entlang. Er landet schief und eingeknickt, die Füße höher als der Kopf. Für Würde sind diese Wände nicht gerade, ist der Boden nicht eben genug; verdreht liegt der Kopf des Jungen seitlich im Dreck.

Die beiden richten sich auf. Er will sich über den Mund wischen, doch dann lässt er die Arme wieder sinken, schüttelt seine schmutzigen Hände und wischt sie aneinander ab.

»Das haben wir nicht gerade toll hingekriegt«, sagt er.

»Wir haben ja auch kaum Erfahrung«, sagt sie.

»Ich habe bisher nur Hunde beerdigt.«

»Was ja wohl nicht dasselbe ist.«

»Eben.«

Sie stehen am Rand der Grube und schauen auf die Leiche hinab.

»Jetzt den anderen.«

Sie drehen sich um, gehen zurück und hieven den zweiten Toten hoch.

Gegen Mittag sind beide Leichen verschwunden, vom Erdboden verschluckt. Nur noch ein dunkler Fleck deutet auf sie hin, ein Fleck, der schon in der Sonne zu trocknen beginnt. Es ist nicht gut, diese Männer hier zu lassen. Sie sollten nicht in dieser roten Erde vermodern; die schwarze Ackerkrume der Heimat war ihnen zugedacht, Jahre später, Jahrzehnte später. Sie hätten noch ein halbes Jahrhundert oder sogar mehr haben können. Sie hätten das nächste Jahrtausend erleben können, wenn sich dieses Jahrhundert nicht zum Schlachtfeld entwickelt hätte.

Als er sich mit dem Taschentuch übers Gesicht reibt, verschmiert der Stoff rot. Annas graues Polohemd ist mit Schweißflecken und rotem Staub bedeckt; Schweiß und Staub machen ihr Gesicht zu einer roten Maske. Mit hängendem Kopf lässt sie sich neben der Straße auf den Boden sinken. Er setzt sich neben sie und gibt ihr den Weinbrand.

»Ich bin zu durstig für Weinbrand.« Trotzdem entkorkt sie die Flasche und trinkt. »Was wir hier getan haben, ist schlecht.«

Er nickt.

»Ich fühle mich abscheulich.«

»Ich auch.«

Anna hebt die Flasche. »Auf das Ende von diesem Scheißbordell«, sagt sie. »Auf das Ende von diesem bekackten Schwachsinn, diesem Haufen Hurenscheiße, ich habe wirklich genug davon, mehr als genug.«

Die Wucht ihrer französisch inspirierten Flüche entlockt ihm ungewollt ein Lächeln. Sie nimmt noch einen kräftigen Schluck Weinbrand und will den Flaschenhals abwischen, doch weil sie nichts Sauberes an sich hat, kein noch so kleines, sauberes Stückchen Ärmel, gibt sie ihm die Flasche einfach so.

»Auf das Ende«, sagt er, hebt die Flasche, und es fühlt sich so an, als würde der brennende, wärmende Weinbrand für eine Weile helfen.

Kaum ist er an diesem Abend in den Schlaf geglitten, wird er wie ein Fisch an der Angel wieder herausgerissen. Auf der Straße ein Pfiff. Er steigt aus dem Bett, lässt Suzanne schlafen. Mit ihren langen Wimpern, ihrem feuchten, wirren Haar. Er hatte nicht gewusst oder nicht mehr daran gedacht, dass sie da sein würde. Bedeutet es etwas, dass sie da ist?

Als er aus dem Fenster sieht, steht wartend eine große Gruppe von Maquisards auf der Straße.

»Die Hurensöhne hauen ab! Komm runter! Die sollen ihre Abreibung kriegen!«

Er schnappt sich seine Kleider und Stiefel und läuft die Treppe hinunter, um sich ihnen anzuschließen. In der blauen Abendluft marschieren sie mitten auf der Straße; sie reden und lachen, machen sich bemerkbar. Was haben sie auch zu verbergen? Auf der Waage dieser Welt verschieben sich die Gewichte; alles ist wieder im Fluss. Dies ist ihr Land, dies ist ihre Heimat, und ihre lauten Schritte fordern die Heimat zurück. Er ertappt sich dabei, wie er ihre Füße auf dem Schotter fixiert und zuschaut, wie der Junge auf dem Fahrrad langsam die Pedale bewegt; er kann ihre Freude, ihre Ungezwungenheit nicht teilen. Unwillkürlich hält er nach deutschen Stiefeln an französischen Landarbeiterfüßen Ausschau.

Die Gruppe trampelt Feldwege entlang, gabelt an Kreuzungen weitere Männer auf, macht laut rufend vor kleinen Bauernhäusern halt; die Menge wird größer. Sie laufen zur Hauptstraße unten im Tal hinab, wo schon Waffen vergraben wurden. Die Männer reißen die Sträucher weg, holen sie heraus, verteilen Munition, laufen die Abstände für die Sprengsätze ab und legen sie aus. Bonhomme gibt ihm eine kalte Sten Gun; schwer liegt sie in seiner Hand, und er ruft sich die grüne Weinflasche in Erinnerung, die vor seinen Augen in tausend Stücke zersplittert ist.

Jemand verteilt Handgrananten. Wie ein Apfel wird auch ihm eine in die Hand gelegt. Er steckt sie in die Tasche. Schwer zieht das Gewicht an der Jacke.

Im Süden hört man Granaten donnern und ein fernes Knattern von Schüssen. Flugzeuge brummen unsichtbar über den Himmel. Man vermutet, dass sich die Armée de l'Est über diese Route zurückziehen wird. Sie hat Panzer, Lastwagen und Artillerie, und sie hat den dringenden Wunsch, das Weite zu suchen. Die Maquisards haben nur ein paar Sprengsätze, ein paar Gewehre und jeder eine Granate in der Hand, doch sie sind getrieben von ihrer selbstgerechten Empörung: *la patrie, le terroir, la revanche*. Er empfindet nichts dergleichen. Wir sind doch nur Flöhe auf einem Hunderücken, denkt er; bestenfalls können wir erreichen, dass der Hund stehen bleibt und sich kratzt.

Als er das Gewehr im Zwielicht neben sich auf die Böschung legt, schimmert es schuldbewusst. An seinem Oberschenkel liegt kalt die Handgranate. Direkt daneben pocht sein eigenes Blut. Er geht davon aus, dass er das Ding werfen wird, wenn er denn muss. Ob er sich zu einem treffsicheren Wurf überwinden wird, weiß er nicht. Hier und da regt sich jemand im Halbdunkel, und es wird geseufzt. Im Süden gehen die Scharmützel weiter. Ein Mann schnarcht.

Von den Ufern des Wachseins gleitet er ins Hafenwasser des Schlafs, in dem Träume dunkel schillern, schwankende Baumwipfel vor blauem Himmel, das kribbelnde Gefühl des Fallens. Er träumt, dass sein Mund mit Ohrwürmern gefüllt ist, an denen er kaut und schluckt, nur um sie loszuwerden, doch sie sind bitter, und er spuckt und spuckt und wird sie nicht los. Mit einem Stock rattert er an den Gittern der Zäune entlang, und oben in den Hügeln von Dublin sprengen sie Granit – *bumm*.

Als er wach wird, hört er ein schwaches Knattern von Geschützfeuer und das Krachen von Artillerie. Steif steht er auf und entfernt sich mit staksigen Schritten, um zu pissen. Jemand raucht eine Zigarette. Es dämmert schon und ist kalt, und wenn sich die

Armée de l'Est letzte Nacht zurückgezogen hat, dann jedenfalls nicht über diese Route.

»Hier.« Er greift in seine Jackentasche, zieht die Handgranate heraus und gibt sie zurück.

In der Kälte dieses frühen Morgens gehen die Maquisards mit ihren geschulterten Gewehren nach Hause. Die Jüngeren schubsen sich ausgelassen; die Älteren marschieren mit festem Schritt und spekulieren: Die Armée de l'Est muss in Gefechte mit den Amis verwickelt worden sein und sich als härterer Gegner erwiesen haben, als man es zwangsverpflichteten Kriegsgefangenen zugetraut hätte. Oder sie haben eine andere Route genommen, über Avignon oder Aix. Doch bald setzen sich andere Themen durch, die Hoffnung auf eine gute Traubenlese, die Aussicht, vom nächsten Wurf des besten Jagdhunds einen Welpen zu bekommen, oder die nächste Partie *pétanque*. Er geht mit ihnen, doch er ist keiner von ihnen; die Gespräche umschwirren ihn, er jedoch schweigt und setzt seine Schritte auf Erde, die nie etwas mit ihm zu tun hatte. Vor seinem Gartentor nimmt er das Gewehr von der Schulter und gibt es Bonhomme zurück, der ihm auf den Arm klopft und sagt: »Danke, mein Freund.«

Und schon zieht die Horde wieder los, weiter in die kleine Stadt.

In der dämmerigen Küche befreit er sich vom gröbsten Dreck, kippt den Inhalt einer Wasserkaraffe herunter und schaufelt kalten Eintopf in sich hinein. Dann steigt er die Treppe hoch, fällt ins Bett, dreht sich auf die Seite und schläft.

Suzanne, die während seiner Abwesenheit wach gelegen und auf die Stimmen unten auf der Straße gelauscht hat, dann auf sein Rumoren im Erdgeschoss, schlüpft unter der Decke hervor. An ihrer Nagelhaut kauend, geht sie barfuß durchs Haus. Es fühlt sich jetzt schon so fremd an, als hätte sie nie hier gelebt. Sie nimmt ihre Flickarbeiten in die Hand, lässt sie wieder fallen. Dann schiebt sie die nackten Füße in ihre Espadrilles und schlurft in die Sonne hinaus. Gedankenverloren pflückt sie Trauben von den kletternden Weinranken und isst die sonnenwarmen Früchte, die noch so unreif und sauer sind, dass es sie schüttelt. Ihre Zähne und die Zunge werden pelzig davon, doch sie kann nicht warten, bis sie reif und süß sind. Sie pflückt noch eine Traube. Langsam gewöhnt sie sich an die Säure. *Aigre*, denkt sie. Eigentlich ist es gar nicht so unangenehm. Jedenfalls nicht schwer zu ertragen.

Und dann hört sie wie durch einen Riss in der Stille einen Motor. Sie hebt den Kopf und spitzt die Ohren. Er kommt auf der Straße näher. Mit gestrafften Schultern geht sie am Haus entlang zur Frontseite.

Unter ihren Füßen bebt der Boden. Als oben am Fenster die Läden auffliegen, zuckt sie zusammen und schaut hoch. Im Unterhemd und in dreckiger Hose tritt er auf den Balkon und starrt mit seinen schwachen Augen suchend in die Ferne. Ihr Blick folgt seinem Blick. Ein Fahrzeug kommt um die Kurve. Es dauert einen Moment, bis ihr klar wird, was sie da sieht: einen stabilen, offenen Wagen, einen Jeep, der die Straße entlang auf sie zurast. Er ist voller Männer; große, kräftige Männer in Kampfanzügen. Soldaten. Eher fehl am Platz sitzt Henri Hayden hinten im Wagen. Als er die beiden sieht, winkt er und beugt sich nach vorn, um dem Fahrer etwas zu sagen. Mit knatterndem Motor hält der Wagen vor dem Haus an. Weißes Lächeln in schmutzigen Gesichtern. Henris sorgfältige Vorbereitung, die ganzen Englischstunden mit Anna Beamish sind in diesem Moment purer Begeisterung vergessen. »Die wollten einfach an uns vorbeifahren!«, brüllt er auf Französisch.

In sattem amerikanischen Englisch wechseln die Soldaten ein paar Worte. Der Fahrer legt wieder den Gang ein; als sie losfahren, lehnt sich Henri zurück.

»Es ist vorbei! Großer Gott, könnt ihr das glauben? Alles ist vorbei! Diese beschissene Hure von Krieg ist vorbei! Wir sind *befreit* worden!«

In einer Wolke aus rotem Staub rumpelt der Jeep weiter in die

Stadt. Suzanne hält gegen die Sonne eine Hand über ihre Augen. Als sich der aufgewirbelte Staub wieder gesetzt hat, ist Henri verschwunden, die Straße leer.

Suzanne dreht sich zum Balkon um und schaut hoch. Durch die Perspektive verkürzt, hebt sich ihr Freund so dunkel vom leuchtenden Blau ab, dass sie ihn nicht wirklich erkennen kann. Er blickt in die Ferne. Dann schlägt er die Hände vors Gesicht, wendet sich ab und geht ins Haus.

Mit dem Handballen wischt sie sich über die Augen. Sie zieht die Nase hoch, schüttelt den Kopf, dreht sich um und geht wieder in ihren Garten.

Und das ist alles.

TEIL 3

Beginn

18

New Place, Foxcrock

Sommer 1945

Irland ist grün. Irland ist üppig unter dem schweren, fahlen Himmel. Nach der roten Dürre des Südens und dem angeschlagenen Grau von Paris haben seine Augen Mühe, sich darauf einzustellen.

Nicht nur die Augen. Auch seine Einstellung, die Erwartungen, die Haltung, der Magen, die Nerven. Noch nie hat er sich hier so verkehrt gefühlt.

Die Milch zum Beispiel.

Milch ist für ihn zu einer Obsession geworden. Während das Kännchen von Hand zu Hand wandert, lässt er es nicht aus den Augen, sieht zu, wie sich das weiße Band weich in die Tassen ergießt, sieht zu, wie das Fett auf der Oberfläche des Tees glänzt. Die Mischung wird an spitze Lippen gehoben und genippt; Kehlen verkrampfen sich, Lippen werden zusammengepresst, lösen sich wieder, verziehen und kräuseln sich dann beim Sprechen. Schlürfend wird der milchige Tee getrunken, als wäre seine Existenz für immer sichergestellt; als wäre er nicht – wie alles andere – gefährdet und vergänglich wie Schnee, der durch einen bloßen Wetterumschwung verschwinden kann.

New Place zum Beispiel.

Das große alte Haus, Cooldrinagh, ist verkauft, sie wohnt jetzt direkt gegenüber in einem bescheidenen, eingeschossigen

Häuschen. Natürlich hat sie das in ihren Briefen erwähnt, aber für ihn kommt es dennoch überraschend. Dieses Haus ist einfach falsch. Klobig, nichts als Ecken, Winkel und Kanten. Überall zerbrechliche Vasen und empfindlicher Zierrat. Die Decken sind zu niedrig, die Flure zu schmal, zu verwinkelt. Er bewegt sich zaghaft und immer leicht gebückt, von Erinnerungen an die weiten Räume seiner Kindheit verfolgt, das leere Grundstück, wo Gräser wehten und Katzen kämpften oder sich paarten, wo er und Frank johlten, sich balgten und in Hundescheiße traten. Von dem alten Haus hallen jetzt Stimmen und das rhythmische Ploppen eines Tennisballs herüber. Die Lärchen, von denen sich eine schon golden färbt, bewegen sich leicht im Wind, und vielleicht hält dort oben ja ein Kind einen schwankenden Ast umklammert. Das alte Haus überragt das neue; es hat den Sonnenschein für sich gepachtet. Wenn er mit eingezogenem Kopf durch die niedrigen Räume schleicht, durchstreift er andere Orte und andere Zeiten. Er schafft es nicht, wirklich hier zu sein.

Alfy ist tot. Und alles geht weiter.

Eine Teestunde auf dem Rasen dürfte nicht so schwierig sein, nicht so unerträglich. Die übereinandergestapelten Brote, der Berg aus Gebäck – an und für sich ist das alles nichts Schreckliches. Auch das arme, unverheiratete Fräulein, das seine Mutter für den Anlass aufgetan hat – ach Gottchen, die Mutter –, oder die Freunde und Nachbarn: Einige von ihnen kennt er seit Jahren. Doch er kommt einfach nicht mehr damit zurecht. Wenn er überhaupt je damit zurechtgekommen ist. Mit den Ritualen, der Konversation und all den Dingen, die von ihm erwartet werden. Er hat das musikalische Gehör dafür verloren. Seine Muttersprache hat ihn verstoßen.

Alfy ist in der Obhut des Roten Kreuzes gestorben, einen Tag nach seiner Befreiung. Manias Brief ist kurz. Er schnürt ihm die Kehle zu. Und er selbst ist jetzt hier auf dieser Insel gestrandet.

Er trinkt seinen Tee schwarz und versucht, das ungute, laute Scheppern zu überhören, mit dem seine Mutter ihre Tasse auf die

Untertasse stellt. Oder wie sie, wenn sie etwas sagt, immer leicht den Kopf schüttelt, als wollte sie ihre eigenen Worte verneinen. Er versucht, es nicht zu bemerken, doch es gelingt ihm nicht, es nicht zu bemerken. Zu viele Verneinungen, die er ignorieren müsste.

Zittrig reicht sie ihm einen Teller. Er nimmt sich ein Brot und gibt den Teller weiter. Dann beginnt er, seine Brotscheibe zu vierteln, die Viertel nochmals in Vierecke zu schneiden und diese wiederum in noch kleinere Dreiecke, eine Angewohnheit des Hungerns, die ihn verfolgt. Die Fäulnis in seinem Mund schmeckt bitter. Sein Kiefer pocht. Seine Zunge betastet die zerklüfteten, kariösen Backenzähne und den wackelnden Schneidezahn, in dem der Schmerz wütet.

Als das Gespräch lebhafter wird, nimmt er eins der Brotstückchen, schiebt es sich zwischen die Lippen, schmeckt das Fett, das Salz und die Süße darin.

Er schließt die Augen; das Rot hinter seinen Lidern ist das Rot von Roussillon, darin eingetaucht Bilder von Geröll und staubigen, kaputten Stiefeln auf rissigem Asphalt.

Als er die Augen wieder aufschlägt, blickt er auf das weiße Tischtuch aus Leinen. In Paris sind die Mauern von Einschusslöchern durchsiebt, und die marmornen Ladentheken glänzen leer. Milch zu finden, grenzt an ein Wunder. Brot wird aus Sägemehl gemacht. Die Péron-Zwillinge, dürr und ein Schatten ihrer selbst, wachsen kaum noch. Suzanne steht zitternd in einer Warteschlange. Er hätte sie alle nicht damit alleinlassen sollen. Er hätte sich nicht hierher absetzen sollen. Wo er so überflüssig ist wie ein Kropf.

Anscheinend wird hier doch etwas von ihm erwartet: Man hat ihn angesprochen. Die alten, fahlen Gesichter sind ihm zugewandt.

»Entschuldigung. Wie bitte?«

Lächeln. Jemand räuspert sich. Natürlich, er hat schließlich eine Menge durchgemacht. Darauf muss man Rücksicht nehmen.

»Hier.« Seine Mutter hält ihm einen Teller hin.

Er blickt auf ein dickes Stück Torte. Beim Abschneiden ist die rosa Masse aus Sahne und Marmelade zwischen dem Biskuit hervorgequollen wie Knochenmark. Seine Magerkeit ist ein Affront gegen seine Mutter. Dass er lieber in Frankreich gehungert hat als bei ihr zu sein, hier.

Ihr Zittern ist wirklich schlimm. Er nimmt den Teller entgegen und stellt ihn ab. Betrachtet den Kuchen. Sein Zahn pocht. Er sollte sich zwingen, wenigstens eine Gabel voll zu essen, nur ein paar Krümel, ein bisschen Marmelade; selbst wenn er davon würgen muss und die Nerven in seinem Mund musizieren.

»In Frankeich …«, fängt er an.

Jemand hebt einen Teelöffel, jemand dreht seine Untertasse, jemand greift nach dem Zucker.

»In Frankreich müssen meine Freunde mit fast nichts auskommen. Mit Rüben und Sägemehl.«

Auf dem Teller starrt ihn die Torte an, blutverschmiert und unappetitlich; plötzlich erinnern sich seine Fingerkuppen an hin und her geschobene Papierschnitzel auf einer Tischplatte, an Zusammenhänge, die sich herauskristallisieren. Und als er die Augen schließt, sieht er wieder die Holzdielen direkt über seinem Gesicht. Die auf dem Feldweg vor seinen Beinen schaukelnde Kiste. Die blutroten Geranien. Seine Hände schließen sich, und er spürt den kalten Schaft einer Sten Gun. Spürt den Griff eines Spatens, sieht das in rote Erde geschaufelte Grab. Er ist nicht in Irland, er ist überhaupt nicht hier, er wüsste gar nicht, wie.

»Nach allem, was man hört«, räumt jemand ein, »ist die Lage in Frankreich wirklich sehr schlecht.«

Seine Mutter zieht am Bündchen ihrer Strickjacke, blickt zum Himmel hoch und verkündet, dass es ihrer Meinung nach bald regnen werde, und sofort pflichtet ihr jemand bei; schon legen sich die Kommentare wie Kristalle um diesen neuen Gesprächsfaden, als sähe es überall in der Welt genauso aus wie hier; als gäbe es für alle Menschen Tee und Kuchen und einen letzten Sonnenfleck auf dem Rasen, ehe wieder ein Sommer vorbei ist.

Was kann er für den Augenblick anderes tun, als diese Fiktion wenigstens vorübergehend hinzunehmen und sich entsprechend zu verhalten? Er hebt die Tasse an seinen Mund, schluckt seinen Tee. Dann teilt er das Kuchenstück in winzige Häppchen, von denen er eins aufspießt und auf seine Zunge legt, wo es wie eine Hostie zerfällt. Es schmeckt gut. Er isst seinen Teller leer.

Unauffällig beobachtet sie ihn beim Essen, ein kurzer Blick, dann noch einer; ein Lächeln, das dem Lächeln der Nachbarin begegnet, sie muss sich ja freuen, ihn wieder bei sich zu haben, hier zu Hause. Und doch ist die ganze Zeit, in jedem Moment seiner Anwesenheit, auch Mitleid im Spiel, ein Schmerz, der mitten in ihrer Brust seinen Ursprung hat, von dort durch den Hals nach oben steigt und den Atem aus ihr herauspresst. Ihn so zu sehen, ausgemergelt und mager wie ein Stock, es zerreißt ihr das Herz. Immer der steilste Pfad, immer der höchste Baum. Und wenn er dann wirklich heruntergefallen ist, hat er sich den Staub abgeklopft und ist wieder hochgeklettert. Obwohl der Baum sehr gut damit leben konnte, nicht erklettert zu werden; obwohl es Rasenflächen gab, auf denen man herumtoben konnte, Tennis- und Krocketpartien; so viele andere, bequemere Dinge, wieso machte er nicht das? Nicht einmal die Stürze konnten ihm seine seltsame Entschlossenheit austreiben, und erst recht nicht sie, die Mutter.

Also muss sie lernen. Sie wird diesen Krieg nicht gewinnen. Doch vielleicht kann es ja Frieden geben.

Er geht. Den Bürgersteig entlang und dann über die Straße; einfach gehen, Abstand gewinnen. Auch jetzt noch, nach so vielen Jahren, kommt es vor, dass er sich beeilt, als könnte er seinen Vater noch einholen und neben ihm hergehen, schweigend und im selben Takt, weg von dieser vertrackten Mutterliebe, den Pfad hoch dorthin, wo sich alles lichtet, durch Wollgras und das Geschrei der Brachvögel; manchmal blieb sein Vater stehen und starrte auf den Boden, pulte dann mit dem Fingernagel einen kleinen Stein aus der Erde, rieb ihn ab und steckte ihn ein für den Fall, dass er ihn später mal brauchte.

Er wühlt den kostbaren kleinen Stein aus der Tasche, den ein Kind mit sicherem Blick zwischen den vielen Steinen von Greystones ausgewählt hat, und dreht ihn zwischen den Fingern.

Er vermisst Paris. Paris, ganz gleich unter welchen Umständen. Selbst das Paris mit den vorstehenden Rippen wäre ihm lieber als dieses unerschütterliche, feiste Dublin, das ihn Butter, Sahne und Milch würgen lässt. Ihn nicht gehen lässt. Denn es gibt keine Reisegenehmigungen, jedenfalls nicht für gescheiterte, nutzlose Schriftsteller. Seine Zähne tun höllisch weh, seine Gelenke knirschen, er ist kurzatmig; er weiß, dass er nicht in Form ist, für nichts und niemanden zu gebrauchen, und dass ihn das in Trümmern liegende Frankreich jetzt noch weniger braucht als damals, als das Land noch heil war. Frankreich braucht Ärzte, Krankenschwestern, Landvermesser, Ingenieure. Leute wie er würden nur im Weg herumstehen.

Heute war ein schwieriger Tag.

Das muss er sich zugestehen.

Man sollte meinen, dass auch in diesen Dingen Übung den Meister macht, doch das stimmt nicht. Das Scheitern bedarf noch einer gewissen Gewöhnung. Mit der Zeit wird die brennende Scham zu einem leisen, ziehenden Schuldgefühl verblassen, mit dem er weiterleben, auf das er sich einstellen wird. Sein Buch, das Buch, das er in Roussillon geschrieben hat, das Buch, dem er zu verdanken hat, dass er nicht wahnsinnig geworden ist, das Buch, das er, um es mit Anna Beamishs Worten zu sagen, schreiben musste, so wie Schnecken Schleim produzieren müssen. *Watt*. Niemand will es. Niemand wird es veröffentlichen. Heute Morgen ist wieder eine Absage gekommen. Hübsch formuliert und angesichts der allgemeinen Lage nicht mal auf schlechtem Papier. Aber trotzdem eine Absage. Was dann eben doch das Problem mit dem Schleim ist. Mag ja sein, dass er ihn produzieren muss, aber deshalb muss es noch lange keine Abnehmer dafür geben.

Er macht weiter. Schwer zieht er die Luft in sich hinein, und schwer presst er sie heraus. Er muss nur dafür sorgen, dass er müde genug wird, dann kann er vielleicht irgendwann schlafen.

Steif und mit aufgesperrtem Kiefer sitzt er auf dem Zahnarztstuhl, sein Schädel an die Kopfstütze gepresst. Er kann die Fäulnis schmecken und in seinem Atem riechen. In seinem Mund wimmelt es von silberhellen, stechenden Schmerzen; sie sind überall, wie Ameisen.

Das Gesicht des Zahnarztes ist fast *in* seinem Mund; während Ganley mit dem kleinen Metallhaken stochert und hantiert, verschärfen sich die Schmerzen zu einem flammenden Rot. Seine Augen werden schmal; das Metall durchwühlt sein Zahnfleisch, und er klammert sich an die Armlehnen. Eigentlich spielt es keine Rolle; was auch immer hier geschieht und so weh es auch tut, es spielt eigentlich gar keine Rolle.

»Dann waren Sie wohl für die ganze Dauer in Frankreich?«

Mit offenem Mund schluckt er Speichel. Drei Finger und ein Metallschaber stecken in seinem Mund: Er kann nicht einmal nicken.

»Mm.«

Wieder schiebt sich das Metall kratzend unter sein Zahnfleisch, und der Schmerz ist gleißend, und er schmeckt Blut, aber das macht nichts.

»Und in der ganzen Zeit hat keiner mal nach den Zähnen geschaut?«

Auf die Idee ist er gar nicht gekommen. »Mm.«

Klirrend legt Ganley den Schaber auf ein Metalltablett.

Erlöst tastet er nach seinem Taschentuch und tupft sich damit die Lippen ab.

»Bitte ausspülen.«

Er spült den Mund aus. Die rosa-violette Flüssigkeit brennt. Er spuckt sie in das Becken. Blut läuft an der weißen Keramik herab; Blut sickert in das Abflussloch. Er weiß schon seit langem, dass in seinem Mund nichts so ist, wie es sein sollte. Die Zacken und Kanten, die pochenden Nerven, das weiche, juckende Zahnfleisch: In seinem Mund ist eindeutig zu viel los. Dass auch noch die ganze Zeit ein Lutschstein darin herumgeklappert hat, kann der Sache nicht gedient haben. Der Stein hat ihm zwar geholfen weiterzumachen, doch nun muss er den Preis dafür zahlen.

»Wir erleben das jetzt häufig«, sagt Ganley. Er steht am Becken und wäscht sich die Hände.

»Was?«

»Diese Anhäufung von Problemen. Die Soldaten und Kriegsgefangenen haben Zähne wie Sie. Die mangelnde Pflege, die schlechte Ernährung – mit der Zeit führt das einfach zu massivem Verfall und zu Infektionen. Bei Leuten vom Land ist es dasselbe. Wenn die in die Stadt kommen, haben die Zähne schon zwanzig Jahre vor sich hin gefault. Ich vermute, bei Ihnen ist es schon sehr zermürbend, und Sie können nicht mehr alles essen, oder?«

Er nickt.

Ganley trocknet seine Hände ab, legt das Handtuch zur Seite. »Mit jedem weiteren Tag laufen Sie Gefahr, eine Sepsis zu bekommen, und dann … nun ja, dann ist alles möglich. Wir müssen also in Ihrem Mund aufräumen – und zwar am besten sofort. Von ein paar Zähnen werden Sie sich wohl verabschieden müssen …«

Während der Zahnarzt redet, fährt er mit der Zunge über die glatten Vorderseiten der oberen Schneidezähne und drückt von innen gegen die gewölbten Rückseiten. Als er sieben war, haben sie sich schön geriffelt und scharf aus dem Zahnfleisch geschoben; jetzt sind sie abgewetzt, stumpf und so porös wie Kreide. Der rechte gibt unter dem Druck seiner Zunge nach. Wie ein Baum, dessen Wurzeln freiliegen.

»… Schmerzen, aber wir werden sie betäuben«, sagt der Arzt gerade. »Ihr Zahnfleisch wird danach eine Zeitlang wund sein, aber Zahnfleisch heilt relativ schnell, wenn kein Infektionsherd mehr da ist. Dann bekommen Sie ein paar Brücken, und alles ist wieder in Ordnung.«

Er schluckt. Es ist egal. Der Schmerz, der Verlust. Es hat keine Bedeutung. Das bisschen Leiden als persönlicher Beitrag dazu, einen wütenden, rachsüchtigen Gott zu besänftigen.

»Und die Kosten?«

»Da sprechen Sie mit Miss Cavendish. Sie wird Ihnen alles sagen.«

Er nickt. Er hat nicht genau verstanden, was bleiben und was weg soll; eigentlich ist es auch egal. Seine Mutter muss hinzugezogen werden; ohne ihre Hilfe könnte er sich das keinesfalls leisten. Wie eine ledrige Leiche, zahnlos, vernarbt und schon im Verfall begriffen, würde er dem Grab entgegenwanken und es noch vor ihr erreichen.

Vom Blut, das er geschluckt hat, ist ihm schlecht; sein Mund ist ein viel zu feuchter Ort voller Höhlen und seine Zunge eine seltsame Molluske, die darin lebt. Seine Lippen sind trocken, überdehnt und aufgesprungen. Er hätte Franks Angebot, ihn zu fahren, annehmen sollen. Benebelt vom Lachgas, spürt er die empfindlichen, stacheligen Stellen, wo das Zahnfleisch genäht wurde, die Krater aus geronnenem, klumpigem Blut und seine Zunge, diese Nacktschnecke, die einfach keine Ruhe gibt. Die Straßen sind belebt, der Himmel ein herbes Perlgrau, und er ist sich sicher, dass er mit seinem schleppenden Gang alle Blicke auf sich zieht. Er schafft es noch so eben, geradeaus zu gehen und kein Blut in den Rinnstein zu erbrechen. Die Schmerzen sind von einer verwirrenden Vielfalt. Es brennt, es sticht, es zieht, es pocht. Dies war ein sehr teurer und umfassender Anschlag auf seine Person. Ein Raubüberfall hätte nicht schlimmer sein können.

»He! Hallo! He, Moment!«

Er fährt zusammen, schleppt sich jedoch weiter, immer schön einen Fuß vor den anderen in den Schuhen, die ihm seine Mutter gekauft hat. Verfluchtes Dublin; dieses große Dorf. Ständig ist irgendwo jemand, der einen kennt. Wer auch immer es ist, mit ein bisschen Glück wird er aufgeben. Kein Glück: Eine Hand legt sich auf seinen Arm. Er bleibt stehen, blickt auf die Hand. Die kleine, glatte Hand eines Gentlemans. Er schaut auf.

»Na, bitte, wusste ich doch, dass du es bist.«

Ein feinknochiger, knabenhafter Mann grinst ihn an. Es ist lange her, doch die Vertrautheit ist sofort da. Er schluckt seinen blutigen Speichel herunter.

»Alan.«

Er spricht undeutlich, mit verwaschener Stimme und hält sich das Taschentuch an die wunden Lippen. Dr. Alan Thompson, der immer so schwer damit beschäftigt war, seine Mutter stolz zu machen. Immer noch jungenhaft und agil, ein anständiger Bursche und Mediziner; der wird bei seinem Anblick nicht umkippen oder kreischend davonlaufen.

Man schüttelt die Hände.

»Schön, dich zu sehen«, bringt er heraus.

»Schön, dich zu sehen.« Alan runzelt die Stirn und sieht ihn prüfend an. »Was ist los? Du wirkst ziemlich ramponiert.«

»Zahnarzt«, sagt er.

»Metzger, würde ich eher sagen. Zähne gezogen?«

Er nickt. »Und Füllungen.« Wenn er redet, tut ihm der ganze Schädel weh.

»Schau mal bei mir in der Praxis rein. Wahrscheinlich sind deine Zähne nicht das Einzige, um das sich mal jemand kümmern sollte.« Alan nimmt seinen Arm. »Aber jetzt brauchst du erst mal ein Beruhigungsmittel, ein Stärkungsmittel, und deinem Zahnfleisch könnte auch noch ein bisschen Desinfektionsmittel nicht schaden.«

Bloß keine weiteren Behandlungen, nicht heute. Im Übrigen hat er dafür gar kein Geld. Er äußert Bedenken.

Alan lächelt. »Nein, nein, darauf bestehe ich. Was du brauchst, ist Whiskey, mein Freund, und zwar jede Menge. Das ist meine Meinung als Arzt. Geht auf meine Rechnung.«

Etwas Besseres hat er seit Tagen nicht gehört. Und so führt ihn Alan direkt ins Bleeding Horse.

Innerhalb von einer Stunde und einer halben Flasche Jameson hat sich einiges beruhigt.

Zigarettenrauch schwebt in Spiralen zur Decke, und die Trinker sitzen Ellbogen an Ellbogen an der Bar. Der erste Schluck Whiskey beißt, der zweite brennt, den dritten hält er warm auf der Zunge, wartet und sieht seinen Begleiter mit lächelnden Augen an. Dann schluckt er, hebt das Glas und betrachtet das goldene Gesöff.

»Ich fühle mich so viel besser. Ich weiß gar nicht, warum ich nicht selbst darauf gekommen bin«, sagt er.

»Tja, weil du im Moment eben nicht du selbst bist.«

Über ihr Leben jetzt und in jüngster Vergangenheit haben sie sich ausgetauscht. Bei näherem Hinsehen hat die Zeit auch an Alan ihre Spuren hinterlassen. Er ist doch nicht mehr ganz der Junge, der er mal war. Sein Haar beginnt sich etwas zu lichten, um die Augenwinkel und zwischen Nase und Mund hat er Falten. Insgesamt sind die Jahre aber freundlich mit dem Burschen umgesprungen, verglichen mit dem, was sie aus ihm selbst gemacht haben. Er fühlt sich uralt; abgewirtschaftet. Wie ein alter, kaputter Clochard. Eine Mumie.

»Schreibst du noch?«, fragt Alan.

»Würde ich, aber ich kann nicht. Nicht hier. Nicht in Mutters Haus. Habe ich noch nie gekonnt.«

»Bestimmt willst du wieder nach Frankreich.«

»Ich habe Freunde dort. Ich mache mir Sorgen.« Er schaut nickend auf sein Glas. »Aber im Moment dürfen nur dringend erforderliche Arbeitskräfte reisen, insofern …« Er zuckt mit den Schultern. Er kommt hier nicht weg.

»Hör zu«, sagt Alan und beugt sich näher zu ihm hin. »Ich habe da was, das dich interessieren könnte.«

Auch er rückt ein wenig dichter an den Freund heran und versucht, immer noch benebelt von den Schmerzen, dem Lachgas, dem Stress und nun auch dem Whiskey, seinen verschwommenen Blick zu fokussieren.

»Ich beteilige mich an einem Projekt des Roten Kreuzes«, sagt Alan. »Wir bringen ein Krankenhaus nach Frankreich.«

»Ein was?«

»Ein Krankenhaus. Für einen kleinen Ort namens Saint-Lô. Der wurde während der Befreiung dem Erdboden gleichgemacht. Deshalb bringen wir denen ein Krankenhaus. Wir sind jetzt dabei, die ganze Ausrüstung zu besorgen, und wollen im August übersetzen.«

»Mit einem Krankenhaus?«

Alan nippt an seinem Glas und nickt. »Wir müssen alles selbst mitbringen. Alles, von den Spritzen übers Linoleum bis hin zur Marmelade. Da ist nichts. Alles, was wir brauchen, müssen wir hier besorgen, sortieren, einlagern und dann nach Frankreich verschiffen, um es dort aufzubauen.«

»Das ist ein ziemliches Unterfangen.«

»Ja, wirklich. Und uns fehlt noch Personal. Deshab dachte ich … Also, wir suchen jemanden, der sich um die Logistik kümmert, erst hier und dann drüben in der Normandie.«

»Verstehe.«

»Und da dachte ich mir, warum eigentlich nicht du? Mit deinen Sprachkenntnissen könntest du auch für uns dolmetschen. Manche von uns haben zwar in der Schule Französisch gelernt, aber …«

Es klingt nicht wie etwas, das er tun könnte. Doch das tut es eigentlich nie.

Er nimmt einen Schluck Whiskey. Dann nickt er.

»Gut«, sagt Alan, »dann sind wir uns also einig. Und du trinkst noch ein Glas.«

Im Depot des Roten Kreuzes werden gerade unter seiner Aufsicht Kühlschränke ausgeladen, als Mrs Hackett mit der Abendausgabe der Zeitung wedelnd auf ihn zuläuft. Er liest die Schlagzeile, ohne sie zu verstehen, und starrt Mrs Hackett an.

»Dieser Lumpenhund ist tot!«, sagt sie. »Hat sich das Leben genommen, können Sie sich das vorstellen?«

So ist der Krieg nun also vorbei. Er wischt mit den Händen über seine Arbeitshose. Ich trage eine Arbeitshose, denkt er, Hitler ist tot, und der Krieg ist vorbei.

Ein blütenpraller, verfluchter Tag im Mai, und trotzdem ist es nicht möglich, etwas Einfaches zu fühlen.

Anstatt nach Foxrock zum Haus seiner Mutter zu gehen, wandert er am Ufer der Liffey entlang und dann weiter ins überfüllte Stadtzentrum. Am College Green sind ziellose, aufgebrachte Horden unterwegs, an den Toren ein schwelender Union Jack.

Er geht weiter. Schließlich landet er in einer Bar, in die er normalerweise nicht geht; er hofft, dort keine Bekannten zu treffen, doch weil dies Dublin ist und er kein Risiko eingehen will, starrt er lieber nur auf sein Glas. Einen Whiskey nach dem anderen schüttet er in sich hinein, während die Stadt jaulend und zitternd an ihren alten Wunden kratzt.

Es geschieht ganz beiläufig, ohne großes Getöse – kein stürmischer Wind, keine brausenden Wellen, keine spritzende Gischt; kein sturmgepeitschter Himmel über ihm –, keine vermenschlichte Natur, sondern nur die niedrige Decke im kleinen Haus seiner Mutter. Mag sein, dass es für ihn der Moment ist, in dem sich alles ändert – gleichwohl ist die Welt nicht verpflichtet, es zur Kenntnis zu nehmen oder zu reagieren, indem sie etwas Besonderes tut.

Es ist früher Abend. Der Elektroofen schluckt die ganze Luft im Raum. Der Brei, den er mit immer noch wundem Mund als Abendessen zu sich genommen hat, liegt ihm schwer im Magen, das Radio läuft, und er schreibt an Suzanne, während seine Mutter in ihrem Sessel sitzt und raschelnd in einem Saatgutverzeichnis blättert. Seine Zunge betastet die Krater aus geliertem Blut. Er berichtet Suzanne von seiner Arbeit fürs Rote Kreuz – endlich ein Gehalt und die leise Hoffnung, seine Schulden gegenüber Valéry Larbaud begleichen zu können, und auch die Hoffnung, dass er bald wieder in Frankreich ist, wenn auch noch nicht in

Paris; er wird zu ihr kommen, sobald er Urlaub hat. Der Gedanke an Suzanne zieht sich wie ein Netz von Schuldgefühlen durch die vielen anderen Unannehmlichkeiten seines derzeitigen Lebens. Er denkt an früher zurück: seine alte Wohnung und die kühle Einsamkeit, an der Suzanne entlangstrich wie eine Katze; ihr nackter Bauch unter seiner Hand; ein strahlendes Lächeln; geschlossene Augen in der Oper; bei ihm und dann wieder fort, manchmal tagelang. Er kann sich nicht vorstellen, dass es je wieder so sein wird. Nicht ohne irgendein Zutun. Denn eigentlich müsste Suzanne jetzt hier sein, müsste mit Butter, Milch und Kuchen gemästet werden; und das würde sie auch, wenn sie verheiratet wären. Es wäre ein Beitrag zur Tilgung der Schuld gewesen.

Seine Mutter blickt von ihren aufgelisteten Blumenzwiebeln und Wurzelknollen auf; im Frühling werden sie Farbe in dieses neue Stück Wildnis bringen, das ihr gehört. Sie betrachtet ihren Jungen. Sieht das Grau in seinen Haaren. Die Falten um seine Augen. Sie kann sich den alten Mann, der er einmal sein wird, schon vorstellen, und es tut ihr in der Seele weh für ihn: kein bequemer Schreibtisch im Familienunternehmen, keine Kinder auf dem Schoß, nichts von diesen einfachen, guten Dingen, nicht für ihn. Immerzu suchen seine schwachen Augen nach dem Unmöglichen.

Sie beobachtet ihn, wie er seinen Brief zu Ende schreibt; er bläst auf das Blatt, knickt es. Zwischen seinen Augenbrauen ist eine Falte, als er sie ansieht. Vielleicht hat er ihr Zittern ja doch bemerkt und gesehen, dass die Seiten des Verzeichnisses in ihrer Hand beben. Sie legt es zur Seite, verschränkt die Finger ineinander und presst die gefalteten Hände in den Schoß, um das Zittern zu unterbinden. Sie wird ihm nicht zeigen, dass sie krank ist.

Mit einem gespielten Schaudern sagt sie: »Es wird langsam kühl, findest du nicht?«

In stillem Einverständnis macht er mit. Was er sagt, kommt immer noch seltsam feucht aus seinem Mund: »Soll ich dir dein Schultertuch holen?«

»Lily kann es mir holen. Ich rufe sie.«

»Nicht nötig.« Mit auf die Knie gestützten Händen stemmt er sich hoch.

»Also gut, es liegt in meinem Zimmer. Auf der Kommode.«

Im Flur, den der stickige Elektroofen nicht erreicht, ist es kalt. Noch unsicher in dem neuen Haus, schaltet er das Licht an, geht vorsichtig zu ihrer Tür und öffnet sie. Das aus dem Flur an ihm vorbeiströmende Licht wirft seinen Schatten auf den Teppich. Er drückt auf den Lichtschalter, und der Schatten verschwindet.

Die gesteppte Tagesdecke ist glattgezogen, ihre Volants berühren den Boden; in gleichmäßigen Falten hängen die offenen Vorhänge neben den Fensterscheiben, die den Raum reflektieren. Das Schultertuch seiner Mutter liegt säuberlich gefaltet auf der Kommode. Als er darauf zugeht, kommt ihm sein Spiegelbild entgegen wie ein treuer alter Hund. Seine Gliedmaßen sind lang, die Hose zerknittert, das Haar geglättet; die Brillengläser funkeln. Er greift nach dem Tuch, das Spiegelbild imitiert ihn. Er dreht ihm den Rücken zu und entfernt sich mit großen Schritten. An der Schlafzimmertür knipst er das Licht wieder aus und dreht sich noch einmal um.

Zwischen den offenen Vorhängen ist sein Spiegelbild verschwunden. Jetzt reflektieren die Scheiben das leuchtende Rechteck der Tür mit seiner gesichtslosen Silhouette darin; durch das dunkle Glas kann er in den Garten, über die Hecke und die Straße hinweg bis zum obersten Stockwerk von Cooldrinagh schauen. Unter dem mit flimmernden Sternen übersäten Himmel leuchtet das Flügelfenster des Kinderzimmers, wo vielleicht gerade ein Junge oder ein Mädchen niederkniet, um sein Abendgebet zu sprechen. Er betrachtet die Äste der Lärchen, die sich im Licht bewegen; sie bilden ein Geflecht wie aus Spitze.

Plötzlich geht auf der anderen Seite das Fensterrollo herunter und blendet das warme Kinderzimmer aus. Was bleibt, ist der dunkle Tümpel der Nacht zwischen dem alten und dem neuen Haus; und seine eigene Silhouette, gesichtslos, kantig und schwarz im leuchtenden Rahmen der Tür.

Nein, es gibt kein großes Getöse; keine Wellen, keinen Wind, keine salzige Gischt. Die Welt ist nicht im Einklang mit ihm oder irgendwem und wird es auch niemals sein. Und doch ist dies der Moment, in dem alles anders wird, der Moment, in dem der ganze Mief, das ganze Gequatsche, der ganze Tumult, den Shem so geliebt hat, von ihm abfallen, der Moment, in dem sich seine Augen auf die Dunkelheit und seine Ohren auf die Stille richten. Auf diese schroffe, undurchsichtige Gestalt im Türrahmen, die er selbst ist.

Er dreht sich um, zieht die Schlafzimmertür seiner Mutter hinter sich zu, schaltet das Flurlicht aus: Sein Herz rast, während sich seine Hände an der Wand entlangtasten.

Jetzt kann er sich allein im Dunklen zurechtfinden. Er braucht kein Licht.

19

Normandie

August 1945
Cherbourg liegt grau unter dem blauen Augusthimmel; der Küstenstrich ist mit Häusern verkrustet wie ein Felstümpel mit Muscheln. Er lehnt sich an die Reling und schaut.

All die Kisten und Kästen, die Vorräte und Gerätschaften, die er in Dublin im Depot in Empfang genommen, ausgepackt, wieder eingepackt, gelagert und Buch darüber geführt hat – Verbandmaterial, Dosenschinken, Spritzen, Seife, Zigaretten –, nähern sich nun ihrem Ziel. Lange war alles abstrakt geblieben, zu groß, um es wirklich zu begreifen. Anstatt aufs Ganze hatte er sich auf die Teile konzentriert, hatte mit jedem beschrifteten Paket, das er in eins der durchnummerierten Regale räumen, mit jeder Kiste, die er zunageln und zu ihrem Platz rollen musste, die eigentliche Dimension des Projekts verdrängt. Für ihn war es einfach nur eine Möglichkeit gewesen, wieder nach Frankreich zu kommen.

Doch nun, da die Landung bevorsteht, rückt sein persönliches Interesse aus dem Blick, und er beginnt zu begreifen, welche Arbeit hier vor ihnen liegt.

Das Schiff stampft an den Hafenmauern vorbei: Die Schäden ringsum sehen so aus, als hätten geologische Kräfte gewirkt. Die umgekippten Felsbrocken, das rostzerfressene Gestein, so massiv und dennoch zerborsten, als hätte jahrhunderte-, jahrtausendelang die Witterung daran genagt, als hätten tektonische Platten es schulterzuckend zerrieben.

Die Kaianlage, der sie sich nähern, wirkt wie eine Geisteskranke in Zwangsjacke: Unter dem Stoff rührt sich das Chaos und windet sich an den Kanten und Öffnungen heraus. Der Schutt wurde zusammengekehrt, geblieben sind Hügel aus zerbrochenen Steinen, Ziegeln, verbogenem Stahl, Kupferleitungen und zersplitterten Holzbalken. Zwischen den provisorischen Holzbaracken, den offenen Waggons und den Überresten der Bahnlinie wird gearbeitet, als wäre das alles irgendwie plausibel, als wäre der halb im Wasser liegende, verrenkte Kran Teil einer natürlichen Szenerie, als wären der gekippte Güterwagen, der zwar ein Dach, aber keinen Boden mehr hat, die über einen Schuttkrater ragenden, verbogenen Schienen und die zersplitterten Bahnschwellen einfach aus dem Boden gewachsen wie Sommerflieder aus Felsspalten.

Er klettert über ein schwankendes Fahrgestell. Am Kai bleibt er stehen, während sich andere an ihm vorbeidrängeln. Der Gestank nach kaputten Abwasserrohren und Dieseltreibstoff, die unter seinen Füßen zerbröselnden Ziegelsteine, die Berge von Schutt, die Mauerreste, die aussehen wie von Karies zerfressene Zähne, das alles setzt ihm zu.

Plötzlich legt sich eine Hand auf seine Schulter.

»Wenn du das hier schlimm findest«, sagt Alan, »dann warte mal ab, bis du Saint-Lô gesehen hast.«

Er verzieht das Gesicht und kramt seine Zigaretten hervor. Was könnte schlimmer sein als das hier und trotzdem noch existieren? Er zündet sich eine Zigarette an und kämpft darum, wieder er selbst zu sein: Alles an ihm fühlt sich falsch an. Seine Stiefel, seine Uniformjacke, seine Hose, seine Wickelgamaschen, alles falsch. Wenn er die Augen auf- und zumacht, spürt er seine Augäpfel. Die Welt liegt in Scherben, in Fetzen, in Stücken. Er muss herausfinden, wie er wieder darin leben und sich darin bewegen kann.

Alan winkt ihn zu sich. Er gibt sich Mühe, wieder ein normales Gesicht zu machen.

»Unsere Mitfahrgelegenheit wartet«, ruft Alan. »Beeil dich, alter Knabe! Hopp, hopp!«

Während ihm auf der Rückbank der Wind in die Augen peitscht und der Staub zwischen den übrig gebliebenen Zähnen knirscht, sieht er ihren Wagen im Geist Zentimeter für Zentimeter über die Landkarte kriechen. Außer warten gibt es nichts zu tun. Mit fünfzig, sechzig Stundenkilometern durch die französische Landschaft zu fahren – wenn er dem Fahrer über die Schulter schaut, zeigt die Tachonadel selbst auf holperigem, mit Schlaglöchern übersätem Untergrund stetig nach oben – ändert einfach alles: Die Disteln und Karden verschwimmen zu Klecksen, die Blütenstände der Wilden Möhren zu hellen Wolken; zu Fuß hätte er verfolgen können, wie aus fernen Blütenschleiern beim Näherkommen schneeflockenhaft präzise Gebilde werden. Auf einem Feld steht ein ausgebrannter, verrußter Panzer, von sommerlichen Nesseln umwuchert. Und schon ist er wieder fort.

»Alles in Ordnung bei dir?«

»Was?«, brüllt er gegen die Fahrtgeräusche an.

»Alles in Ordnung?«

Er nickt und dreht den Kopf wieder zum Fenster. Sie donnern durch eine Siedlung – Kirche, Café, Kreuzung, und schon vorbei. Zurück bleiben Bilder von ungepflegten, verblühenden Rosen, wucherndem Gras, verkohltem Gebälk, einer Krähe auf einem Zaunpfahl, einem leeren Fensterrahmen, der wie ein Kruzifix aussieht.

Sie rumpeln weiter über eine Behelfsbrücke, wo sich der Himmel im blauen Wasser spiegelt und sein Blick den Fluss entlang über die weite, leere Landschaft der Normandie wandert, der es irgendwie gelingt, üppig und trostlos in einem zu sein.

Er fingert seine Zigaretten aus der Tasche und hält dem Freund das Päckchen hin. Die Augen in der strahlenden Sonne zusammengekniffen, nimmt sich Alan eine. Der Fahrer schüttelt den Kopf, als er ihn antippt und auch ihm das Päckchen hinhält. Von Cherbourg nach Saint-Lô sind es ungefähr 120 Kilometer. Rauchend sitzen sie da und fahren an menschenleeren Städten und Gehöften, an verwahrlosten Feldern, ausgebrannten Scheunen und liegen gebliebenen Gerätschaften vorbei; niemand sagt ein Wort. Wie Kälte kriecht die Leere in ihn hinein.

Über Nacht, während sie nichtsahnend in ihrer bequemen Unterkunft außerhalb der Stadt schliefen, hat sich eine Wolkenbank herangeschoben; der neue Tag fühlt sich nicht an wie August, eher wie November. Als sie durchs nasse Grün weiterfahren, drückt ihm die Feuchtigkeit auf die Brust; da hilft nur eine Zigarette. Es gibt genug davon, ganze Kartons, ganze Kisten voll Zigaretten. Dank Gallahers Großzügigkeit kann er sich ausnahmsweise mal darauf verlassen, dass ihm die Zigaretten nicht ausgehen werden.

Langsam rollt der Wagen über eine in den Schutt geschaufelte Straße in das hinein, was von Saint-Lô übrig geblieben ist. Farben gibt es hier nicht mehr; die Bomben haben sie ausgelöscht. Wie Skelette heben sich abgestorbene Bäume vom grauen Himmel ab. Schuttberge, so weit das Auge reicht. Die Stadt ist zu einer Wüste aus grauen Dünen geworden, in denen Glasscherben funkeln. Hier und da ragen noch Mauerstücke empor, die ihn an die Ruinen englischer Abteien erinnern, die stille, traurige Musik der Menschheit, nur dass die Ruinen hier nicht auf Gras stehen, sondern in knietiefem Schotter. *Verfallnen Chören gleich, wo einst die Vögel sangen.*

Gerade mal einen Tag haben die kreisenden Flugzeuge der Alliierten hierfür gebraucht. Auch ein notwendiges Übel ist ein Übel. Sie brauchen kein neues Krankenhaus hier; sie brauchen eine neue Stadt. Hier können gar keine Menschen mehr leben. »Hier können doch gar keine Menschen mehr leben!«, brüllt er gegen das Knattern des Motors und das Rumpeln der Reifen auf der holprigen Straße an.

Alan widerspricht ihm mit einem Nicken.

»Wie denn?«

Ein Schulterzucken, ein Lächeln. »Wie du siehst, ist die Lage verzweifelt.«

Er wendet sich wieder zum Fenster. Das hier ist kein menschlicher Ort mehr. Schwankend sitzen sie in dem ruckelnden Wagen, und er starrt fröstelnd hinaus in eine Wüste aus Stein. Die Straße ist nicht einmal eine echte Straße. Sie wurde einfach so, irgendwie in den Schutt hineingegraben. Zwischen Geistern von Häusern, Hinterhöfen, Geschäften und Straßen rumpeln sie weiter. Hinter dem Fenster des Wagens flimmert ein Film in Schwarz, Weiß und Grau an ihm vorbei; er könnte jederzeit einfach reißen; nur noch flirrendes, leeres Weiß, Ende.

Doch dann plötzlich Farbe: ein roter Klecks, wie ein Hieb. Und schon sind sie vorbeigerollt. Er schaut sich um und reckt den Hals.

Das Rot hängt am Gerippe eines Baums.

Rasch dreht er sich ganz um, starrt durchs Rückfenster, sieht ein Knäuel aus Grau, Haut und leuchtendem Scharlachrot, und einen Moment lang ist es eine Abscheulichkeit. Doch dann fügt sich alles zusammen, und es ist … ein roter Kinderpullover, ein Junge in kurzen Hosen und ein älterer Bursche in Flanellhosen, der den jüngeren an sich drückt. Eng aneinandergeschmiegt sitzen die beiden mit baumelnden Beinen auf einem Ast und beobachten die in die Stadt rollenden Wagen.

Im Rückfenster werden sie kleiner und kleiner, wandern nach oben, und dann sind sie weg.

Immer dieser Drang, aus der Welt der Erwachsenen hinauszuklettern, Abstand zu gewinnen. Was mögen sie dort in den letzten Jahren alles beobachtet haben. Die durchrollenden Panzer. Die übers Tal dröhnenden Flugzeuge. Die ersten Bomben.

Am Stadtrand gewinnt die Straße an Klarheit und fängt wieder an, sie selbst zu sein; in alter Gewohnheit steigt sie den Hügel hoch, und dann ist sie nicht mehr zu sehen. Sie parken neben einem Regierungs-Citroën. Alle steigen aus. Man redet, schüttelt Hände, deutet gestikulierend über das leere Terrain. Auf der anderen Straßenseite steht ein schönes, glänzendes Pferd am Zaun und blickt zu ihnen herüber.

»Die Lagerräume werden wir im Gestüt einrichten«, sagt der Colonel. »Wir haben das Dachgeschoss beschlagnahmt.«

Das Gestüt. Ein ansehnliches Gebäude; lang und flach, das Erdgeschoss für die Unterbringung der Pferde reserviert. Die Wände sind mit Einschusslöchern übersät. Nicht eine Fensterscheibe scheint ganz geblieben zu sein.

»Als Erstes wird es darum gehen, das Gelände zu sichern.«

Allgemeines Nicken. Angesichts der verzweifelten Lage der Menschen hier wird die Verlockung groß sein. Penizillin ist im Moment wertvoller als Diamanten.

»Dahinten kommen das Krankenhaus, die Baracken und Fußwege hin«, erklärt der Colonel.

Sie schreiten alles ab; man redet. Hier vom Stadtrand aus wirken die Zerstörungen noch krasser. Die üppigen Felder der Normandie, die dichten, blühenden Hecken, und dann dreht man sich um, und alles liegt grau und zerstört danieder. Sie verschwenden hier nur ihre Zeit – beinahe hätte er den Gedanken in Anwesenheit von Alan und dem Colonel ausgesprochen. Sie haben sich geirrt. Wie soll das, was sie vorhaben, hier helfen? Was soll hier noch gerettet werden? Eigentlich können sie einfach einpacken und wieder gehen. Doch dann sieht er, dass sich auf der vom Schutt freigeräumten Straße etwas bewegt. Eine Gestalt – eine Frau. In ihrem grünlich-tristen Kleid trägt sie einen Korb am Arm und ihren aufgeblähten Bauch vor sich her wie einen Medizinball. Er starrt sie an, doch dann wird er sich dessen bewusst und geht auf sie zu, um sie zu begrüßen und ihr mit der besänftigenden Höflichkeit des Französischen zu erklären, was sie hier vorhaben. Sie hat die großen Augen einer Hungernden. Ihre Hände sind dünne Zweige.

»Das wissen wir. Und wir sind Ihnen, den Iren, sehr dankbar dafür. Sie sind uns hier sehr willkommen.«

Darauf nimmt sie eine Flasche aus ihrem Korb und gibt sie ihm. »Gott segne Sie«, sagt die Frau, wendet sich ab und geht.

»Gott segne *Sie*, Madame.«

Mit der Flasche in der Hand, schaut er ihr nach. Von hinten ist sie schmal. Ihre Beine sind mager, und ihre Schulterblätter zeichnen sich unter dem Kleid ab: Nichts deutet mehr darauf hin, dass sie schwanger ist. Nach fünfzehn Metern bleibt sie stehen. Fast rechnet er damit, dass sie sich umdreht, um noch etwas zu sagen, doch sie steht nur mit gebeugtem Kopf da, die Hände in den Rücken gestützt, um Luft zu holen. Dann richtet sie sich wieder auf und geht weiter. Als wäre der nächste Tag als Ziel die ganze Mühe wert.

Die Kriegsgefangenen lässt man aus einem zugigen Internierungslager noch etwas weiter außerhalb der Stadt anmarschieren. Französische Wächter marschieren mit ihnen die Straße entlang, obwohl die Männer nicht den Eindruck erwecken, als wären sie besonders erpicht darauf, die Flucht zu ergreifen. Alle schleppen sich müde, wie mit gebrochenen Gliedern voran. Ihre Uniformen verschmelzen mit dem Schottergrau der Ruinen. Es sind die Jungen, die man nicht hätte zwingen dürfen, Soldaten zu werden, und die Alten, die man nicht hätte zwingen dürfen, noch einmal Soldaten zu werden. Es sind die ganz Jungen, die ganz Alten und all jene, denen man es im aufziehenden Sturm überlassen hat, diesen Teil des Atlantikwalls zu bewachen.

Die Fundamente wurden bereits mit Pflöcken markiert, zwischen die man Seile gespannt hat. Der Architekt, der den Mann vom Ministerium für den Wiederaufbau herumführt, geht auf und ab, redet, zeigt. Während dieser Besprechung dürfen die Kriegsgefangenen wegtreten und sich ausruhen. Auch jetzt noch von einem Wächter beaufsichtigt, sinken sie zu Boden, ein gefügiges, stummes Menschenknäuel.

Er schlendert zu ihnen. Geht steif in die Hocke.

»Ich weiß nicht, was man Ihnen gesagt hat«, fängt er auf Deutsch an. »Über die Arbeit, die Sie hier tun werden.«

Ein Blick, eine hochgezogene Augenbraue, buschig wie eine Hecke. »Wir haben den Schutt weggeräumt, und wir haben die Gräber ausgehoben. Dieses kleine Krankenhaus für Sie zu bauen, das kriegen wir, glaube ich, auch noch hin.«

Dann sind dies also die Männer, die die Geisterstraßen in die Stadt geschnitten haben. Er nickt. »Haben Sie vor dem Krieg im Bauwesen gearbeitet?«

Der alte Mann presst die Lippen zusammen und schüttelt den Kopf. »Nein. Aber ich kenne Krankenhäuser. Ich war Arzt.« Er zeigt seine Hände. Die Haut ist schwielig und grau, die Nägel stumpf und abgewetzt. »Sollte man nicht glauben.«

Er läuft zwischen dem französischen Landvermesser, den Iren und den deutschen Arbeitern hin und her und übersetzt zügig und frei aus dem Französischen ins Englische ins Deutsche und wieder zurück. Es ist ihm wichtig, beim Umfüllen des Inhalts von einer Sprache in die andere auch auf die Form zu achten; nichts an Höflichkeit zu verschütten, was ja schnell geschehen ist. Und wo es von vorneherein an Höflichkeit fehlt, gibt er auf eigene Faust einen Schuss dazu. Es mag wenig professionell sein, so den Umgangston zu mäßigen, aber er ist ja auch kein professioneller Dolmetscher, und es wirkt einfach entspannend und beruhigend. In früheren Zeiten war höflicher Umgang etwas Normales; es hilft, sich jetzt daran zu erinnern. Der Graben sollte *bitte* einen Meter tief werden. Und einen halben Meter breit, *wenn das möglich ist*.

Die Arbeiter ziehen ihre Uniformjacken aus; im Unterhemd oder mit nacktem Oberkörper arbeiten sie weiter. Dünne graue Körper; man sieht jeden Knochen. Die Iren beginnen, Tee und Kekse zu verteilen, Zigaretten und Marmeladenbrote. Plötzlich kommt er sich vor, als wäre er reich, und fängt an, leichtfertig mit seinen Zigaretten umzugehen.

Nach und nach beginnen die Kriegsgefangenen, sich bei der Arbeit zu unterhalten, was sehr viel angenehmer ist als ihr erschöpftes Schweigen. Manchmal sagen sie auch etwas zu ihm.

Das Reden macht den Aufpasser nervös, doch er fühlt sich wohler so: einfach die Tatsache, dass man sich unterhält, diese Normalität. Wenn man eine andere Sprache spricht, schlüpft man in die Haut des anderen. Unterschiede werden ausradiert. »Die erinnern sich an die Gerichte, die ihre Frauen und Mütter früher gekocht haben«, erzählt er dem Wächter. Der zieht die Augenbrauen hoch, doch er nickt, er kann es verstehen.

Über den Ställen werden die Fenster zugenagelt, Türschlösser montiert, Regale aus den Kisten geholt und zusammengebaut.

Als er das weite Gelände überquert, springt ihm wieder ein Farbklecks ins Auge. Auf einem stehen gebliebenen Mauerstück sitzen hoch oben die beiden Jungen auf einer Fensterbank und schauen mit baumelnden Beinen wie kleine Götter auf die Bauarbeiten herab. Er sieht, wie der Jüngere den Älteren am Ärmel zieht; sofort klettern sie von der Fensterbank und suchen das Weite. Sie springen vom Fußende eines halb verschütteten Bettgestells, balancieren über den Rand eines heruntergestürzten Fensterrahmens, trampeln über eine umgekippte Tür. Der rote Fleck wird kleiner und verschwindet zwischen den Ruinen.

Als es zu regnen beginnt, sind die Männer gerade dabei, die Wände der ersten Baracke ineinanderzustecken wie die eines Lebkuchenhauses. Im Regen wird das Holz fleckig und dunkel. Die Dachplatten, die nacheinander eingesetzt werden, schotten den darunterliegenden Raum gegen das Wasser ab, und aus draußen wird drinnen. Kühl prasselt der Regen auf die Haut; er dringt durch die Uniformjacken und Hosen, läuft in kleinen Bächen über den kiesigen Boden, fließt durch den Schutt und bildet weiße Rinnsale aus Gipsstaub und aufgebrochenem Mörtel.

Seine Stiefel versinken schmatzend im Lehm. Der Regen spült ihm das Salz seiner Haut in die brennenden Augen. An der Tür ziehen die Männer ihre Stiefel aus und tappen auf feuchten Socken über die Dielenbretter. Die Betten werden hereingeschoben, das Bettzeug ausgepackt. Für jeden gibt es einen

Stuhl, einen Spind, ein Bett. Ein einfacher Raum, in dem nun zu acht geschlafen, gegessen, gelesen und geschrieben werden muss, bis die anderen Zimmer fertiggestellt sind. Der Regen läuft über das neue, schräge Dach in die Regenrinnen und wird fortgespült.

Anderswo tropft er durch kaputte, zusammengeflickte Dächer, sickert durch Trümmer, läuft in Keller, wo Frauen barfuß gehen, um ihre Schuhe zu schonen, und es gibt keinen geschützten Ort, um das Baby abzulegen.

Er schreibt einen Brief, macht ein Päckchen für Suzanne: Kekse, Kaffee, eine kleine Schachtel Milchpulver, alles von seinen Rationen abgezweigt. Er braucht nicht so viel, wie er bekommt. Sein Gehalt rührt er kaum an; er spart eisern, um seine Schulden bei den Larbauds zu begleichen.

In dieser Nacht liegt er wach in der Dunkelheit, lauscht auf das Atmen der schlafenden Männer und das Rascheln der Ratten in den Bergen von zerborstenem Stein.

Am Tag gleicht die Baustelle einem Ameisenhaufen, einem Turmbau zu Babel. Maurer schleppen Ziegel oder mischen Zement, eine Gruppe Algerier plättet den Boden zwischen den Baracken, es riecht nach geschnittenem Holz, Sägen kreischen, Kabel werden ausgerollt, Rohre ausgelegt, und man hört unterschiedliche Sprachen, dazwischen Stimmen, die sich mit schwerem Akzent in anderen Sprachen versuchen. Zu Streit kommt es nicht. Manchmal jedoch bereits zu Gelächter.

Auch in den Lagerräumen, die ein Stück von der Baustelle entfernt über den Ställen untergebracht sind, herrscht reges Treiben. Eintreffender Nachschub wird sichergestellt; Menschen kommen mit Lieferscheinen und Warenzetteln, die ausgefüllt, abgelegt und deren Duplikate zurückgegeben werden müssen. Unten in den Ställen schlagen Pferdehufe gegen Holzwände. Regen tropft durch, wo Dachschiefer fehlen, Regen gluckert über den Rand einer verstopften Rinne, nasse Fußabdrücke verdunkeln den Boden. Doch trotz aller Betriebsamkeit sind und bleiben die Lagerräume ein einsamer Ort. Ein Ort, der ihm gehört.

Heute ist er allerdings in Gesellschaft eines Kriegsgefangenen, der die elektrischen Leitungen fürs Licht legen soll.

»Hier«, sagt der Mann auf Deutsch, »wollen Sie mal sehen, wie das geht?«

Er schaut zu, wie die groben Hände des Gefangenen mit erstaunlicher Fingerfertigkeit glänzende Kupferlitzen knicken und verdrehen und mit winzigen Schrauben hantieren. Was er tut, ist geschickt, präzise und gehorcht einer klaren Logik, deren Ablauf sich verfolgen lässt.

»Verstehe.«

Mit zusammengekniffenen Augen auf seine Arbeit konzentriert, hat der Mann den Kopf geneigt.

»Mein Chef hat immer gesagt, Gaslicht schmeichelt den Damen, aber Strom hat's in sich. Strom ist das einzig Wahre.«

»Da hatte er recht.«

»Der hatte immer recht. Jedenfalls so lange, bis er nicht mehr recht hatte.«

Der Gefangene klemmt das Gehäuse zu und fixiert das Ganze mit einer weiteren Schraube. Er drückt auf den klobigen Schalter. Das Licht springt an, knallt grell auf die gestapelten Holzkisten und verliert sich im Gewirr der Regale. Ein dunkler Schatten fällt auf das magere Gesicht des Mannes.

»Ist 'ne gute Arbeit.«

Er bietet ihm eine Zigarette an. Seite an Seite setzen sie sich mit dem Rücken an eine Kiste gelehnt auf den Boden. Er zündet ein Streichholz an; sie beugen sich zur Flamme hin. Wie ein blendender Zapfen hängt das elektrische Licht über ihnen.

»Machen Sie die Lampen aber nur an, wenn Sie sie wirklich brauchen«, rät ihm der Deutsche und zeigt zur Decke. »Sonst geht Ihnen in null Komma nichts der Diesel aus.«

»Da ist was dran.«

Die Kühlschränke brummen, die Glühbirnen knistern, und die

Holzdielen unter ihm sind hart. Wie ein Scheinwerfer brennt das Licht auf ihn herab, und er nimmt den Tabak- und Schweißgeruch seines Nachbarn wahr und wie sich der Rauch in seine Lunge hineinwälzt und wieder hinausströmt; das alles hat eine Realität, die eindringlich ist und danach schreit, zur Kenntnis genommen zu werden. Er will, oh Gott, nein, er *braucht* Zeit, braucht eine Tür, die er hinter sich abschließen kann – und eben Zeit. Füller, Papier, ein leeres Notizbuch und keine Bedenken mehr, was am Ende dabei herauskommt, aber die Mittel, bitte Gott, er braucht die Mittel, er muss schreiben, muss die Karten neu mischen, neu zusammenschieben. Er braucht die Ruhe, die dazu führt. Er muss lernen.

Mühsam steht er auf und geht zum Schalter, um das Licht auszumachen.

Er hört, wie sich die Zigarette von den Lippen des anderen löst. »Es war schön früher«, sagt der Mann. »Ich meine, da, wo ich herkomme. Meine Stadt. Aber da ist alles genauso scheißzerbombt worden wie hier.«

»Das tut mir leid.«

»Darin sind Ihre Leute wirklich gründlich.«

»Es sind nicht meine Leute.«

»Und wer sind Ihre Leute?«

Er zuckt mit den Schultern. »Ich habe keine.«

»Ich gehe nicht zurück«, sagt der andere.

»Sie meinen nach Hause?«

»Ich habe meiner Frau geschrieben, das habe ich seit meiner Einberufung immer getan, und als ich von den Bombardierungen gehört habe, habe ich sofort wieder geschrieben. Seitdem habe ich ihr zweiunddreißig Mal geschrieben. Nach den ersten drei Briefen ohne Antwort habe ich auch angefangen, meiner Schwiegermutter zu schreiben, und als da wieder nichts kam, habe ich Freunden geschrieben, den Nachbarn, den Lehrern meiner Tochter, dann dem Priester und dann dem Arzt. Ich habe sogar dem Lebensmittelhändler geschrieben, ihn gefragt, wie das Geschäft so läuft, und ihm berichtet, wie es hier aussieht.«

Der Deutsche schweigt. Er sieht ihn von der Seite an. Mit dem Daumen rollt er seine Zigarette über den Mittelfinger und wartet, dass der Mann weiterredet.

»Die antworten nicht. Aber ich schreibe weiter, und ich gehe nicht mehr zurück. So sieht's aus.«

Er lässt den Deutschen auf dem Boden sitzen, steht auf und geht durch das Labyrinth der Lagerräume zu einer Kiste, die eingeklemmt hinter einer der größeren Kisten steht. Er kramt eine Flasche Jameson und zwei Emaillebecher heraus, geht damit zurück, setzt sich wieder und schenkt jedem von ihnen reichlich ein. Im Halbdunkel auf dem Boden sitzend, trinken sie.

In der Ambulanz stehen die Leute den halben Tag Schlange. Sie kommen mit Krätze, Bronchitis, Arthritis und Tuberkulose aus ihren feuchten, überfüllten Behausungen. Sie kommen mit Verbrennungen, Verbrühungen, Prellungen und offenen, in schmuddelige Geschirr- oder Taschentücher eingewickelten Wunden. Müde Menschen sind ungeschickt, und hier ist jeder müde: Wer kann schon schlafen, wenn Regen auf ihn herabtropft, der Magen knurrt und die Kinder die ganze Nacht husten? Alles ist hier irgendwie zusammengeflickt, wackelig, provisorisch, und das führt zu Unfällen: Es gibt keinen sicheren Ort, um auch nur eine Kartoffel in Stücke zu schneiden oder eine heiße Pfanne abzustellen.

Und die Kinder spielen in den Ruinen, denn wo sollen sie sonst spielen? Mauerwerk prasselt dort auf sie herab. Keller stürzen unter ihnen ein. Mit schmuddeligen Händen heben sie Sprengzünder auf und rufen ihre Freunde, um sie ihnen zu zeigen. Sie bleiben an rostigen, verdrehten Kabeln hängen oder fallen auf zerbrochenes Glas.

Nicht einmal außerhalb der Stadt sind die Menschen in Sicherheit. Landarbeiter werden eilends von den Feldern hergebracht – nur ein Druckverband und ihre eigene Sturheit können verhindern, dass sie auf der Rückbank des Autos ihrer Nachbarn verbluten. Überall liegen Landminen und alle möglichen Arten von Artillerie herum, und im Umkreis von 150 Kilometern gibt es kein anderes Krankenhaus.

Doch die Menschen kommen nicht nur mit Wunden, Blut, Auswurf, Parasiten, Bakterien und zerschmetterten Knochen, sondern auch mit Blumen, Obst, Eiern, Calvados und lebendigen Hühnern. Das alles drängen sie der Belegschaft auf. Die Behandlungen sind kostenlos, doch es gibt ein Bedürfnis, seiner Dankbarkeit Ausdruck zu verleihen und irgendeine Art von Vergütung anzubieten. Also geben sie ihre Hühner, ihren Calvados, ihr Obst und häufig auch ihre Tränen.

In seinen Listen hakt er das abgegebene Streptomycin ab, die Spritzen, Suspensionen und Verbände, die Nähseide, den Tee, die Zigaretten, den Zucker, die Marmelade und den Dosenschinken. Um die weitere Verwendung kümmern sich andere. Er gibt einfach alles in die routinierten Hände von Krankenschwestern, Trägern und Köchen und setzt einen Haken dahinter; und wenn neue Vorräte kommen, trägt er sie ein, räumt sie in die Regale und quittiert den Empfang. Was er hier in Bahnen lenkt, denkt er oft, ist ein nicht abreißender Zustrom von Menschlichkeit, der längst überfällig war.

Suzannes Brief braucht lange, und als er eintrifft, ist er dünn und seltsam; was auf dem Papier steht, sagt weniger aus als das, was zwischen den Zeilen zu lesen ist. Sie bedankt sich für die Kekse, den Kaffee und die Milch. Es überrascht sie, dass er diese Dinge so leicht entbehren konnte. Sie fragt sich, wann er wohl nach Paris kommt. Dann wird er sehen, wie die Lage hier wirklich ist. Aber auch Papier ist knapp, und die Seiten sind klein und dünn wie Pauspapier, und er möge ihr verzeihen, dass sie nicht noch eine zweite verschwendet. Wobei sie dann nicht einmal die erste füllt.

In der Nacht ist er an der Reihe, im Lager Wache zu schieben. Trotz aller Maßnahmen zur Sicherung der Lagerräume sind sie weiterhin gefährdet. Und so wandert er unter den alten Gewölbedecken mit einer Taschenlampe durch Räume, in denen aus Spargründen kein Licht brennt, und lauscht auf das Fiepsen und Rascheln der Ratten unten in den Ställen, auf das Schnauben und Stampfen der Pferde und das Dröhnen des Generators, der die Kühlschränke weiterbrummen lässt, wenn die Lampen auch aus sind. Den geladenen Revolver hat er sich so fest um die Rippen geschnallt, dass seine Haut darunter zuckt wie Pferdehaut. Wenn jemand einbricht und sich durch die Taschenlampe nicht in die Flucht schlagen lässt, soll er schießen.

Zwischen zwei Kontrollgängen schaltet er eine Lampe an, setzt sich darunter, knöpft den Mantel bis unters Kinn zu, lehnt sich an eine Kiste und zieht die Beine an. Er legt den Revolver ab und schlägt ein Buch auf, das er sich in einem raschen Entschluss aus der Kiste genommen hat, in der auch die Zigaretten, der Whiskey, das Scrabblespiel und das Tischtennis-Set für die Mußestunden der irischen Ehrenamtler transportiert worden sind. Er blättert Seiten um. Die Worte rauschen an ihm vorbei, nichts bleibt hängen. Stattdessen spürt er den Druck seiner eigenen Gedanken, spürt den sich weitenden, dunklen Raum hinten im Kopf, aus dem Bilder zu sprudeln beginnen. Er verliert sich darin: die kaputten Schuhe, die steifen Glieder, die Sonne, die untergeht, aufgeht, untergeht; eine Landstraße, ein Baum. Es ist ein Wasserfall, der ihn mit sich reißt, es sind Traum-Gedanken am Rande des Schlafs; wenn er den Blick direkt auf sie richtet, verflüchtigen sie sich zu einem feinen Nebel.

Ein Geräusch. Sein Kopf schnellt hoch; er legt das Buch aus der Hand. Ein dumpfer Aufschlag – etwas ist hingefallen. Dann ein metallisches Klappern, ein Wühlen, ein Stöbern: Jemand ist ins Lager eingebrochen. Er greift nach der Waffe. Von hier aus streckt sich die Dunkelheit weit über das Land. Und bis zum Krankenhaus reicht kein Schrei. Er ist ganz auf sich gestellt. Das Wühlen hört nicht auf.

Er hievt sich vom Boden hoch.

Es ist so finster, als wäre der Vorhang gefallen. Von den wandernden Lichtflecken seiner Taschenlampe begleitet, geht er durch die Lagerräume. Er löst die Sicherung des Revolvers. Er hat eine Million Zigaretten zu verteidigen. Eine Tonne Schinken. Fünfzehn Kisten Whiskey. Steriles Verbandsmaterial, Flaschen mit stinkendem gelben Jod und all die kleinen, milchig schimmernden Penizillin-Ampullen, passgenau verpackt, die übereinandergestapelten Schachteln in den Kühlschränken verwahrt. Nach reinen Nützlichkeitserwägungen würde es sich vielleicht sogar lohnen, für Penizillin jemanden zu erschießen. Seine Hand ist verschwitzt – er nimmt den Revolver in die Linke, wischt seine Handfläche am Hosenbein ab, nimmt die Waffe wieder in die Rechte, hantiert ungeschickt mit der Taschenlampe. Auf leisen Sohlen geht er zwischen den Kisten weiter.

Vorsichtig biegt er um eine Ecke. Auf dem Boden liegt ein umgekippter Karton, aus dem Dosen herausgefallen sind, von denen sich die Deckel gelöst haben. Etwas Dunkles zuckt und windet sich in dem hellen Fleck aus Verschüttetem. Er schießt nicht. Er streckt die Hand nach dem Lichtschalter aus, drückt ihn, und die Ratten sprengen auseinander. Er atmet laut und lange aus. Dann holt er Kehrblech und Besen, fegt verschüttetes Milchpulver auf und kippt es in den Abfalleimer. Sammelt die Dosen ein, kontrolliert sie und räumt alle, die unversehrt sind, ins Regal. Lieber keine Tränen darüber vergießen, nützt ja nichts.

Als er später seiner Ablösung die Waffe übergeben hat, spaziert er rauchend durch das blaue Licht, das der Dämmerung vorausgeht, in Richtung Baracken und weiß nicht, wo er hintreten soll, denn der ganze Weg scheint sich vor ihm zu bewegen. Zuckende Schwänze, blitzende Augen, Dutzende von huschenden Leibern, Unmengen und unvorstellbar dreist. Ihr bisheriger Lebensraum wurde von heute auf morgen ausgelöscht; die Speicher, Ställe und Höfe existieren nicht mehr, und so schwärmen die Ratten aus, um sich neue Futterquellen und Verstecke zu suchen. Jeder würde das tun.

Im Osten hellt sich der Himmel auf, bald wird ihm ein neuer Tag begegnen, doch zuerst muss er schlafen. Vor der Tür zieht er seine Stiefel aus und trägt sie an der Reihe der schlafenden Männer vorbei. An seinem Bett angelangt, hängt er den Wintermantel über den niedrigen Dachbalken. Er knöpft die Uniformjacke auf, steigt aus der Hose, klettert ins Bett. In die Dunkelheit blinzelnd, erforscht er mit der Zunge die Lücken in seinem Mund, die übrig gebliebenen, wie Monolithe aufragenden Zähne, das nackte, weiche Zahnfleisch. Draußen in der Finsternis hört er ein Rascheln und Wuseln und das helle, hochfrequente Fiepen der Ratten, gegen die etwas unternommen werden muss, ehe sie alles verpesten und komplett die Oberhand gewinnen. Im Geist verfasst er noch einen Brief, stellt noch ein Paket zusammen. Eine Dose Butter, denkt er, eine Dose Schinken, eine Dose Pfirsiche. Was kann er noch auftreiben für Mania und die Jungs? Er macht die Augen zu und wieder auf. Zu und wieder auf. Zu, und dann ist er weg.

20

Paris

Oktober 1945
In einem Wagen des Roten Kreuzes rumpeln sie den Boulevard entlang. Aus der Normandie hat er einen Beutel Birnen mitgebracht, der auf der Hutablage liegt. Er ist wieder in Paris, oh Gott, das hier ist Paris, schaut es euch an, und er hat Geld in der Tasche, schaut doch, auf den Terrassen sitzen Leute, und da schwingt eine Straßenbahn um die Ecke. Er fährt durch die Stadt. Die Stiefel, die er zusammen mit der Uniform bekommen hat, sind stabil und intakt; er hat einen ganzen Beutel mit prallen, süßen Birnen dabei. Jetzt, da der Krieg vorbei ist, müsste alles gut sein, doch es mangelt immer noch an vielem. Und dem Wiedersehen mit ihr sieht er beklommen entgegen.

Er fährt einmal im Kreis um den Arc de Triomphe, dann die Champs-Élysées hinunter und über die Place de la Concorde, um seinen Fahrgästen die Stadt zu zeigen: ihre offenen, von Fahrrädern wimmelnden Plätze, auf denen auch Busse unterwegs sind und sogar einige Dienstwagen. Und vor allem – was noch bemerkenswerter ist – die totale Abwesenheit von deutschen Militärfahrzeugen. Sie sind alle weg, die großen blonden Männer in Graugrün, die Scharen von Grünen Bohnen, die auf den Caféterrassen saßen oder in Zivil mit ihren Fotoapparaten durch die Straßen bummelten. Diese Stadt ist nun nicht mehr im Besitz anderer. Die Bunker und Kontrollpunkte wurden abgebaut oder umfunktioniert. Tauben flattern auf. Er verfolgt ihren Flug vorbei an einem zersplitterten, mit Brettern ausgebesserten Fenster und einer Garbe von Einschusslöchern in der fahlen Steinwand. Auch hier sind Narben geblieben. Spuren von Leid. Sein Blick folgt den Tauben in den weiten, klaren Himmel hinein.

»He, guck auf die Straße!«

Er macht einen Schlenker Richtung Pont de la Concorde, und sie rumpeln durchs Rive Gauche. Er setzt seine Fahrgäste vor ihrer Unterkunft in der schönen, stillen Rue Jacob ab und fährt weiter nach … nun ja, nach … Hause. Oder hin zu dem, was einem Zuhause in seinem Fall vielleicht noch am nächsten kommt. Durch die engen Straßen, in denen gelegentlich ein Kinderwagen die Bürgersteigkante hochgestemmt wird, ein Fahrrad an ihm vorbeischwankt, Lieferwagen be- und entladen werden. Während der Moment der Heimkehr näher rückt, scheint sich alles zu verlangsamen, sich mit Angst aufzuladen.

Der Aufzug ist *hors de service.* Also die sieben mühseligen Stockwerke zu Fuß hoch, keine Luft, und oben angekommen ist sie da, er spürt es sofort. Obwohl es in der Wohnung weder warm ist noch Licht brennt, ist sie da, ihre Anwesenheit füllt den Raum wie Wasser. Er hat ein mulmiges Gefühl und Gänsehaut, weil er immer noch nicht weiß, wie diese Heimkehr sein wird.

»Suzanne?«

Ihr Magen zieht sich zusammen. Sie lässt ihre Näharbeit fallen und erhebt sich von ihrem Stuhl. Denn da kommt er doch tatsächlich durch die Wohnungstür, wie aus dem Nichts, wie ein Zaubertrick, zum Verzweifeln. Und in all dieser langen Zeit ist seine Welt größer geworden, trubeliger, geschäftiger, reicher, während ihre zur Größe eines Nadelstichs geschrumpft ist: Hunger, Müdigkeit, Plackerei, um irgendwie über die Runden zu kommen. Für ihn ist nichts mehr übrig.

Er schaut sich in der Wohung um, und dann blickt er sie an, als wäre nichts, als *müsste* er genau jetzt, in dieser Minute hier sein, warum sollte sie das in irgendeiner Weise überraschen?

»Tja«, sagt er.

»Tja.«

Und auch noch in Uniform! Typisch für ihn, dass er sich in Büschen und abgelegten Kleidern durch den Krieg rettet und sich dann, wenn alle anderen ihre Uniformen ablegen, so ein auffälliges Teil an den Leib hängt. Ob es an dieser neuen Montur liegt – Überzieher, Mütze, Hose, Wickelgamaschen, Uniformjacke –, dass er so kontrolliert, so undurchdringlich und einfach so ... anders aussieht?

Sie geht einen Schritt auf ihn zu, mustert ihn und versucht, seine neue Erscheinung zu deuten. An einer Schulter hängt ein Seesack, an der anderen ein Beutel aus Kattun. Darin wölbt sich etwas, viele Etwasse, kleine, rundliche, glatte Etwasse.

»Wie geht es dir, mein Floh?«, fragt er.

»Oh.« Der Kosename verwirrt sie. »Es geht, weißt du.«

Er lässt den Seesack fallen, streckt einen Arm aus, und sie tut den letzten Schritt zu ihm hin. Einen Moment lang hält er sie, zwei steif aneinandergelehnte Bretter.

»Du bist dünn«, sagt er.

Sie hört seine Stimme in seiner Brust rasseln. Als sie nickt, reibt ihr Kopf an dem festen Stoff seiner Uniform. In Paris ist jeder dünn. An ihm ist jetzt mehr Fleisch, er ist stabiler als früher. *Ich bin glücklich, dass du hier bist*, möchte sie sagen, doch die Wahrheit ist nicht ganz so eindeutig. Für unumwundenes Glück war der Verschleiß zu groß. Was noch an Material, an Substanz übrig ist, reicht nicht mehr dafür.

Sachte schiebt er sie wieder von sich, und als er beginnt, seinen Mantel aufzuknöpfen, erinnert er sich an den Kattunbeutel.

»Hier«, sagt er. »Ich hab dir was mitgebracht.«

Sie wischt über ihre Augen. Wieder eine milde Gabe aus seinem besseren Leben; ein bitteres Gefühl. Doch als sich der Beutel öffnet, sieht sie Berge von Birnen, und ihr schlägt eine süße Duftwolke entgegen; ihr läuft das Wasser im Mund zusammen.

»Ich glaub's nicht«, sagt sie.

Sie nimmt sich eine Birne und gibt ihm den Beutel zurück. Die grobkörnige Schale hat etwas von der Haut einer Kröte. Mit geschlossenen Augen drückt sie ihren Mund in das weiche Fruchtfleisch und beginnt zu essen, stumm und erstaunt über die Saftigkeit, die Süße. Er stellt den Beutel ab, zieht seinen Mantel aus, hängt ihn auf, sieht sich in der kleinen, engen Wohnung um und späht zur Schlafmansarde hoch. Sie saugt das letzte Fruchtfleisch aus den Fasern des Kerngehäuses und wirft den Rest in den Papierkorb. Von ihrer Unterlippe läuft Saft, den sie mit dem Handrücken abwischt. Dann merkt sie, dass er sie beobachtet.

»Entschuldige«, sagt sie.

»Du hast Hunger. Nimm noch eine.«

»Tut mir leid.«

Sie greift wieder in den Beutel. Ihre Wangen röten sich. Vorsichtig beißt sie durch die körnige Schale ins nasse Fruchtfleisch und lässt die kleinen Stücke auf ihrer Zunge liegen, während er die Stufen zur Schlafmansarde hochsteigt und sich umsieht. Wie ein Hund, der sein Bett umkreist.

»Wir gehen gleich Mittag essen«, ruft er von oben. »Wenn du möchtest.«

Sie schluckt. »Geht das?«

»Ja«, sagt er, »warum nicht?«

Sie neigt den Kopf zur Seite – was er nicht sieht – und denkt über die neue Souveränität nach, die aus seiner Stimme klingt. So ist das, wenn man Geld hat. Ein Gehalt, das ihm jeden Monat zuteilwird. So ist das, wenn man nicht deutlich weniger, sondern mehr hat als genug.

»Ja, ich möchte«, sagt sie.

Sie lässt den faserigen Rest der zweiten Birne in den Papierkorb fallen, nimmt ihre Schuhe und setzt sich, um sie anzuziehen. Ihre Hände sind kalt und klebrig vom Saft. Er kommt wieder die Stufen heruntergepoltert. Sie sieht ihn nicht an. Du hast mir Birnen mitgebracht, denkt sie, aber jetzt gebe ich dir das Einzige, was ich im Überfluss habe: Eine wahre Flut an Gräueln hatten wir hier.

»Ich weiß nicht, was du gehört hast«, sagt sie.

»Was meinst du?«

»Unsere Freunde …« Sie hält inne, um sich zu räuspern, denn es gibt angenehmere Dinge zu verkünden als das.

»Was weißt du?«

»Unterschiedliche Geschichten.«

Er schaut weg; sie folgt seinem Blick zu den Bücherregalen, dem Schreibtisch.

»Noch nicht«, sagt er.

»Was?«

»Später«, sagt er. »Jetzt noch nicht.«

Sie starrt ihn an. Zuckt mit den Schultern, was er nicht sieht. »Gut.«

Er kann tun und lassen, was er will. Daran wird sich nichts ändern. Sie ist zu erschöpft, um es wichtig zu nehmen.

Sie essen in einem kleinen Bistro in der Nähe, wo sie früher häufig waren. Kellner, die er nicht kennt, tragen ausgefranste Manschetten, und die Frauen in ihren abgetragenen Kleidern haben nackte Beine. Er erkennt die Schwestern, die den Friseursalon geführt haben. Es gibt Brot, weil Brot nicht mehr rationiert ist, er nimmt Rillettes und Cornichons, und sie teilen sich eine Karaffe Wein. Sie sind ruhig; im ganzen Lokal ist es ruhig. Das Leben geht nun mal weiter. Es besteht darauf.

Das Essen ist teuer. Für ein Drittel des Preises hätten sie vor dem Krieg etwas Besseres bekommen. Aber es ist angenehm. Und als der Kaffee kommt, ist es echter, guter Kaffee, der so stark ist, dass Suzanne sich schüttelt.

»Glaubst du«, fragt sie, »dass du zurückkommst?«

»Nach Paris?«

»Ja.«

Sein Blick wandert durch das Restaurant, über die verkratzten Fliesen, die mageren Gesichter, die leeren Spiegelregale, wo einmal Flaschen mit Likören und Spirituosen standen.

»Wohin soll ich sonst gehen? Mein Vertrag endet im Januar.«

Sie nickt und beginnt mit den kleinen Gesten – Serviette falten, nach der Tasche greifen, hineinschauen –, die Aufbruch signalisieren. »Also, ich gebe heute Nachmittag Unterricht, deshalb …«

Menschen lernen also immer noch Klavier spielen. Und sicher legen Kinder immer noch Prüfungen ab, machen Ferien, feiern Namens- und Geburtstage. So karg und behelfsmäßig alles noch wirkt, sie leben jetzt wieder in einer Welt, in der das Abitur eines jüdischen Jungen etwas zählt.

»Morgen muss ich zurück«, sagt er.

»Aha.«

»Ich bin nur hier, um Rattengift zu besorgen. Das ist nicht leicht zu kriegen, jedenfalls in Saint-Lô.«

»Ja.«

»Ich schicke dir ein Päckchen, wenn ich wieder dort bin. Was hättest du gern? Was brauchst du am meisten?«

Sie schließt die Augen; sein Unverständnis ist so groß, dass sie fast lächeln muss. Sie braucht alles; sie hat nichts als Bedürfnisse. Manche lassen sich in Schach halten, andere können ohnehin nicht befriedigt werden.

»Ein Stück Seife«, sagt sie. »Eine Zahnbürste. Einen Lippenstift. Egal was.«

Er geht mit ihr zur Métro. Auf dem Platz sammelt ein Kind Kastanien; eine Frau hat es im Auge, die ganze Zeit, den ganzen Krieg über hat sie ein Auge auf dieses Kind gehabt. Er erinnert sich an das Baby im Kinderwagen, vom Kopfsteinpflaster durchgerüttelt in jenem messerscharf umrissenen Herbst 1941, als er die abgetippten Informationen quer durch die Stadt zu Jimmys Wohnung brachte. Wie ist es Jimmy wohl ergangen?, fragt er sich. Ob er heil durch- und sicher aus allem rausgekommen ist?

Vor der Treppe zur Métro drückt Suzanne ihm einen kurzen, distanzierten Kuss auf die Wange. »Was ist mit deinem Mantel passiert?«, fragt sie.

Er blickt an dem sauberen grünen Stoff seines Rotkreuz-Mantels mit der rot-weißen Armbinde herab und schaut sie verwirrt an. In der Nähe scharrt eine Taube im Rinnstein. Ein hässliches, ramponiertes Ding mit Beinen wie Holzstifte. Er denkt an Taubenpastete.

»Nein, der andere«, sagt sie.

»Ach, der. Den habe ich in Irland gelassen.«

»Warum hast du das gemacht?«

Im Gästezimmer seiner Mutter hat er ihn in den Kleiderschrank gehängt. Zu dem in Ehren gehaltenen Mantel seines Vaters, seinen Schuhen, ihrem Fuchspelz und den stinkenden Mottenkugeln. Er hat die Schranktür zugemacht und den Schlüssel umgedreht, das war an besagtem Abend, in der Dunkelheit, mit dem Schultertuch seiner Mutter über dem Arm.

»Es schien mir richtig zu sein. Und die haben mir ja auch den hier gegeben, insofern …«

»Darfst du ihn denn behalten?«

»Oh. Ich weiß nicht.«

»Tss.« Sie schüttelt den Kopf. »Und was machst du, wenn dein Vertrag abgelaufen ist?«

Er zuckt mit den Schultern.

»Was würde ein neuer Mantel heutzutage deiner Meinung nach kosten?«

»Ich habe keine Ahnung.«

»Nun ja«, sagt sie. Er mag sich verändert haben, aber er ist immer noch derselbe Mensch. »Ich denke, du wirst es herausfinden. Bis wir uns wiedersehen.«

Dann gibt sie ihm, weil es ihr angebracht erscheint, noch einen Kuss, dreht sich um und läuft die Stufen zur Métro hinunter.

Nachdem Suzanne nun gegangen ist, könnte er in die Ruhe und Einsamkeit der leeren Wohnung zurückkehren. Er könnte den Schlüssel umdrehen und den Rest der Welt ausschließen, damit die Stille und er sich aneinander wärmen; er könnte sich ein Notizbuch nehmen, könnte anfangen zu schreiben. Doch stattdessen geht er los, die Hände tief in den Manteltaschen vergraben, den Stein zwischen seinen Fingern drehend, der Kragen kratzig an seinem Unterkiefer. Geht einfach weiter durch die angeschlagene, darbende, abgezehrte Stadt, durch die von klappernden Schritten, Stimmen und rumpelnden Karren widerhallenden Straßen, vorbei an den Männern in ihren alten Mänteln und kaputten Schuhen, den jungen Frauen mit ihren abgetragenen Kleidern und ihrem leuchtenden Lippenstift, den alten Damen in Schwarz, die mit ihren Einkaufstaschen und Haarnetzen durch den Krieg getippelt sind. An den Straßenlaternen ist das blaue Papier verschwunden. Sie haben alle deutschen Schilder und auch die gelben Anschläge an den jüdischen Geschäften heruntergerissen. Die Stadt, in der das Leben weitergeht, ist dennoch voller Verlust und von denen, die nicht mehr da sind, genauso heimgesucht wie das Krankenhaus in Saint-Lô von den Ratten. Im Oktober 1945 gibt es nichts Einsameres auf der Welt, als durch die Straßen von Paris zu gehen.

Er zieht seine Zigarettenschachtel aus der Tasche und berührt die letzte Zigarette darin. Er steckt die Schachtel wieder weg.

Er wird sich daran gewöhnen, genauso wie er sich an die fehlenden Zähne, den fehlenden Zeh und seine Narbe gewöhnt hat. Er wird lernen, mit dem Verlust umzugehen.

Sogar in den Trümmern gibt es Orte der Gnade. Saint-Lô bei Nacht, und ein kleines Fenster ist warm erleuchtet. Ein altes Spitzentuch hängt als Gardine vor dem neuen, trüben Glasersatz, hinter dem sich Menschen bewegen.

Denn in dem kleinen Vorderzimmer gibt es ein Klavier und ein Glas Calvados, und jemand macht Musik. Das alles ist ziemlich angenehm, die Leute kommen gern hierher. Männer kommen gern hierher. Der Calvados auf dem Klavier ist seiner, und er trinkt davon, wenn die Musik es ihm erlaubt, denn er ist derjenige, der hier Musik macht, bekannte, sentimentale Lieder. Eins der Mädchen lehnt an dem Instrument und schaut ihm zu. Die Leichtigkeit seines Spiels überrascht ihn nach so langer Zeit ohne Musik; seine Finger finden sich ohne langes Nachdenken zurecht. Der Calvados mag dazu beitragen, dass ihm egal ist, wie er spielt; er spielt einfach. Das alte Klavier ist einigermaßen gut gestimmt, nur das mittlere C gibt keinen Ton mehr von sich. Nicht schlecht angesichts der vielen Klaviere, die nur noch aus zersplitterten Tasten und verknäuelten Saiten bestehen.

Die Prostituierten tragen Strickjacken über ihren Kleidern und Unterröcken. Ihre nackten Beine stecken in Stiefeln oder Pantoffeln. Sie zittern und kauern sich zusammen; ihre Haut ist bläulich. Das Mädchen, das ihm zuschaut, kommt ihm irgendwie bekannt vor; er kann nicht genau sagen, woher, aber er ist ja auch halb besoffen und die andere, nicht besoffene Hälfte mit der Musik beschäftigt, wie soll ihm da auch noch einfallen, wo er die Prostituierten schon mal gesehen hat.

Vom Alkohol benebelt, muss er irgendwann aufstehen und sich auf die Suche nach dem Abort machen. Als er eine Tür öffnet, von der er glaubt, dass sie zu einem Hinterzimmer oder in die Küche führt, findet er sich in der Nachtluft unter freiem Himmel wieder: Die Wände und das Dach wurden vollständig weggebombt. Vor einem Berg kaputter Ziegel steht ein pissender Mann. Als er fertig ist, knöpft er sich die Hose zu und geht grinsend an ihm vorbei ins Haus. Nun ist er an der Reihe und fügt der stinkenden Pfütze sein eigenes Wasser hinzu. Beim Pissen hält er das Gesicht in den Regen, schließt die Augen und genießt das leichte, vom Calvados ausgelöste Schlingern in seinem Kopf.

Als er die Tür wieder hinter sich zugezogen hat, kehrt er ans Klavier zurück, und die Leute reden und lachen und tun weiterhin so, als wären sie von einem kompletten, stabilen Haus umgeben und nicht von den wackeligen Wänden einiger bewohnbarer Zimmer. Die ganze Welt läuft Gefahr, in Trümmer zu zerfallen, und die Leute tun so, als wäre das alles nicht der Rede wert.

Mit einer Hand den Rhythmus haltend, zieht er kurz an seiner auf dem Untersetzer verglimmenden Zigarette, und die Frau schenkt ihm nach. Als sie sich am Ende des Lieds zu ihm hinbeugt, steht er auf, um sie besser zu verstehen, und schon rutscht jemand anders auf den Platz am Klavier, und ihm schwirrt der Kopf, und die Frau fasst ihn am Arm und lächelt und sagt, dass sein Französisch süß sei.

»Komm mit mir hoch«, sagt sie. »Ja?«

Sie führt ihn die Treppe hoch, und es stellt sich heraus, dass er betrunkener ist, als er dachte, oder die Stufen sind einfach nur schief: Er kippt seitlich weg und muss sich ans Geländer klammern, um die Treppe wie ein Bergsteiger zu erklimmen. Vielleicht ist ja der Hunger das, was ihm an der Frau bekannt vorkommt, die ausgemergelte, hohlwangige Magerkeit, die hier alle Frauen zu Schwestern macht. Französinnen sehen jetzt einfach so aus.

Oben angelangt, die Tür abgeschlossen, schält sie sich aus der Strickjacke, steigt aus ihrem Unterrock, und er sieht ihre Hüftknochen unter der Haut und die tiefen Mulden an ihren Schlüsselbeinen, und als sie sich niederlegt, rutschen ihre Brüste auf dem knochigen Brustkorb zur Seite, und diese Brüste sind so weich, ganz weich, mit hellen Schwangerschaftsstreifen, und er rollt sich ungeschickt ein Kondom über und ist in ihr, und genau in dem Moment, als er kommt, erinnert er sich an sie, hochschwanger, wie sie ihm eine Flasche Calvados gab und ihm sagte, dass er hier sehr willkommen sei.

Eine Horde von Jungen rennt die frisch asphaltierte Straße entlang; an der Ecke kauert eine Gruppe kleinerer Kinder, die über einer Pampe aus Blättern und Schlamm die Köpfe zusammenstecken. Mädchen hüpfen auf einem Spiel herum, das sie mit Kreide auf den Boden gemalt haben. Mit einem Klemmbrett in der Hand geht er an der Seite des Colonels.

»Alles in allem ein Erfolg, würde ich sagen.«

»Und die Leichen?«

»Wurden eingeäschert, ja. Sie wissen ja, wie die Kinder hier sind. Die spielen mit allem.«

Sie bleiben stehen, um eine Meute kleiner Jungs vorbeiflitzen zu lassen.

»Das ist ein Krankenhaus, kein Spielplatz!«, brüllt ihnen der Colonel hinterher.

Die Kinder rennen ausgelassen weiter.

»Hier wimmelt es ja nur so von denen«, sagt der Colonel. »Schlimmer als die Ratten. Irgendwann wird noch jemand verletzt.«

Die Bauarbeiten kommen voran. Laster wälzen sich übers Gelände, es gibt Dienstwagen und Autos von Ortsansässigen, und zu allen Tages- und Nachtzeiten rast ein halbes Dutzend Krankenwagen hin und her. Die Kinder haben gute Aussichten, angefahren zu werden.

»Die Mütter schicken sie zum Spielen hierher«, sagt er.

Es sind Kinder, denen Finger fehlen, Kinder, die unter den Kleidern schlimme Narben haben; es sind Kinder, denen auch Eltern, Geschwister oder Freunde fehlen. Trotz aller Risiken durch den Verkehr sind sie nirgendwo im Umkreis von etlichen Kilometern so sicher wie hier.

Die Lage bessert sich, wird akzeptabel. Auf den Straßen und Wegen liegt Asphalt. In allen Fenstern ist jetzt Glas oder etwas Vergleichbares. Auf dem Boden des Kreißsaals liegt Linoleum, denn selbst jetzt in diesem Zustand der Verwüstung pflanzen sich die Menschen fort. Die Betten sind mit Vorhängen abgetrennt, es gibt saubere Laken und warme, ordentlich festgestopfte Decken. Im sterilen Operationssaal funkeln Aluminium und Stahl. Kein Regen tropft herein, der Wind ist unter Kontrolle, die Ratten haben sich zurückgezogen. Es gibt Tee, es gibt Kekse, und es gibt Marmeladenbrote, wenn Bedarf besteht, und es besteht häufig Bedarf. Inmitten der Trümmer gibt es Freundlichkeit, gibt es Anstand. Dies gilt es festzuhalten.

21

Normandie

Dezember 1945

Nur ein kurzer Abstecher, haben sie gesagt. Nur eben nach Dieppe und wieder zurück. Du kennst die Strecke so gut, das machst du doch im Schlaf. Die neue Oberin abholen, und dann bist du fertig. Dann gehört deine Zeit dir.

Doch das Schiff hat Verspätung. Und er ist ein Idiot, denn er hat nicht einmal daran gedacht, ein Buch mitzunehmen. Und nun schneit es. Und das ist nur der beschissene Anfang. Schnee. Schnee über der ganzen Normandie.

Die Baracke ist voller Zigarettenqualm und Dampf. Er schaut auf die Uhr und überlegt, wie schlecht der Zustand der Straßen wohl ist, wenn sie jetzt kommt, wenn sie in zehn Minuten kommt, in einer halben Stunde. Einer Stunde. Zwei. Verdammte Scheiße. Der Wind rüttelt an den Fenstern, und aus dem Ofen kommt schwarzer Rauch. Er nimmt eine herrenlose Ausgabe der *London Times*, setzt sich, knöpft den Mantel auf, versucht zu lesen.

Bald steht er wieder auf, die Zeitung achtlos in der Hand, und starrt aus dem Fenster ins Schneegestöber, das um den Pferch wirbelt. Er knöpft den Mantel wieder zu und stopft seinen Schal hinein. Er schaut auf die Uhr.

Eigentlich wäre er ja schon weg. Zurück in Paris, Rue des Favorites, die sieben Etagen hoch. Stattdessen hockt er nun in diesem kleinen Fertighaus in Dieppe und schaut zu, wie sich der Schnee auf dem Fenstersims türmt und sich dick über den Hof legt, blütenweiß wie Papier.

Das Mädchen an der Durchreiche gibt ihm Kaffee und Brot mit Margarine und entschuldigt sich dafür, obwohl er mit diesen einfachen Dingen durchaus glücklich ist. Er isst, raucht, trinkt Kaffee. Nimmt wieder die Zeitung, blättert darin und reicht sie weiter an einen englischen Arzt, der auf seine Überfahrt wartet und sich sogleich ins Lesen vertieft. Diese Zeitung ist Teil einer Welt, in die der Arzt nun zurückkehrt, nicht Teil dieser Welt hier, in der *er* bleiben wird.

Als das Schiff endlich in den Hafen einläuft, ist sein Stampfen bis in die Wände des Hauses hinein zu spüren. Er tritt in die Nacht hinaus. Schlägt den Kragen hoch, steckt seine Brille in die Manteltasche; Schnee peitscht ihm ins Gesicht. Ächzend schiebt sich das Schiff am Kai entlang. Je näher die tatsächliche Ankunft rückt, desto mehr scheint sich alles zu verlangsamen. Das Festmachen dauert eine, das Herablassen der Gangway eine zweite Ewigkeit. Schließlich kommen mehr tot als lebendig die Passagiere herausgeschlichen.

Sie sieht erschöpft aus. Er schüttelt ihr die Hand, nimmt ihre Tasche und führt sie zu seinem Kastenwagen. Sie schlottert unter ihrem Cape; er hält die Tür auf und hilft ihr beim Einsteigen. Er muss sich bremsen, um sie nicht hineinzuschieben.

»Danke.«

Sie fahren durch die Nacht, die Schneeflocken wimmelnd im Scheinwerferlicht. Abseits der Küste lässt der Wind nach, aber der Schnee nimmt zu. Die Scheibenwischer schaufeln ihn an die Ränder, wo sich Brocken lösen und wegfliegen. Die Scheinwerfer bohren einen grellen Tunnel in das Schneetreiben. Die Dunkelheit jenseits des Tunnels ist absolut.

»Wie weit ist es bis Saint-Lô?«, fragt sie.

»Zweihundertsiebzig Kilometer, mehr oder weniger.«

Für einen kurzen Moment werden sie von den Scheinwerfern

eines entgegenkommenden Wagens angestrahlt. In den verschmelzenden Lichtern der beiden Fahrzeuge liegt die Straße weich wie ein Kissen vor ihnen, dann ist der andere vorbei, und sie rumpeln weiter, durch Schlaglöcher, Spurrillen und über Trümmerteile, die sich unter der Schneedecke verstecken. Jedes Mal zuckt er zusammen, doch er nimmt nicht den Fuß vom Gas. Sie rutscht auf ihrem Sitz hin und her und sieht ihn an; den Blick auf die entgegenflutende Dunkelheit gerichtet, zeigt er ihr nur sein Profil.

»Ist es notwendig, so schnell zu fahren?«, fragt sie.

»Es wirkt schneller, als es ist.«

Nach einer Weile angelt er seine Zigaretten von der Hutablage und bietet ihr eine an; sie bedient sich, lässt sich von ihm die Streichholzschachtel geben, und dann beugen sie sich zueinander hin, um ihre Zigaretten an der Flamme anzuzünden.

»Sie sollten versuchen, etwas zu schlafen«, sagt er.

»Ich denke nicht, dass ich das kann.«

Er wirft ihr einen kurzen Blick zu. »Dann geht es sehr viel schneller vorbei.«

Sie schüttelt den Kopf. Ihre freie Hand umklammert die Sitzkante. Sie hat eindeutig das Gefühl, dass es bereits schnell genug geht.

»Vorsicht!«

Krachend schaltet er vor einer Kurve einen Gang herunter. Sie fahren um die Biegung und rasen weiter durch die Winternacht. Die Dunkelheit ist etwas Festes, Körperliches geworden, das so schnell vor seinen Scheinwerfern zurückweicht, wie er darauf zufährt: Er jagt hinter der Dunkelheit her und wird sie durchbrechen, was auch immer dahinterliegt.

Sie rattern durch verstreute Höfe, die hier und da zu Siedlungen verschmelzen, und manchmal gibt es Lichter, oder es riecht nach verbranntem Holz, und dann erreichen sie einen Platz, wo ein paar müde, funzelige Lampen brennen. Er weiß, dass alles geschlossen sein wird, bis sie den nächsten Ort erreichen. Er würde lieber nicht anhalten, doch die Oberin braucht bestimmt eine Stärkung, und so nimmt er den Fuß vom Gas, fährt rechts heran und zieht die Handbremse. Er sieht, wie sie sich entspannt.

»Eine Sekunde«, sagt er. »Bleiben Sie hier im Warmen. Ich schaue mal, was ich auftreiben kann.«

Er lässt den Motor im Leerlauf. Im Café ist der *patron* gerade dabei, alles für die Nacht abzusperren, doch als er den Mann in der Rotkreuz-Uniform sieht, macht er wieder auf und führt ihn an den Tischen mit den hochgestellten Bugholzstühlen vorbei. Der Geruch nach kaltem Rauch und Wein erinnert ihn an einen Teller *charcuterie*, an Jeannine und den Priester, und er bekommt Gänsehaut. Im Café gibt es nichts. In den Morgenstunden werden sie Croissants haben, doch bis dahin können sie ihm nur Kaffee und Cognac anbieten.

»Das wird reichen, danke.«

Er steckt sich eine Zigarette an, lehnt sich nervös an den Tresen, fährt mit dem Fingernagel über einen langen Kratzer im Zink. Derweil füllt der *patron* die Kaffeemaschine, macht Milch heiß und nimmt die Cognacflasche aus dem fast leeren Regal. Dieses Lokal, dieses kleine Café in dieser kleinen Stadt, der Kratzer in der Theke – mehr gibt es in diesem Moment nicht für ihn. So wie es draußen im kalten Fahrerhaus nur die Atemwolken gibt, den Schnee, der auf die Windschutzscheibe fällt, die Haarnadeln, die gegen die Kopfhaut drücken. Und auf der anderen Seite des Tresens nur die Kaffeeschalen, den Griff zur Cognacflasche im Regal und die Hand, die über bläulich-schwarze Bartstoppeln reibt. So viele kleine, unergründliche Welten, die sich überlappen.

Mit einer gefüllten Kaffeeschale geht er zum Wagen zurück. Durch die Schneeflocken ist der Kaffee schon abgekühlt und wässriger geworden. Sie ist eingedöst. Als er die Tür aufmacht, schreckt sie hoch.

»Danke.« Sie hebt die Schale an den Mund, doch der Geruch lässt sie stutzen.

»Ein Tropfen Cognac. Gegen die Kälte.«

»Ich trinke keinen Alkohol.«
»Tut mir leid, aber es gibt nichts anderes.«
Sie macht eine Grimasse.
»Betrachten Sie es als Medizin«, sagt er. Wenn er jetzt einfach diese Schale zurückbringen könnte, wären sie schon fast wieder unterwegs. »Für Ihre Gesundheit.«
Sie zögert noch, dann leert sie die Schale in einem Zug und gibt sie ihm. »Wo können wir für die Messe haltmachen?«
»Die Messe? Heute Abend?«
»Es ist Heiligabend.«
Natürlich. Heiligabend. »Ich bringe Sie rechtzeitig nach Saint-Lô.«
Sie verzieht das Gesicht.

Vor der zerstörten Kirche Notre Dame bringt er den Wagen zum Stehen. Nach der rasanten, holperigen Fahrt ist ihr offenbar übel.
»Alles in Ordnung?«
Sie macht sich an der Tür zu schaffen.
Im Kircheninneren brennen Kerzen, deren Licht schimmernd durch die Scherben aus buntem Glas fällt, die noch im Fensterblei stecken.
Er macht den Motor aus und steigt aus, um ihr behilflich zu sein, doch sie rutscht schon allein von ihrem Sitz, streicht den Rock glatt und zieht sichtlich erleichtert das Cape über ihren Schultern gerade.
»Gut«, sagt sie, »da wären wir. Danke.«
Aus der Kirche dringen eisige, dünne Geigenklänge. Es fällt immer noch Schnee.
»Begleiten Sie mich?«
Er zieht seine Mütze an. »Ich warte hier auf Sie.«
Er lehnt sich an den Wagen.
Sie geht die Treppe hoch und verschwindet im Eingang. Es wird ungefähr eine Stunde dauern. Messe eben. Er lauscht auf die Beschwörungsformeln des Priesters, das leise Murmeln der

Gemeinde, dann wieder die Stimme des Priesters. Die Worte braucht man eigentlich nicht zu verstehen; was sie ausdrücken, lässt sich auch so erfassen. Langsam füllen sich die Fußstapfen der Oberin. Schnee bleibt auf seinen Schultern und seiner Mütze liegen. Er fegt ihn weg und zündet sich eine Zigarette an. Wieder erklingen Geigen, dann fallen Stimmen mit ein. Mit der Zigarette im Mund stapft er zur Tür, um ins Innere zu spähen.

Zum Himmel hin ist die Kirche offen: Der Priester hat sein Gewand über einen unförmigen Mantel gezogen; mit kahlem, gebeugtem Kopf steht er da, Schnee rieselt auf ihn herab. Schnee bedeckt auch die Zementplatten und legt sich wie ein bläulich weißes Tuch über den Altar. Schnee umhüllt die vorspringenden Mauerstücke und die abgesplitterten, verbrannten Holzbalken, und von den herabschwebenden Schneeflocken zischen und flackern die Kerzen.

Sie haben sich dort versammelt, alle; und sie singen. Der Colonel, die Freiwilligen, die Hilfskräfte, die neue Oberin mit ihrer Mütze und ihrem Cape. Mit ihnen steht auch das katholische Kontingent der Kriegsgefangenen im Schnee. Er glaubt, das struppige Profil des deutschen Arztes zu erkennen und die dünnen Frauen aus dem maroden Bordell. Auch Kinder sind gekommen, die Größeren in Mäntel und Schals gemummt, die Kleinen schlafend von Armen gehalten. In der Nähe des Eingangs drückt ein Jugendlicher einen kleinen Jungen an sich; die Köpfe in den Nacken gelegt, schreien die beiden die Kirchengesänge hinaus.

Das Konspirative dieser Menschen ist beeindruckend. Dieses Beharren darauf, dass alles eine Bedeutung besitzt und der Zufall Teil einer Ordnung zu sein hat, auch wenn diese Ordnung für sie als Menschen, die hier unten mit beiden Füßen auf der Erde stehen, nicht zu erkennen ist. Dass alles nach oben weiterverwiesen werden muss, in den leeren Himmel hinein.

Er dreht sich um und blickt wieder in die verschneite Nacht. Dann kehrt er zurück in die stickige Enge des Fahrerhauses und raucht seine Zigarette zu Ende. Vermutlich ist es eine Art von Heimweh, denkt er. Dann hat er sich bisher wohl noch nirgendwo ganz zu Hause gefühlt.

An der Beifahrertür bewegt sich etwas; in eine Wolke aus kalter Luft gehüllt steigt sie wieder ins Fahrerhaus und schlägt die Tür hinter sich zu.

»Wunderschön«, sagt sie. »Danke.«

»Gut«, sagt er. »Das freut mich.«

Der Motor räuspert sich, räuspert sich wieder, scheint sich nicht ganz sicher zu sein: Dieselmotoren mögen die Kälte nicht. Doch schließlich setzt das gewohnte, dumpfe Rasseln ein, und er tritt aufs Kupplungspedal.

»Ist nicht mehr weit«, sagt er. »Nur noch ein Stück die Straße hoch.«

Er rammt den Schaltknüppel zur Seite, dann nach vorn, nimmt den Fuß vom Kupplungspedal, und mit einem Satz geht die Fahrt weiter durch die kaputte, schneebedeckte Stadt.

»Sie müssen es leid sein, zu allen Tages- und Nachtzeiten Leute herumzufahren.«

»Ich habe Ihnen heute Abend einiges zugemutet«, sagt er. »Das tut mir leid.«

Er schert aus, um in die Straße einzubiegen, die zum Krankenhaus führt; der Schnee hat sich hier in Matsch verwandelt.

»Oh«, sagt sie. »Nein.« In der Kurve hält sie sich am Türgriff und an ihrem Sitz fest.

»Mein Vertrag läuft aus. Irgendwie bin ich leider mit meinen Gedanken schon woanders. Und Sie wollten ja die Messe besuchen, deshalb …«

Sie fahren die Hauptzufahrtsstraße entlang, an einer Reihe von Baracken vorbei. Vor der Frauenbaracke hält er an.

»Es wird sicher ein Verlust sein, Sie nicht mehr hier zu haben«, sagt sie.

»Hier ist ja alles fertig, die kommen zurecht.«

»Und Sie? Was haben Sie vor?«

Er zieht die Handbremse, schiebt den Schaltknüppel wieder in den Leerlauf. »Neu anfangen«, sagt er. »Denke ich. So wie alle.«

Die weißen Baracken mit ihren Vorhängen in den Fenstern sind im warmen Licht der Abenddämmerung fast schön, als er über den sauberen, vereisten Weg zu den Autos geht, wo seine Mitfahrgelegenheit auf ihn wartet.

Schritte dringen nach draußen, das sind die Schwestern, die ihre Rundgänge machen; er hört leise murmelnde Stimmen und das heftige, zügellose Husten der Tuberkulosepatienten. In der Gemeinschaftsbaracke ploppen Tischtennisbälle, im Hintergrund Stimmengewirr. Wo es nötig war, hat er sich verabschiedet. Unnötige Verabschiedungen spart er sich, er will es nicht in die Länge ziehen.

Tastend wandert seine Zunge über die Lücken und glatten Flächen in seinem Mund, wo der Verfall gestoppt wurde. Allein die Tatsache, schmerzfrei zu sein, ist ein Phänomen, auch wenn der Weg dahin schmerzhaft war. Was auch für dieses freigescharrte Fleckchen Erde gilt, wo die Trümmer beiseitegeschoben wurden und etwas Solides entstanden ist.

Natürlich auf Zeit; alles ist vergänglich. Verfall wird nur unterbrochen, niemals gestoppt; im Keim ist er immer da. Eines Tages, und zwar schneller, als man denkt, wird hier alles verrottet sein, grün überwuchert, wimmelnd vor Asseln. Was jedoch nicht bedeutet, dass es die Sache nicht wert war.

Die neue Oberin tritt aus der Frauenstation und kommt ihm auf dem Weg entgegen. Ihre Augen sind müde, aber ihre Miene ist heiter; eigentlich sieht sie zufrieden aus.

»Brechen Sie jetzt auf?«, fragt sie, als sie ihn im Mantel mit seinem Seesack zu den Autos gehen sieht.

»Meine Mitfahrgelegenheit wartet.«

»Nur ganz kurz, bevor Sie fahren.« Sie hat ihre Hand auf seinen Arm gelegt und führt ihn zur Frauenstation. Drinnen ist eine

Ecke des Raums mit einem Vorhang abgetrennt. Am anderen Ende der Baracke schläft seitlich zusammengekauert eine Frau.

»Kommen Sie, schauen Sie.«

Behutsam schiebt sie den Vorhang zurück: Dahinter stehen aufgereiht mehrere kleine Gitterbetten. Er kennt diese Betten. Im Lager hat er eine Rechnung darüber abgeheftet. In einem von ihnen liegt in weißes Leinen gewickelt, unter eine Baumwolldecke gepackt, ein winziges, unfertig aussehendes Ding mit schuppiger Haut. Sein vogelartiges Brüstchen schafft es kaum, die Decke zu heben, doch immerhin hebt es sie, und während er zuschaut, hört es auch nicht damit auf. Unvorstellbar winzige Atemzüge einer Kreatur, die noch nicht daran gewöhnt ist zu atmen. Eines Lebewesens, das noch nicht daran gewöhnt ist zu leben.

»Ist es gesund?«

»Oh ja, absolut. Er ist erst ein paar Stunden alt.«

»Und die Mutter?« Sie nickt, und ihr Lächeln verrät das Wissen um ein erfolgreich erledigtes Stück Arbeit. »Es geht ihr gut.«

Der Säugling rührt sich, bewegt die Lippen. Er schreit nicht. Er hat die Augen geöffnet, sie sind dunkel, bläulich und fremd.

»Er schreit ja gar nicht.«

»Sie schreien nicht immer«, sagt die Oberin.

Er blickt auf das kleine, zerknitterte Ding, das mit urzeitlicher Ruhe zurückstarrt.

»Sie hören einfach nicht auf, geboren zu werden, oder?«

»Hm?«

»Menschen. Babys.«

»Sie scheinen darauf zu bestehen.«

»Armes kleines Ding.«

»Aber neues Leben«, sagt sie. »Das gibt uns Hoffnung.«

»Oh, sagen Sie das nicht«, sagt er. »Das ist nicht fair.«

Er denkt über dieses kleine, zusammengerollte Etwas nach, über die vor ihm liegenden Jahre, die es durchleben muss, und über das, was am Ende bestenfalls dabei herauskommen wird. Warum sollte man jemandem das antun – aus Liebe? Und ist es nicht doch so, dass sie eigentlich schreien? *Wenn wir geboren sind, schrein wir, dass wir kamen auf diese Narrenbühne.* Es ist einfach eine natürliche Reaktion.

»Also dann«, sagt er, »*God bless.*«

Sie schenkt ihm ein strahlendes, reizendes Lächeln, als hätte er so etwas wie Zustimmung signalisiert, als hätten sie sich auf etwas geeinigt.

»*God bless*. Gott segne auch Sie.«

Er schultert den Seesack und geht rasch durch die Tür. So etwas wie Hoffnung in Erwägung zu ziehen, ist nichts, wozu er sich durchringen kann. Der Gedanke behagt ihm wirklich überhaupt nicht.

22

Paris

Januar 1946
»Von hier aus kann ich zu Fuß gehen.«

An der Ecke steigt er aus, knallt die Tür hinter sich zu und hebt dankend eine Hand. Der Wagen rattert davon. In den Ritzen zwischen den Pflastersteinen ist Eis; die Geländer sind mit Frost bedeckt. Er schlägt den Kragen hoch. Der Mantel ist durchs Tragen weicher geworden, hat sich seinem Körper angepasst; sich von selbst zu seinem Mantel gemacht.

Der Straßenmarkt auf der Rue de Vaugirard ist belebt, doch die Stände sind nur spärlich bestückt. Ein paar Winterkohlköpfe, eine halbe Schubkarrenladung Kartoffeln, ein Haufen Maronen; alles sieht dürftig, schäbig und trist aus, und es gibt einen deutlichen Mangel an Brot, seit es wieder rationiert wurde. In der kalten Luft liegen ein paar kalte Fische, grau wie Zinn. Grimmig und mit spitzen Fingern inspizieren die Frauen das Angebot. Als er auf den kleinen Tafeln die mit Kreide geschriebenen Preise sieht, verzieht er das Gesicht. Von seinen Zuwendungen wird er hier unmöglich leben können. Es war dumm von ihm, ein anständiges Gehalt hinter sich zu lassen, lächerlich, den Hühnern, dem Calvados, der Marmelade und den schönen, warmen Baracken Adieu zu sagen, um es stattdessen wieder mit dieser aussichtslosen Sache zu versuchen, um die sich niemand schert, ob er nun dranbleibt oder nicht, und für die auch keinerlei Bezahlung in Aussicht steht. Es war dumm von ihm, unmöglich, lächerlich und absolut notwendig.

Er blickt an der Fassade des Wohnhauses hoch. Sein kleines Flügelfenster ist dunkel; dahinter wartet ein Meer der Stille und Ruhe – vorausgesetzt, Suzanne ist woanders. Er geht in den Eingangsbereich. Der Aufzug ist immer noch außer Betrieb, und die Treppe schraubt sich ins Dunkel hinein. In seinem Kopf ist kein Platz für die Möglichkeit, dass sie da sein könnte, nur Platz für das, was jetzt zu geschehen hat. Der Schrank in seinem Kopf wartet darauf, aufzuspringen und das ganze Chaos, das hineingestopft wurde, auszukippen. Er braucht den Raum und die Ruhe, um dies geschehen zu lassen, sich mit dem Chaos auseinanderzusetzen, es sich anzusehen und etwas daraus zu formen.

Es ist eine seltsame Mischung aus Getriebenheit und Angst, aus Ungeduld und Grausen. Er greift nach dem Geländer und hastet, drei Stufen auf einmal nehmend, die Treppenwindungen hoch. Er darf nicht zu viel über sein Tun nachdenken; er muss einfach tun.

Wenige Stufen über ihm ist Suzanne stehen geblieben. Sie zieht ihre Handschuhe an. Dieses plötzliche Aufeinandertreffen überrumpelt beide, und ihre Blicke verkeilen sich ineinander. Wieder besticht sie das helle Blau, während ihn die Wärme ihrer kaffeebraunen Augen gefangen nimmt. Dann wandert ihr Blick über seine zerfurchte Stirn, das Dickicht seines Haars und seine kalte Hand, die den Riemen des Seesacks umklammert. Unwillkürlich zieht es sie zu ihm hin, doch das, was sich zwischen ihnen aufgetürmt hat, ist zu viel, einfach zu viel. Sie kann nicht darüber hinweggehen und auch keinen Bogen darum schlagen, sie kann nur geradewegs hineinstolpern.

»Du bist es«, sagt sie, und ihre Stimme klingt trocken und fremd.

»Ja, ich bin's.«

Mit einem Mal wird sie sich ihrer Strümpfe bewusst – es sind die besten, die sie hat, und dennoch sind sie an Fersen und Zehen gestopft. Dazu ihre fleckigen Beine, rau wie Bimsstein. Aber er hat sie schon schlimmer gesehen. Und jetzt, in diesem Moment, sieht er sie ohnehin nicht; sie weiß es. Er ist hier, doch sie merkt ihm an, dass er eigentlich woanders ist.

»Also …«, sagt sie und weiß nicht, was sie hinzufügen soll.

Er geht die Stufen zu ihr hoch und küsst sie auf die Wange. Nimmt ihren Geruch wahr, nach altem Mantel und Körper und auch einen feinen Hauch von Parfüm, mit dem sie sicher sehr sparsam umgeht. Wenn sie doch wieder dorthin zurückkehren könnten, wo sie aufgehört haben, in diesen dummen, herrlichen Sommer vor fünf Jahren, als die Sonne Suzannes Körper sepiabraun färbte und sie so unbefangen miteinander waren. Wenn es ihnen doch gelänge, sich durch Staub und Matsch dorthin zurückzukämpfen. Aber zwischen ihnen liegt so viel Gelände, so viel Raum, der für Abkühlung sorgt. So viel Verschleiß.

Unsinnig, das hier mit Worten aufzuspießen, denkt er. Es lieber vorbeischweben lassen.

»Du bist zurück«, sagt sie.

Er nickt.

»Endgültig, oder?«

»Endgültig«, sagt er.

Vielleicht könnte er mehr sagen, vielleicht könnte er Sätze herbeizaubern, ihr anbieten, Sätze, die helfen würden, doch sein Blick wandert an ihr vorbei die Stufen hoch ins Dunkel.

»Gut«, sagt sie. »Tja. Ich habe dich vermisst.«

Und dann schiebt sie sich einfach an ihm vorbei und geht weiter, mit schnellen, klappernden Schritten die sich windende Treppe hinab. Er schaut ihr nach. Einmal dreht sie sich noch um, dann ist sie fort. Die Schritte verhallen, das Tor geht auf und knallt hinter ihr zu.

Auf der Straße bleibt sie stehen. Mit einem Finger berührt sie durch den Stoff des Handschuhs ihre Augen. Es ist ja noch Zeit, sagt sie sich; wenigstens dies hat man ihnen zugestanden. Aber ist mehr Zeit wirklich das, was sie brauchen?

Vor ihm schraubt sich die Treppe ins Dunkel. Seine Brust tut weh; die Narbe schmerzt. Vielleicht sollte er ihr hinterhergehen. Er zieht den Riemen des Seesacks an seiner Schulter hoch und setzt den Aufstieg fort.

Drinnen lässt er den Sack fallen und schließt die Tür hinter sich ab. In der Wohnung ist es dämmerig und kalt. Er knöpft seinen Mantel auf, ohne ihn auszuziehen. Streift durch den Raum, rückt Gegenstände zurecht, geht in die kleine Küche, um Wasser aufzusetzen. Dann hockt er sich neben den Seesack, um nach seinem Notizbuch zu wühlen, dem neuen Fläschchen Tinte, dem Füllfederhalter. Der Topfdeckel beginnt zu klappern, als er seine Werkzeuge auf den Tisch legt. Er geht in die Küche, kocht Kaffee, kommt damit zurück. Er rückt den Stuhl vom Tisch und nimmt Platz. In Stille und Einsamkeit schlägt er sein neues Notizbuch auf. Streicht die Seite glatt. Taucht den Füller in die Tinte, befüllt ihn und säubert die Feder. Der Füller wandert übers Papier. Tinte färbt das Blatt blau. Worte nehmen Gestalt an. Das ist er: der Beginn.

Anmerkung der Autorin

Zum ersten Mal habe ich Beckett gelesen, als ich in Belfast an der Queen's University meinen Master of Arts machte. Ich war sofort fasziniert, aber auch irritiert angesichts dieser lädierten, gepeinigten Charaktere, die in den Randzonen einer feindseligen Welt ihr Leben fristeten. So etwas hatte ich noch nie gelesen. Becketts Bücher schienen ganz für sich zu stehen – mir fehlte jeder Bezugspunkt; ich fand mich nicht zurecht.

Bis mein damaliger Tutor, Dr. Eamonn Hughes, darauf hinwies, dass Beckett den Zweiten Weltkrieg im besetzten Frankreich zugebracht hatte. Es war einer dieser Aha-Momente, in denen einem buchstäblich ein Licht aufgeht: in diesem Fall eine moderne Energiesparlampe, die langsam immer heller wird. Ich begann zu ahnen, woher diese Charaktere stammten und was das für eine Welt war, in der sie lebten. Natürlich waren Becketts Kriegserfahrungen nicht der einzige Ansatz, dieses komplexe, anspielungsreiche Werk zu verstehen, doch sie schärften den Blick für einige Aspekte.

Denn die Kriegsjahre markieren tatsächlich einen grundlegenden Wandel in Becketts Schreiben: Als der Konflikt ausbrach, war er bereits ein Schriftsteller, der publiziert hatte, doch die Texte aus dieser Zeit wirken manchmal wie die eines (hochbegabten) Jugendlichen, der von den Einflüssen anderer erdrückt wird. Auch vor dem Krieg gab es zwar schon Hinweise auf eine Veränderung, doch erst in den Jahren im besetzten Frankreich scheinen sich viele der zentralen Motive, Bilder und Themen von Becketts späterem Werk herausgebildet zu haben. Die Kriegsjahre markieren außerdem den Beginn einer Verknappung der Sprache, eines Verzichts auf Wortspiele und polyphone Extravaganz à la Joyce und einer Entwicklung hin zum Rudimentären, zur Stille. Unmittelbar nach dem Krieg erlebte Beckett eine Erleuchtung. Zum ersten Mal erkannte er in vollem Umfang, was für ein Schriftsteller er sein würde. Zu dieser Offenbarung kam es nicht im Angesicht eines wilden, sturmgepeitschten Meeres – wie sein Stück *Das letzte Band* anzudeuten scheint –, sondern mit Beckett'scher Lakonie im Vorstadt-Häuschen seiner Mutter in Foxrock.

Den Krieg ließ Beckett nicht einfach nur über sich ergehen; ganz im Gegenteil, der Krieg verlangte ihm eine Reihe von großen moralischen Entscheidungen ab. Und so vertrat er auch in extrem schwierigen Situationen immer eine Haltung, die ein außerordentliches Maß an Mut, Mitgefühl und Anstand erforderte. Er beschloss, dem Krieg in Frankreich an der Seite seiner Freunde ins Auge zu blicken, anstatt ihn im neutralen Irland auszusitzen. Er beschloss, seine knapp das Existenzminimum sichernden Rationen anderen zu geben, die in noch größerer Not waren als er. Er beschloss, Widerstand zu leisten. Er beschloss zu überleben. Und nach den Verwüstungen beschloss er dann, beim Wiederaufbau zu helfen.

Kurzum, er entwickelte sich als Schriftsteller, und er entwickelte sich als Mensch. Nach dem Krieg sollte er dann jene Werke schreiben, die ihn international berühmt machten und für die er den Nobelpreis für Literatur bekam. Werke, die noch heute einen starken Widerhall finden.

Ein Ire in Paris entspringt einer großen Bewunderung sowohl für das Werk als auch für den Menschen; es ist der Versuch, eine fiktive Version dieser Geschichte zu erzählen, die Licht auf beide Aspekte wirft. Darüber hinaus gibt es auch eine persönliche Verbindung: Beckett und ich hatten eine gemeinsame Freundin, die Literaturübersetzerin und Theaterproduzentin Barbara Bray. Sie hat mich und meinen Mann, den Dramatiker Daragh Carville, sehr unterstützt, als wir beide mit dem Schreiben anfingen. Ich bin ihr sehr dankbar für ihre Freundlichkeit, ihre warmherzige, motivierende Korrespondenz, und wie sie immer wieder darauf bestanden hat, uns, die wir jung und abgebrannt waren, zum Essen und Trinken einzuladen. Nach der Veröffentlichung meines ersten Romans habe ich ihr ein Exemplar geschickt; und als wir heirateten, schickte sie uns ein Geschenk – zwei schöne handgemachte Zinnuntersetzer für unsere Schreibtische. Damals wusste ich nicht, dass sie nicht nur uns eine gute, geschätzte Freundin, sondern auch Samuel Beckett freundschaftlich verbunden war.

Dank schulde ich auch James Knowlson für seine großartige Beckett-Biographie (*Samuel Beckett – Eine Biographie*, Suhrkamp Verlag 2001): Mich in dieses außergewöhnliche Buch zu vertiefen, gehört zu den großen Freuden, die mir die Arbeit an *Ein Ire in Paris* beschert hat. Auch zwei andere Biographien, die eine von Deirdre Bair (*Samuel Beckett. Eine Biographie*, Rowohlt Taschenbuch Verlag 1994), die andere von Anthony Cronin (*Samuel Beckett: The Last Modernist, London,* HarperCollins 1996), bieten hochinteressante Einblicke in diese Phase von Becketts Leben. In den Briefen von Samuel Beckett, die in Deutschland beim Suhrkamp Verlag erschienen sind, gibt es zwar nur wenig Korrespondenz aus der Zeit des Kriegs, doch dieses Wenige hat mir wichtige Details geliefert, die mir während des Schreibprozesses als Wegweiser dienten. Auch habe ich mich intensiv mit Phyllis Gaffneys faszinierenden Schilderungen der Arbeit des irischen Rotkreuz-Krankenhauses in Saint-Lô unmittelbar nach dem Krieg beschäftigt (*Healing Amid the Ruins: the Irish Hospital at Saint Lô* Bublin A&A Farmar, 1999).

Beim Schreiben habe ich mich auf das gestützt, was in den Biographien und Briefen beschrieben wird. Auch in Becketts eigenen Romanen, Gedichten und Stücken habe ich Hinweise gefunden und mich zudem von Erzählungen, Romanen und Erinnerungen anderer inspirieren lassen wie auch von Kunst, Musik, den

Sprachen, die meine Protagonisten sprechen, und den Orten, an denen sie leben oder die sie bereisen. Für alle Ratschläge, Informationen und Anstöße, die ich in dieser Zeit bekommen habe, bin ich unendlich dankbar. Ich weiß, dass ein subjektiver, unvollständiger Roman daraus entstanden ist, der seine Grenzen hat. Das wusste ich von Anfang an. Trotzdem musste ich es versuchen.

Jo Baker

Im Hause Longbourn

Aus dem Englischen von Anne Rademacher
Roman, 448 Seiten
Geb. mit SU: 978-3-8135-0616-7
Taschenbuch: 978-3-328-10027-0

Während die Frauen der Familie Bennet mit der Suche nach reichen Junggesellen beschäftigt sind, müht sich das junge Hausmädchen Sarah unter dem strengen Blick der Haushälterin Mrs Hill über Wäschebottichen und Töpfen ab. Sie hat die Hoffnung noch nicht aufgegeben, dass das Leben mehr für sie bereithält als den Dienst in einer wohlhabenden Familie. Dann stellt die Ankunft des wortkargen neuen Hausdieners James ihre geordnete Welt völlig auf den Kopf. Er weckt Sarahs Interesse – doch sie ahnt nicht, welches zerstörerische Geheimnis James hütet.
Jo Baker erzählt die unvergessliche Geschichte von Jane Austens *Stolz und Vorurteil* aus Sicht der Dienstboten - und zeigt, dass hinter jeder gekochten Mahlzeit, jedem geflickten Rock und jeder überbrachten Nachricht Menschen aus Fleisch und Blut stecken, deren Dramen jenen der Herrschaften in nichts nachstehen.

»Ein Triumph: Ein großartiger Tribut an Austens Klassiker und ein ganz eigenes Lesevergnügen. Ein Roman, der zum Nachdenken anregt und zu Herzen geht.«
The Guardian

»Wunderbar verwegen... Wenn nicht Jane Austen, sondern Charlotte Brontë *Stolz und Vorurteil* geschrieben hätte, sie hätte wohl denselben Blickwinkel wie Jo Baker gewählt: den der Bediensteten.«
The New York Times Book Review

»Die Britin Jo Baker haucht mit ihrem historischen, leichtfüßigen Roman dem Dienstpersonal, das in Jane Austens Klassiker weitgehend gesichtslos blieb, Leben – und Liebe – ein.«
Glamour